Wortbildung – praktisch und integrativ

LEIPZIGER SKRIPTEN

EINFÜHRUNGS- UND ÜBUNGSBÜCHER

Herausgegeben von Irmhild Barz,
Ulla Fix und Marianne Schröder

Band 2

PETER LANG
Frankfurt am Main · Berlin · Bern · Bruxelles · New York · Oxford · Wien

Irmhild Barz/Marianne Schröder
Karin Hämmer/Hannelore Poethe

Wortbildung – praktisch und integrativ

Ein Arbeitsbuch

PETER LANG
Europäischer Verlag der Wissenschaften

Die Deutsche Bibliothek - CIP-Einheitsaufnahme

Wortbildung – praktisch und integrativ : ein Arbeitsbuch / Irmhild Barz... - Frankfurt am Main ; Berlin ; Bern ; Bruxelles ; New York ; Oxford ; Wien : Lang, 2002
(Leipziger Skripten ; Bd. 2)
ISBN 3-631-38997-3

Gedruckt auf alterungsbeständigem, säurefreiem Papier.

ISSN 1437-529X
ISBN 3-631-38997-3

Printed in Germany 1 2 4 5 6 7

www.peterlang.de

VORBEMERKUNGEN

Mit „Wortbildung – praktisch und integrativ“ wird die Reihe der „Leipziger Skripten“ fortgesetzt, in der als erster Band „Textlinguistik und Stilistik für Einsteiger. Ein Lehr- und Arbeitsbuch“ erschienen ist. Der vorliegende Band ist als Arbeits- und Übungsbuch konzipiert und will keine systematische Einführung in die Grundlagen der Wortbildung sein. Er bietet eine Vielzahl von Aufgaben zur linguistischen Disziplin Wortbildung und kann im Grund- und Hauptstudium in der Lehre und auch für das Selbststudium genutzt werden.

Studierende der Germanistik kennen zu Studienbeginn einige Grundbegriffe der Wortbildung, sie erkennen in der Regel Wörter einiger produktiver Modelle als Wortbildungsprodukte und können deren Bedeutung erschließen. Es ist für sie aber häufig schwierig, das System der Wortbildung zu erfassen, Wortbildungsprodukte in dieses System einzuordnen und diese Zuordnung zu begründen sowie die vielfältigen Beziehungen zu anderen linguistischen Disziplinen zu erkennen. Die Aufgaben, denen jeweils knappe Einführungstexte vorangestellt sind, sollen den Studierenden helfen, Wortbildungen als regel- und modellhaft analysierbar zu begreifen und diese Regeln und Modelle zu beschreiben. Unterschiedliche Herangehensweisen in den einzelnen Aufgaben sollen die Studenten auch zu flexiblerem Arbeiten befähigen.

Die Wortbildung wird sowohl in ihrer Eigenständigkeit als auch in ihren Bezügen zu anderen Beschreibungsebenen dargestellt. Die synchrone Betrachtungsweise gegenwartssprachlicher Wortbildungen dominiert gegenüber der diachronen.

Das Kapitel 1 enthält Aufgaben zur Identifizierung und Modellierung von Wortbildungsprodukten der Hauptwortarten, das Kapitel 2 Aufgaben zu den vielfältigen Wechselbeziehungen der Wortbildung zu Grammatik, Lexikologie, Textlinguistik, Stilistik, Orthographie und Lexikographie sowie einen Abschnitt zur historischen Wortbildung. Ein Lösungsteil dient der Kontrolle.

Das Arbeitsbuch ist in intensiver und kritischer Zusammenarbeit der Autorinnen entstanden. Unsere langjährigen Lehrerfahrungen mit deutschen und ausländischen Lehramts- und Magisterstudenten in Vorlesungen, Seminaren und Übungen waren für das Vorhaben von großem Nutzen.

Wir danken allen Studierenden, die bei der Erarbeitung engagiert mitgewirkt haben. Ebenso gilt unser Dank Anja Seiffert und Brigitte Uhlig für sachkundige Hinweise. Ganz besonders danken wir Sandra Koch und Claudia Telschow, in deren Händen die Anfertigung der Druckfassung lag.

Wenn es uns nun gelingt, Studierende mit unserem Arbeitsbuch zu vertiefender Beschäftigung mit der Wortbildung anzuregen, so ist ein wichtiges Ziel unserer Bemühungen erreicht. Für kritische und weiterführende Hinweise sind wir sehr dankbar.

Leipzig, im Oktober 2001 — Die Autorinnen

Inhalt

Hinweise für die Benutzung

„Wortbildung – praktisch und integrativ“ stützt sich im Grundsätzlichen auf die Wortbildungslehre von FLEISCHER/BARZ 1995. Ergänzend einbezogen sind BARZ/SCHRÖDER 2001, EICHINGER 2000, EISENBERG 1998a, ERBEN 2000, MOTSCH 1999, WELLMANN 1998 sowie verschiedene Wörterbücher und neuere Spezialliteratur, auf die in den einzelnen Abschnitten verwiesen wird. Für eine effektive Form des Kenntniserwerbs empfiehlt es sich, gleichzeitig mit der Standardliteratur zu arbeiten.

Das Buch enthält einen Aufgabenteil, einen Lösungsteil und ein Kleines Glossar mit den wichtigsten Termini, dazu eine Übersicht über die vorkommenden Zeichen, Schemata und Abkürzungen, ein alphabetisches Sachregister, ein Quellen- und ein Literaturverzeichnis. Der Aufgabenteil besteht aus durchnummerierten Aufgaben und Aufgabenkomplexen. Letztere umfassen mehrere Aufgaben, die jeweils ein übergreifendes Thema unter verschiedenen Aspekten behandeln. Die Aufgaben, auch die in Aufgabenkomplexen, sind aber in der Regel so gestaltet, dass sie einzeln und unabhängig voneinander bearbeitet werden können. Eine Hilfestellung für das Verständnis der Aufgaben und für ihre Lösung bieten die den einzelnen Abschnitten vorangestellten Einführungen sowie das Kleine Glossar. Mitunter helfen auch Hinweise oder Erklärungen zu Aufgaben in anderen Abschnitten, die richtige Lösung für ein bestimmtes Problem zu finden. Auf entsprechende Bezüge machen Verweise im Text aufmerksam; auch über das Sachregister ist ein Zugang zu thematisch verwandten Aufgaben möglich. Hervorhebungen durch Kursivdruck und Kürzungen von Personennamen in den Beispieltexten stammen von den Autorinnen. Für Bedeutungsangaben wurden vor allem das GWDS und das LWB herangezogen.

Zu fast allen Aufgaben werden Lösungen angeboten. Sie haben je nach Aufgabenstellung empfehlenden oder verbindlichen Charakter. In einigen Fällen, z. B. bei Korpusrecherchen, erübrigen sich Lösungshinweise. Das Sachregister ordnet die Aufgaben nach ihren Themen. Jede Aufgabe ist wenigstens einmal verzeichnet; berührt eine Aufgabe mehrere Themen, wird sie mehrfach aufgeführt.

Schemata und Abkürzungen

Mit dem Ziel einer rationellen und übersichtlichen Präsentation der Wortbildungstypen wird eine schematische Darstellung eingeführt, bei der für die strukturellen, morphologischen und semantischen Merkmale der Wortbildungsprodukte (WBP) folgende Abkürzungen und Symbole gelten:

(a) für strukturelle Merkmale

+	steht zwischen unmittelbaren Konstituenten (UK)
>	'wird zu'
<	'ergibt sich aus'/'entstanden aus'
,	(Komma) schließt Fugenelement an

Reihenfolge der Symbole für die UK ist distinktiv (Ausnahme: Zirkumfigierung, z. B. *Ge- ... -e* + V für *Gesinge*)

(b) für morphologische Merkmale
Stämme (als UK, als Basen oder WBP) werden nach ihrer Wortart als Variable gekennzeichnet. Die interne Struktur von syntaktische Fügungen wird nicht analysiert, Fugenelemente erscheinen ebenfalls als Variable. Folgende Abkürzungen werden gebraucht:

A	Adjektiv
Adv	Adverb
F	Fugenelement
K	Konfix
Präp	Präposition
Pt	Partizip
S	Substantiv
Synt	syntaktische Fügung
V	Verb

(c) für semantische Merkmale
'...' Angaben zur lexikalischen Bedeutung und zur Wortbildungsbedeutung erscheinen in einfachen Anführungszeichen, sie stehen rechts von der strukturell-morphologischen Symbolisierung des Typs

Muster:

Tagesausflug	S, F + S 'temporal'
essbar	V + *-bar* 'modal-passivisch'
(*sich*) *verrechnen*	*ver-* + V 'falsch'
gestreift	*ge- ... -t* + S 'ornativ'
Besuch	V > S 'Nomen actionis'
Fensterputzer	Synt + *-er* 'Nomen agentis'
Auswendiglernen	Synt > S 'Nomen actionis'
Gesinge	*Ge- ... -e* + V 'Nomen actionis, pejorativ'

Weitere Zeichen

* kennzeichnet historische Formen als erschlossen oder ungrammatische Ausdrücke

<...> kennzeichnet Paraphrasen zu Wortbildungsprodukten

1 ANALYSE VON WORTBILDUNGSPRODUKTEN

1.1 Identifizierung synchron modellierbarer Wortbildungsprodukte

Gegenwartssprachliche Wortbildungsprodukte (auch „Wortbildungen“, MOTSCH 1999, 3, oder sekundäre Wörter) wie *Hauswand* unterscheiden sich synchron von primären Wörtern (*Haus, frei, finden*) und sekundären Wörtern mit „verdunkelter“ Wortbildungsstruktur und -semantik (*Wand*) durch ihre morphosemantische Motivation. Von freien und phraseologischen syntaktischen Fügungen lassen sie sich dadurch abgrenzen, dass sie Wortstatus haben. Sowohl zwischen Motiviertheit und Unmotiviertheit als auch zwischen Wort und syntaktischer Fügung gibt es fließende Übergänge.

Unter morphosemantischer Motivation versteht man die Erschließbarkeit der Bedeutung lexikalischer Einheiten aus deren Motivationsbedeutung, d. h. bei binären Wortbildungsprodukten aus Reihenfolge und Bedeutung der UK und der semantischen Beziehung zwischen den Konstituenten, bei nichtbinären Wortbildungsprodukten aus dem Bedeutungsverhältnis zwischen Basis und Produkt. Unterstützend bei der Bedeutungserschließung wirken der Kontext, in dem die fragliche Einheit vorkommt, sowie das Weltwissen der Sprecher. So ergibt sich die Bedeutung des okkasionellen Kompositums *Praxisschild* in der Zeitungsüberschrift *Qualifikation der Zahnärzte auf Praxisschildern zulässig* aus den Bedeutungen und der Determinans-Determinatum-Struktur der Konstituenten *Praxis* und *Schild*, aus deren Bezug auf die Kontextwörter *Qualifikation* und *Zahnärzte* sowie aus der Erfahrung, dass Ärzte üblicherweise ihren Praxisstandort und ihre Sprechzeiten auf einer Tafel an oder vor ihrem Haus anzeigen. Die Mehrdeutigkeit von *Praxis* und *Schild* wird durch die Kombination dieser Wörter miteinander und auch durch die thematische Einordnung im (hier elliptischen) Satz aufgehoben. Bei okkasionellen Derivaten wird die semantische Erschließbarkeit durch die Assoziation der entsprechenden Wortbildungsreihe zusätzlich erleichtert (so assoziiert der Filmtitel *Der Fremdgeher* die Reihe deverbaler Personenbezeichnungen auf *-er*). Die meisten usuellen Wortbildungsprodukte sind als voll- oder teilmotiviert einzustufen. Je nach Entwicklung des Assoziationsvermögens der Sprecher und nach Ausprägung ihres individuellen Sprachbewusstseins können Urteile über den Motivationsgrad von Wortbildungsprodukten unterschiedlich ausfallen.

Wörter, die gegenwartssprachlich synchron allenfalls ihrer Struktur nach, nicht jedoch semantisch unter Bezugnahme auf andere lexikalische Einheiten (im Deutschen) erklärbar sind, kann man hinsichtlich ihrer Wortbildung nicht modellieren. Es ist Demotivation eingetreten (zur etymologischen Motivation vgl. 2.6). Die entsprechenden Wörter sind entweder als monomorphematisch (*Herberge, Herzog*) oder als Kombinationen mit unikalen Morphemen (*Mitgift, Knoblauch, dämlich, drollig, vergessen*) anzusehen.

Übergänge zwischen Wort und syntaktischer Fügung bzw. ein Nebeneinander von gleichlautendem Wort und entsprechender syntaktischer Fügung treten bei komplexen Verben (*feststehen/ fest stehen*) und bei komplexen Partizipien bzw. Adjektiven (*schwerbehindert/ schwer behindert*) auf.

Morphosemantische Motivation

Aufgabe 1

Entscheiden Sie, ob die hervorgehobenen Wörter des folgenden Textes in synchroner Sicht motiviert sind und folglich einer Wortbildungsanalyse unterzogen werden können. Differenzieren Sie zwischen analysierbar, bedingt analysierbar und nicht analysierbar und begründen Sie Ihre Entscheidung. Überlegen Sie, warum verschiedene Sprecher bei dieser Aufgabe möglicherweise zu unterschiedlichen Lösungen kommen.

> Er ließ auf sich warten, das ist wohl der richtige Ausdruck. Er *erhöhte* die Spannung durch die *Verzögerung* seines Auftretens. Auch hatte man Sinn für diese Manier, aber nicht ohne Grenzen. Gegen halb zehn Uhr begann das *Publikum* zu *applaudieren* – eine liebenswürdige Form, rechtmäßige Ungeduld zu *äußern*, da sie zugleich Beifallslust zum Ausdruck bringt. Für die Kleinen gehörte es schon zum *Vergnügen*, sich daran zu beteiligen. Alle Kinder lieben es, *Beifall* zu klatschen [...].
>
> Auf einmal war der *Beginn*, welche Hindernisse ihm nun so lange entgegengestanden haben mochten, leicht zu *ermöglichen*. Ein Gongschlag ertönte, der von den Stehplätzen mit *mehrstimmigem* Ah! beantwortet wurde, und die Gardine ging auseinander. Sie enthüllte ein Podium, das nach seiner Ausstattung eher einer Schulstube als dem Wirkungsfeld eines *Taschenspielers* glich, und zwar namentlich dank der schwarzen Wandtafel, die auf einer Staffelei links im *Vordergrunde* stand. Sonst waren noch ein *gewöhnlicher* gelber Kleiderständer, ein paar landesübliche *Strohstühle* und, weiter im Hintergrunde, ein Rundtischchen zu sehen [...]. Man hatte noch zwei Sekunden *Zeit*, diese Utensilien ins Auge zu fassen. Dann, ohne daß das Haus sich verdunkelt hätte, hielt Cavaliere Cipolla seinen *Auftritt*.
>
> (Aus: Thomas Mann, Mario und der Zauberer, S. 163f.)

Aufgabe 2

Welche Substantive, Verben und Adjektive des Textes in Aufgabe 1 sind primäre Wörter oder trotz formaler Komplexität synchron nicht motiviert?

Aufgabe 3

Entscheiden Sie, ob man die folgenden hervorgehobenen Wörter in diesen Kontexten als morphosemantisch motiviert bezeichnen kann. Erklären Sie, warum die Entscheidung relativ schwierig ist.

> komplizierte Gedankengänge *erfassen*, die Schüler zum Lernen *anspornen*, eine Menge Neuigkeiten *erfahren*
>
> der Fernsehauftritt als *Sprungbrett* zum Erfolg, der *Wermutstropfen* des Erfolgs, der *Fuchsschwanz* im Werkzeugschrank

Aufgabe 4

Die Wortbildungsanalyse von Fremdwörtern ist besonders kompliziert, weil dem Einzelwort meist nicht anzusehen ist, ob es als Ganzes entlehnt oder erst im Deutschen gebildet ist (Fremdwortbildung). Dieser Unterschied soll nachfolgend vernachlässigt werden. Als weitere Schwierigkeit kommt hinzu, dass nicht alle scheinbar komplexen Wörter sinnvoll auf andere im Deutschen geläufige Wörter oder Wortsegmente beziehbar, d. h. motiviert sind.
Untersuchen Sie, welche der hervorgehobenen Wörter als motiviert gelten können. Nennen Sie die motivierenden Einheiten.

> das Museum braucht *Publicity*, *medienversierte* Berater, die Meldung an die Öffentlichkeit *lancieren*, lähmende *Provinzialität*, ein berühmter *Cellist*, ein *enthusiastischer* Blick, die *Irritation* des *Publikums*, das *musikalische Happening*, die *psychologische* Erforschung *sensibler* Künstlerseelen, der virtuose *Pianist* aus Russland, vielstimmige *Harmonien*

Aufgabe 5

Ordnen Sie die formal komplexen Substantive, Adjektive und Verben in morphosemantisch motivierte einerseits und nicht oder teilweise motivierte andererseits. Dabei soll hier unwichtig sein, ob die Komplexität Ergebnis des letzten Wortbildungsschrittes ist wie bei *länglich* oder nicht wie bei *der Siebenjährige* (Konversion des komplexen Adjektivs).
Beachten Sie, dass der Infinitiv einfacher Verben (*hängen*) im Sinne der Wortbildung nicht als komplex gilt, da *-en* als Flexionsmorphem einzustufen ist.

> Er liebte die Dose – es war eine längliche, mit Gold eingelegte Schildpattdose, die er handhabte –, und benutzte aus diesem Grunde rote Taschentücher, deren Zipfel ihm aus der hinteren Tasche seines Gehrocks zu hängen pflegten. War das eine heitere Schwäche in seiner Erscheinung, so wirkte sie doch durchaus als Alterslizenz, als eine Nachlässigkeit, wie die Betagtheit sie sich entweder bewußt und jovialerweise gestattet oder in ehrwürdiger Unbewußtheit mit sich bringt; und jedenfalls blieb sie die einzige, die Hans Castorps kindlicher Scharfblick je an des Großvaters Äußerem gewahrte. Für den Siebenjährigen aber sowohl wie später in der Erinnerung des Herangewachsenen war die alltägliche Erscheinung des Alten nicht seine eigentliche und wirkliche. In eigentlicher Wirklichkeit sah er noch anders, weit schöner und richtiger aus als gewöhnlich – nämlich so, wie er auf einem Gemälde, einem lebensgroßen Bildnis erschien, das früher im elterlichen Wohnzimmer gehangen hatte und dann zusammen mit dem kleinen Hans Castorp an die Esplanade übergesiedelt war, wo es seinen Platz über dem großen rotseidenen Sofa im Empfangszimmer erhalten hatte.
> (Aus: Thomas Mann, Der Zauberberg, S. 37)

Aufgabe 6

Eine Jury aus prominenten Persönlichkeiten hat am Ausgang des 20. Jahrhunderts die „100 Wörter des Jahrhunderts“ ausgewählt. Stellen Sie fest, welche davon durch Wortbildung entstanden sind. Diskutieren Sie Problemfälle.

Aids, Antibiotikum, Apartheid, Atombombe, Autobahn, Automatisierung, Beat, Beton, Bikini, Blockwart, Bolschewismus, Camping, Comics, Computer, Demokratisierung, Demonstration, Demoskopie, Deportation, Design, Doping, Dritte Welt, Drogen, Eiserner Vorhang, Emanzipation, Energiekrise, Entsorgung, Faschismus, Fernsehen, Film, Fließband, Flugzeug, Freizeit, Führer, Friedensbewegung, Fundamentalismus, Gen, Globalisierung, Holocaust, Image, Inflation, Information, Jeans, Jugendstil, Kalter Krieg, Kaugummi, Klimakatastrophe, Kommunikation, Konzentrationslager, Kreditkarte, Kugelschreiber, Luftkrieg, Mafia, Manipulation, Massenmedien, Molotow-Cocktail, Mondlandung, Oktoberrevolution, Panzer, Perestroika, Pille, Planwirtschaft, Pop, Psychoanalyse, Radar, Radio, Reißverschluss, Relativitätstheorie, Rock'n Roll, Satellit, Säuberung, Schauprozess, Schreibtischtäter, Schwarzarbeit, Schwarzer Freitag, schwul, Selbstverwirklichung, Sex, soziale Marktwirtschaft, Single, Sport, Sputnik, Star, Stau, Sterbehilfe, Stress, Terrorismus, U-Boot, Umweltschutz, Urknall, Verdrängung, Vitamin, Völkerbund, Völkermord, Volkswagen, Währungsreform, Weltkrieg, Wende, Werbung, Wiedervereinigung, Wolkenkratzer

Wortbildungsprodukt vs. Wortform

Aufgabe 7

Leiten Sie aus der vergleichenden Gegenüberstellung von Wörtern und Wortformen (nach NAUMANN 2000, 18) Unterschiede zwischen Wortbildung und Formenbildung ab; vgl. dazu NAUMANNs Ausführungen sowie EISENBERG 1998a, 201ff.

	Wörter			**Wortformen**		
	sag	(-en)		sag		-e, -en, -st, -t, -te
an-	sag	(-en)	an-	sag		-e, -en, -st, -t, -te
vorher-	sag	(-en)	vorher-	sag		-e, -en, -st, -t, -te
un-	sag	-bar	un-	sag	-bar	-e, -er, -es, -em, -e
	Sag	-e		Sag	-e	-n
Un-	sag	-bar-keit	Un-	sag	-bar-keit	-en

Aufgabe 8

Segmentieren Sie die folgenden Wörter in Morpheme und klassifizieren Sie die Morpheme nach FLEISCHER/BARZ 1995 in Grund-, Wortbildungs- und Flexionsmorpheme. Erklären Sie die Besonderheit von *-en, -e* und *-er.*

Handel mit goldenen Ringen, alte Freunde, durch Höhen und Tiefen, ein Bus mit Lehrern, Betreuern und Kindern

Aufgabe 9

Die Komparation des Adjektivs gilt wie die Deklination und die Konjugation als Flexion. Es wird jedoch gelegentlich auch erwogen, sie der Wortbildung zuzuordnen.

Stellen Sie mit Hilfe einer Grammatik (z. B. EISENBERG 1998a, 176ff.) Argumente für bzw. gegen beide Auffassungen zusammen.
Setzen Sie sich mit der These auseinander, dass die Grenze zwischen Wortbildung und Flexion hier fließend sei (NAUMANN 2000, 17ff.; WURZEL 1988).

Wortbildungsprodukt vs. syntaktische Fügung

Aufgabe 10

Komposita und die ihnen entsprechenden syntaktischen Fügungen unterscheiden sich grammatisch voneinander, je nach der Wortart der Kompositionsglieder in unterschiedlicher Deutlichkeit. In substantivischen Komposita mit adjektivischem Erstglied beispielsweise ist das Adjektiv nicht flektiert und somit morphologisch nicht als Adjektiv ausgewiesen. Syntaktisch kann es in dieser unflektierten Form nicht attributiv links vom Bezugswort auftreten (*Fremdsprache – *fremd Sprache),* nur in anderen syntaktischen Funktionen *(die Sprache ist fremd, klingt fremd)* oder flektiert als Attribut *(fremde Sprache).* Aufgrund dieser Unterschiede treten keine Abgrenzungsschwierigkeiten zwischen Kompositum und syntaktischer Fügung auf.
Wie beurteilen Sie unter diesem Gesichtspunkt die folgenden Einheiten aus Adjektiv und Substantiv, die der Duden 2000 in beiden Schreibvarianten zulässt? Sind es Komposita oder syntaktische Fügungen oder beides?

Hardcover – Hard Cover, Hardrock – Hard Rock Hotjazz – Hot Jazz, Hotpants – Hot Pants, Softdrink – Soft Drink, Softrock – Soft Rock

Aufgabe 11

Beschreiben Sie anhand der folgenden Beispiele die grammatischen Unterschiede zwischen substantivischen Komposita mit einem Substantiv, Verb oder Konfix als Erstglied einerseits und syntaktischen Fügungen aus den jeweiligen Kompositionsgliedern andererseits. Warum lässt sich aus den Konstituenten von *Stiefbruder* keine syntaktische Fügung bilden?

Literaturarchiv – Archiv für Literatur, Zeitschriftenherausgeber – Herausgeber einer Zeitschrift, Schreibgerät – Gerät zum Schreiben, Elektroherd – elektrischer Herd

Aufgabe 12

Vergleichen Sie die folgenden adjektivischen bzw. partizipialen syntaktischen Fügungen und Komposita hinsichtlich ihrer morphosyntaktischen Merkmale und leiten Sie daraus Gründe für die fließenden Grenzen zwischen den beiden Strukturtypen ab.

mit tief bewegter Stimme, eine tief erschütterte Frau, tief gefühlter Schmerz – tiefschwarzer Anzug, tieftraurige Witwe, tiefgekühltes Obst (vgl. DUDEN 2000)
blutstillendes, blutbildendes Medikament – Blut stillendes, Blut bildendes Medikament

Aufgabe 13
Informieren Sie sich im Aufgabenkomplex 79 über weitere Wortbildungstypen, bei denen fließende Übergänge zu syntaktischen Fügungen zu beachten sind.

1.2 Modellierung von Wortbildungsprodukten

Bei der Modellierung geht es um eine Ordnung voll- und teilmotivierter Wortbildungsprodukte in Wortbildungstypen, und zwar nach gemeinsamen strukturellen, morphologischen und semantischen Merkmalen. Ein Wortbildungstyp repräsentiert demnach eine Menge von Wortbildungsprodukten mit bestimmten identischen Merkmalen. Da nicht alle Wortbildungstypen gegenwärtig in gleicher Intensität als Muster für Neubildungen genutzt werden, unterscheidet man zwischen produktiven Typen (auch „Wortbildungsmodelle" bzw. „aktive Muster", vgl. Fleischer/Barz 1995, 53f.; Motsch 1999, 18) und kaum bzw. nicht mehr produktiven Typen (auch „inaktive Muster"). Zwischen beiden Gruppen gibt es Übergänge. Im Mittelpunkt der folgenden Aufgaben stehen die produktiven Typen.
Welchem Wortbildungstyp ein Wortbildungsprodukt zuzuordnen ist, lässt sich mit Hilfe der Paraphrasierung ermitteln, wobei die Paraphrase möglichst die Wortbestandteile des Wortbildungsprodukts enthalten soll (*Winterferien* <Ferien im Winter>, Typ: S + S 'temporal'; *essbarer (Pilz)* <(ein Pilz, der) gegessen werden kann>, Typ: V + *-bar* 'modal-passivisch'. Die Paraphrase erhellt die Konstituentenstruktur und sie ist auch eine Hilfe bei der Ermittlung der Wortbildungsbedeutung. Zu beachten ist, dass v. a. okkasionelle Wortbildungsprodukte ohne Kontext oft mehr als eine Paraphrasierungsmöglichkeit bieten und dementsprechend mehrere Typen repräsentieren können (*Trendforscher* <ein Forscher, der Trends erforscht> oder <ein Forscher, der sich in seinen Forschungen nach dem Trend richtet>). Bei usuellen Wortbildungsprodukten ist meist eine bestimmte Wortbildungsbedeutung konventionalisiert. Sie erschließt sich aus der lexikalischen Bedeutung (*Wohngemeinschaft* 'Gruppe von Personen, die als Gemeinschaft [mit gemeinsamem Haushalt] ein Haus oder eine Wohnung bewohnen', GWDS); die Wortbildungsbedeutung ist 'final'.
Nach strukturellen und morphologischen Merkmalen der Wortbildungstypen unterscheidet man die Wortbildungsarten Komposition, Derivation, Konversion und Reduktion, vgl. dazu Abb. 1. Komposita und Derivate sind binär strukturiert, unterscheiden sich aber durch die Selbständigkeit ihrer UK. Zwei selbständigen (auch: freien) UK bei Komposita stehen eine selbständige und eine unselbständige (auch: gebundene) bei Derivaten gegenüber (von Konfixen hier abgesehen). Nicht binär strukturierte Arten sind Konversion und Reduktion. Während Konversionsprodukte grundsätzlich einer anderen Wortart angehören als ihre jeweiligen Basen, auf die sie sich als Ganzes beziehen, sind Kurzwörter Reduktionsprodukte zu längeren Vollformen. Ein Wechsel der Wortart tritt bei der Reduktion nicht ein. Ob die Vollform eine syntaktische Fügung oder ein

komplexes Wort ist, hat auf die Form des Kurzwortes in der Regel keinen Einfluss (*Bankleitzahl > BLZ, Technischer Überwachungsverein > TÜV*).
Weitere, quantitativ weniger ins Gewicht fallende Wortbildungsarten sind Reduplikation (*Zickzack*) und Kontamination (*Kurlaub*); zu anderen Klassifikationen vgl. WEINRICH 1993; EICHINGER 2000.

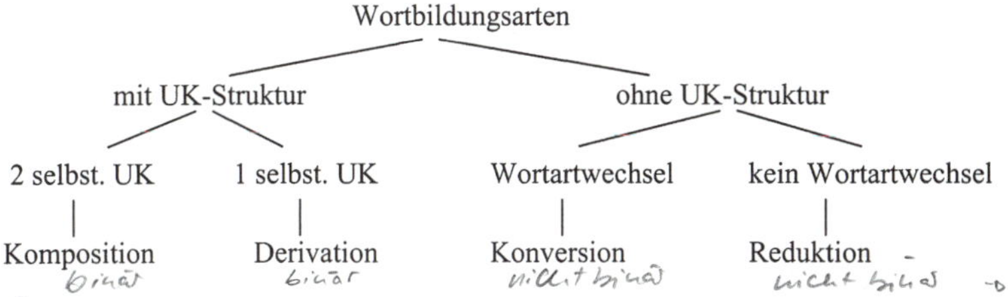

Abb. 1

Für die semantische Modellierung lassen sich auf allgemeinster Ebene zwei Grundklassen von Wortbildungsbedeutungen annehmen, die Modifikation und die Transposition. Sie unterscheiden sich danach, wie die Basis bei Derivation und Konversion bzw. die Bedeutung des Zweitgliedes bei Komposition durch den Wortbildungsvorgang semantisch verändert wird. Bei der Reduktion ist der Wortbildungsvorgang nicht mit semantischen Veränderungen verbunden, Kurzwörter haben demnach keine Wortbildungsbedeutung. Strukturell-morphologisch unterschiedliche Wortbildungstypen der Komposition, Derivation und Konversion können die gleiche Wortbildungsbedeutung aufweisen und folglich denselben Modifikations- bzw. Transpositionstyp darstellen. So gehören z. B. zum Modifikationstyp Diminuierung verschiedene Derivationstypen mit diminuierender Wortbildungsbedeutung: S + *-chen*, S + *-lein* und weitere Typen, z. B. mit den Suffixen *-le, -erl, -ette*.
Je nach der Wortbildungsart und den an der Wortbildung beteiligten Wortbildungsmitteln ist die Wortbildungsbedeutung morphologisch unterschiedlich ausgedrückt. Bei Komposita ergibt sie sich sowohl aus den semantischen Rollen der Konstituenten in der Paraphrase als auch aus deren lexikalischen Bedeutungen und dem damit verbundenen Text- und Weltwissen der Sprecher. In Derivaten wird die Wortbildungsbedeutung weitgehend von den Affixbedeutungen bestimmt, außerdem ebenfalls von Text- und Weltwissen. Die meisten Affixe sind allerdings polyfunktional und semantisch hochgradig vage, so dass sich die Wortbildungsbedeutung grundsätzlich auch bei Derivaten erst zusammen mit der Basis sicher erkennen lässt (*laufen > sich verlaufen* 'falsch'; *etwas ändern > etwas verändern* 'perfektiv').
Bei Konversionsprodukten und transponierenden Suffixderivaten wird die Wortbildungsbedeutung eines Wortbildungstyps mit der Bezeichnung der semantischen Klasse angegeben, der das Wort durch die Konversion bzw. Derivation zugeordnet wird: *fremd > der Fremde*, *malen > Maler* 'Personenbezeichnung' bzw. 'Nomen agentis', bei Komposita mit Bezeichnungen für interbegriffliche

Relationen wie 'Teil von' bei *Blütenblatt*, 'temporal' bei *Tagesausflug*, bei Präfixderivaten und modifizierenden Suffixderivaten mit verallgemeinernden Bezeichnungen für die jeweilige semantische Nuancierung der Basis wie 'augmentativ' bei *urgemütlich* oder 'diminuierend' bei *Mäuschen*.
Aufgrund verschiedener Analyseverfahren und dementsprechend unterschiedlicher Abstraktionsebenen und Beschreibungsziele verzeichnen die Handbücher relativ unterschiedliche Inventare von Wortbildungsbedeutungen. Die folgenden Aufgaben stützen sich v. a. auf die Klassifikationen bei Fandrych/Thurmair 1994 und bei Barz/Schröder 2001; zu den einzelnen Modellierungsschritten vgl. Fleischer/Barz 1995, 55.

Wortbildungsarten

Aufgabenkomplex 14

Die Analyse eines Wortbildungsprodukts nach UK ermöglicht das Erkennen der Wortbildungsart, denn diese Analyse stellt gewissermaßen die Rekonstruktion des letzten Wortbildungsschrittes dar, der zu dem fraglichen Wortbildungsprodukt geführt hat.

Aufgabe 14.1

Ordnen Sie die hervorgehobenen Wörter mit Hilfe der UK-Analyse in binäre und nichtbinäre Wortbildungsprodukte und bestimmen Sie die Wortbildungsarten.
Inwiefern ist *G-Faktor* morphologisch ein Sonderfall? Sind Ihnen weitere gleichartige Beispiele geläufig?

> Gral der Geisteskraft
>
> Eines galt bisher als unstrittig: Wenn man Menschen auf verschiedene Fähigkeiten wie *Sprachvermögen*, *Kopfrechnen* und Gedächtnis oder räumliche *Vorstellung* testet, dann schneiden einige von ihnen in allen Bereichen durchweg gut ab – andere tun sich stets in allen Bereichen schwer.
>
> Aufgrund des *Befundes* vermuten Psychologen, dass jeder Mensch mit einem sogenannten *G-Faktor* (für „generelle" Intelligenz) ausgestattet ist, den er unbewusst für das *Bewältigen* verschiedenster Aufgaben einsetzt. Unterschiede im G-Faktor sind demnach dafür verantwortlich, dass es Genies gibt und *Schwachsinnige*.
>
> Die amerikanische Soziologin L. G. sieht in dem ominösen G-Faktor sogar ein Orakel, das den Werdegang eines Menschen verrät. Er sage „viele Aspekte des *Lebenserfolges* voraus, etwa die *Wahrscheinlichkeit* einer Ehescheidung, des *Durchfallens* in der Oberschule oder arbeitslos zu werden".
>
> Andere Neurowissenschaftler halten den G-Faktor für ein Hirngespinst, da man ihm – im *Unterschied* etwa zum Sprachzentrum – keinen Platz im Kopf zuordnen konnte.
>
> (Aus: Der Spiegel 30/2000)

Aufgabe 14.2

Bestimmen Sie die Wortbildungsart der Wortbildungsprodukte, die in Aufgabe 6 zu ermitteln waren.

Aufgabe 14.3

Wenn ein Wortbildungsprodukt strukturell und/oder semantisch verschiedenen Wortbildungstypen zugeordnet werden kann, spricht man von Doppelmotivation. Ermitteln Sie die doppelt motivierten Wörter unter den nachfolgend hervorgehobenen. Welche Konsequenzen ergeben sich aus der Doppelmotivation für die Bestimmung der Wortbildungsart und der semantischen Grundklasse der jeweiligen Bildung?

> eine *unglückliche* Niederlage der Mannschaft, die Behandlung *drogensüchtiger* Jugendlicher, die feierliche *Grundsteinlegung*, die Organisation der *Unterrichtsvertretung, übersichtliche* unterrichtspraktische Hinweise, das DaF-Lernziel „*Handlungsfähigkeit* in *deutschsprachiger* Gesellschaft“, ein Computerprogramm zur *Sprachaufzeichnung* und *Ergebnisspeicherung*, ein Text über den Auftragseingang bis zur *Produktherstellung*, Gespräche mit den *Frischkostanbietern*

Wortbildung des Substantivs

Aufgabe 15

Suchen Sie im folgenden Text je vier substantivische Komposita, Derivate sowie Konversionsprodukte und bestimmen Sie den jeweiligen Wortbildungstyp. Üben Sie dabei das Paraphrasieren: *Künstler* <jmd., der Kunst ausübt>, Suffixderivat; S + *-ler* ‘Personenbezeichnung’.
Interpretieren Sie die deutlich unterschiedliche Frequenz der Wortbildungsarten in funktionaler Sicht, und zwar bei der Derivation differenziert nach Präfix- und Suffixderivation; zur Funktion der Wortbildungsarten vgl. EICHINGER 2000, 34, 177-180.

> Kein Künstler ist während der ganzen vierundzwanzig Stunden seines täglichen Tages ununterbrochen Künstler; alles Wesentliche, alles Dauernde, das ihm gelingt, geschieht immer nur in den wenigen und seltenen Augenblicken der Inspiration. So ist auch die Geschichte, in der wir die größte Dichterin und Darstellerin aller Zeiten bewundern, keineswegs unablässig Schöpferin. Auch in dieser „geheimnisvollen Werkstatt Gottes“, wie Goethe ehrfürchtig die Historie nennt, geschieht unermeßlich viel Gleichgültiges und Alltägliches. Auch hier sind wie überall in der Kunst und im Leben die sublimen, die unvergeßlichen Momente selten. Meist reiht sie als Chronistin nur gleichgültig und beharrlich Masche an Masche in jener riesigen Kette, die durch die Jahrtausende reicht, Faktum an Faktum, denn alle Spannung braucht Zeit der Vorbereitung, jedes wirkliche Ereignis Entwicklung. Immer sind Millionen Menschen innerhalb eines Volkes nötig, damit ein Genius entsteht, immer müssen Millionen müßige Weltstunden verrinnen, ehe eine wahrhaft historische, eine Sternstunde der Menschheit in Erscheinung tritt.

Entsteht aber in der Kunst ein Genius, so überdauert er die Zeiten; ereignet sich eine solche Weltstunde, so schafft sie Entscheidung für Jahrzehnte und Jahrhunderte. Wie in der Spitze eines Blitzableiters die Elektrizität der ganzen Atmosphäre, ist dann eine unermeßliche Fülle von Geschehnissen zusammengedrängt in die engste Spanne von Zeit. Was ansonsten gemächlich nacheinander und nebeneinander abläuft, komprimiert sich in einen einzigen Augenblick, der alles bestimmt und alles entscheidet: ein einziges Ja, ein einziges Nein, ein Zufrüh oder ein Zuspät macht diese Stunde unwiderruflich für hundert Geschlechter und bestimmt das Leben eines einzelnen, eines Volkes und sogar den Schicksalslauf der ganzen Menschheit.

(Aus: Stefan Zweig, Sternstunden der Menschheit, Vorwort)

Aufgabenkomplex 16

Die Komposition ist neben der Derivation eine zentrale Wortbildungsart für das Substantiv. Nach der allgemeinen semantischen Relation zwischen den UK unterscheidet man Determinativ- und Kopulativkomposita, neuerdings auch noch Klassen- oder explikative Komposita wie *Wahlvorgang*, bei denen die zweite UK die semantische Klasse bezeichnet, der das Erstglied zugeordnet werden kann (dazu EICHINGER 2000, 186).

Aufgabe 16.1

(a) Stellen Sie usuelle Determinativkomposita mit *-buch* als Determinatum in der Bedeutung 'größeres gebundenes Druckwerk' (nach GWDS) zusammen, bestimmen Sie den jeweiligen Wortbildungstyp der Beispiele und entscheiden Sie, ob diese Komposita zusammen eine Wortbildungsreihe darstellen.

(b) Vergleichen Sie die Wortbildungsbedeutungen von *Hörbuch* und *Papierbuch*. Aus welchem Grund ist das neugebildete, noch nicht in die Wörterbücher gelangte *Papierbuch* als komplementäre Benennung zu *Hörbuc*h vermutlich besser geeignet als *Lesebuch*?
Beurteilen Sie die Akzeptabilität des Kompositums *Papierbuch*.

Aufgabe 16.2

Beschreiben und vergleichen Sie die morphologischen und semantischen Merkmale der folgenden substantivischen Determinativ- und Kopulativkomposita. Überprüfen Sie dabei, ob Sie die Reihenfolge der jeweiligen UK ohne morphosyntaktische und semantische Konsequenzen verändern können.

die olympische Fackel als ein *Düsensystem* mit einem *Alu-Tank*, mit einem *Propan-Butan-Gemisch* als *Brennstoff*, früher mit *Magnesiumklumpen* oder *Flüssiggas*, eine unterseetaugliche *Spezialversion* im *Härtetest*, das *Gaslicht* 27000 km durchs *Hochland* tragen

Autor-Regisseur, *Lehrer-Gewerkschafter*, *Tier-Mensch* 'Lebewesen, das Tier und Mensch zugleich ist', ein *Malerpoet* als *Doppelbegabung*

(Vgl. DEUTSCHE WORTBILDUNG 1991, 147ff.)

Aufgabe 16.3

Die UK substantivischer Komposita können ein- oder mehrmorphemisch (simplizisch oder komplex) sein. Bei komplexen Konstituenten unterscheidet man nach der Anzahl der jeweils vorhandenen Grundmorpheme und der Position der jeweiligen UK zwischen Links- und Rechtsverzweigung (*Handball/spiel, Hallen/handball*). Die Anzahl und Position möglicher Affixe wird bei dieser Differenzierung nicht berücksichtigt (demnach gilt als nicht verzweigt: *Versicherungsbetrug*), vgl. DEUTSCHE WORTBILDUNG 1991, 15ff. Komposita aus zwei komplexen UK (komplex in dem hier erklärten Sinn) heißen beidseitig verzweigt (*Handball/weltmeisterschaft*).
Stellen Sie fest, welche Verzweigungsstrukturen bei den folgenden Komposita vorliegen.

Betriebsverfassungsgesetz, Bundestagsabgeordneter, Bundeswirtschaftsminister, Entwicklungshilfeministerium, Ernährungsgewohnheit, Hochwasserkatastrophenhilfsdienst, Jahreswirtschaftsbericht, Klimaschutzprogramm, Kostenbewusstsein (des Unternehmens), Länderfinanzausgleich, Landtagswahlkampf, Meinungsforschungsinstitut, Nahrungsmittelhilfe, Rücktrittsbereitschaft (des Ministers), Treibhausgasemission

Aufgabe 17

Analysieren Sie, welche Wortbildungsprodukte aus einem PKW-Werbetext doppelt motiviert sind, und prüfen Sie, ob man Vorzugsinterpretationen annehmen kann. Welche Kriterien können Sie für die Bestimmung einer Vorzugsvariante anwenden?

5-Gang-Schaltgetriebe, Einzelradaufhängung, Benzin-Direkteinspritzer, Spritsparpotenzial, elektronische Kraftverteilung und Wegfahrsperre, Leichtmetallfelgen, elektrische Scheibenheber mit Einklemmschutz, Cockpitverkleidung, Holz-Leder-Lenkrad, Multi-Info-Display, Lederausstattung mit Sitzheizung, Heckleuchteneinfassung in Wagenfarbe, Zweifarb-Lackierung

(Aus: Der Spiegel 27/2000)

Aufgabenkomplex 18

Aufgabe 18.1

Erarbeiten Sie sich einen Überblick über das Fugenelement nach FLEISCHER/BARZ 1995 (morphologischer Status, Arten, Funktionen) und vergleichen Sie das Ergebnis mit den Ausführungen Eisenbergs zur Fuge (EISENBERG 1998a, 227-233).

Aufgabe 18.2

Analysieren Sie in den folgenden Komposita mögliche Funktionen von Fugenelementen. Benutzen Sie zur Lösung der Aufgabe das GWDS.

Für den Anspruch auf *Schadensersatz* und für den Rückgriff darf der ordentliche Rechtsweg nicht ausgeschlossen werden (Grundgesetz, Art. 34) – zum *Schadenersatz* verpflichtet sein;
Eingeschränktes *Haltverbot*, Grenzmarkierung für *Haltverbot* (STVO §12 I) – im *Halteverbot* stehen;
Aufnahmeprüfung – Aufnahmsprüfung, Rinderbraten – Rindfleisch, Geschichtenbuch – Geschichtsbuch, Sonntag – Sonnentag, Mondschein – Mondenschein, Landesfarben – Landebahn, Badeschuhe – Badfenster, Stabhochsprung – Stabsoffizier, Gutshof - Güterabfertigung

Aufgabe 18.3

Vor einiger Zeit hat das Stadtverwaltungsamt angefragt, ob der Straßenname *Schmetterlingsweg* oder *Schmetterlingweg* lauten muss. Wie würden Sie die Frage beantworten? Welche Empfehlung gibt der DUDEN 1996 in den Duden-Richtlinien?

Aufgabe 18.4

Warum entsprechen die folgenden fachsprachlich üblichen bzw. möglichen Schreibungen ohne Fugenelement nicht unserem Sprachgefühl: *Einkommensteuer*, *Vermögensteuer*, *Erbschaftsteuer*, *Versicherungsteuer*?
Hinweise zum Fugenelement in übersichtlicher Form finden Sie in DUDEN 9, 281ff.; eine ausführliche Darstellung der Regelmäßigkeiten und Unregelmäßigkeiten beim Auftreten von Fugenelementen in WELLMANN 1998, 494ff.

Aufgabenkomplex 19

Während Determinativkomposita grundsätzlich Modifikationen darstellen, können Derivate je nach ihrem Wortbildungstyp modifizierend oder transponierend sein.

Aufgabe 19.1

Ordnen Sie die folgenden substantivischen Wortbildungsprodukte in die Klassen Modifikation und Transposition. Geben Sie an, in welchen Fällen aus welchen Gründen eine eindeutige Zuordnung kaum möglich ist.

ein erfolgreicher *Hirnforscher*, die Entwicklung von *Hirnschrittmachern*, amerikanische *Biophysiker*, *Bioingenieure*, *Neurowissenschaftler* und *Computertüftler*, das menschliche Gehirn als eine Art *Superrechner*, die mächtigen *Medizingerätehersteller*, das Team eines *Augenmediziners*, ein Interview mit einem *Neuroinformatiker*; die *Tennisspielerin* als *Werbeträgerin*, die beste *Doppelspielerin*, eine *Grand-Slam-Gewinnerin*, die Vermutung der *Branchenkenner*, der *Firmengründer* ist der *Software-Erfinder*, ein *Ratgeber* in Geldangelegenheiten, das Unternehmen sucht *Kundenberater*, das Treffen der *EU-Finanzminister*, das neue Gesetz ist ein Freibrief für *Firmenkäufer*, der Wettbewerb der Fluggesellschaften um „*Meilenjäger*", eine Mitteilung der *Landesbanker*

Aufgabe 19.2

Bestimmen Sie die Wortbildungsart der Personenbezeichnungen im folgenden Text, soweit es sich um Wortbildungsprodukte handelt. Ordnen Sie die Beispiele in Transpositions- und Modifikationstypen.
Unterscheiden Sie *Straftäter* und *Straffälliger* (nicht im Text) nach dem Wortbildungstyp; bestimmen Sie dazu den Status des Morphems *-er* in beiden Wörtern. Inwiefern ist *Profi* ein Wortbildungs-Sonderfall?

> Justiz wirbt um Betreuer für Verurteilte
>
> Das Justizministerium in Dresden wirbt jetzt um ehrenamtliche Bewährungshelfer. Denn die Wiedereingliederung straffällig gewordener Menschen in die Gesellschaft sei eine wichtige Aufgabe. „Jeder verhinderte Rückfall ist praktizierter Opferschutz", heißt es in einer Pressemitteilung. Die Ehrenamtlichen helfen Straftätern bei der Arbeits- und Wohnungssuche, geben ihnen Ratschläge, ihre Freizeit sinnvoll zu verbringen und stehen Verurteilten einfach auch als Gesprächspartner für Sorgen und allgemeine Fragen zur Verfügung.
>
> Sie unterstützen damit die professionelle Bewährungshilfe, die in Sachsen den Mitarbeitern des Sozialen Dienstes übertragen ist, so das Ministerium. Denn Gerichte überwachen Verurteilte und unterstellen sie, sofern sie dies als erforderlich erachten, der Aufsicht und Leitung eines „Profis", zumal Bewährung „kein verkappter Freispruch" sei.
>
> Leute, die Interesse an der Arbeit eines ehrenamtlichen Helfers haben, können sich an den Geschäftsleiter oder den Fachgruppenleiter des Sozialen Dienstes der Justiz beim Leipziger Landgericht wenden.
>
> (Aus: LVZ, 21.8. 2000)

Aufgabe 19.3

Auf die Frage nach der Wortbildungsbedeutung von *Angriff* wurde in einer Klausur Folgendes geantwortet: 'gezieltes und/oder geplantes gewalttätiges Vorgehen gegen einen Gegner'. Ist die Antwort richtig? Erklären Sie den Terminus Wortbildungsbedeutung.

Aufgabenkomplex 20

Die wichtigsten Suffixe zur Bildung von Substantiven sind in der Gegenwartssprache *-er*, *-ung* und *-heit/-keit/-igkeit*.

Aufgabe 20.1

Die Kreativität von Sprechern nutzte im Frühjahr 2000 ein hessischer Privatradio-Sender, als er seine Hörer dazu aufforderte, sich täglich neue Schimpfwörter für Weichlinge auszudenken. Hier eine Auswahl von „Weichei-Wörtern": *Warmduscher, Garagenparker, Brustbeutelträger, Klamotten-am-Vortag-Rausleger, Tastaturabdecker, Comicsocken-Träger, Duftbaumfahrer, Bei-Mami-Wascher, Sauna-Untensitzer, Frauenversteher, Turnbeutel-Vergesser, Zahnpastatuben-Aufwickler* (vgl. Der Spiegel 14/2000).
Nach welchem Modell sind die Wörter gebildet?

Aufgabe 20.2

In der Phase des Spracherwerbs bilden Kinder besonders viele Personenbezeichnungen, die Abweichungen vom üblichen Sprachgebrauch darstellen. Beschreiben Sie die strukturellen und morphologischen Merkmale der folgenden kindersprachlichen Bildungen und bestimmen Sie deren Wortbildungsart. Handelt es sich um analog-holistische oder um kompositionell-reguläre Bildungen? (Beispiele v. a. nach STERN/STERN 1987 und MEIBAUER 1995) *Klauer* ('Dieb'), *Liebewicht* (das war kein *Bösewicht*, sondern ein *Liebewicht*), *Lass-mal-Sager* bist du, *Immernichspazierengehenwollerin*, *Rettmann* ('Retter'), *Besuchmann* ('Besucher'), *Guckmann* ('Zuschauer'), *Briller* ('Optiker'), *Ofner* ('Ofensetzer'), *Trickfilmausdenkerin*, ich bin ein *Gernerumtrampler*, ihr seid die *Brötchenfresser* und ich bin der *Gemütlichmacher*.
Beurteilen Sie die Lexikalisierungschancen dieser Bildungen.

Aufgabe 20.3

Bestimmen Sie den Wortbildungstyp der Derivate auf *-ung*. Stellen Sie fest, welche *-ung*-Wörter eine Argumentstelle der verbalen Basis geerbt haben. Welche Rolle spielt der Kontext für die Notwendigkeit der Besetzung der Argumentstelle? Vgl. Aufgabe 37.3.
Bilden Sie aus den hervorgehobenen syntaktischen Fügungen Komposita, in denen die Argumentstelle des *-ung*-Derivats durch das Erstglied wortintern gesättigt ist. Beurteilen Sie die Akzeptabilität dieser Komposita.

> Die wirtschaftliche und politische Position Deutschlands in der Welt ist *nach der Vereinigung* unklarer als zuvor. Zwar ist Deutschland einerseits größer geworden und spielt in der Europäischen Gemeinschaft wirtschaftlich eine wichtige Rolle, jedoch ist es andererseits durch die Aufgabe der wirtschaftlichen *Sanierung Ostdeutschlands* stark belastet. Dadurch scheint es für das Land noch schwieriger als zuvor, in der technologischen Konkurrenz mit Ländern wie Japan und USA mitzuhalten. Diese Unsicherheit wirkt sich letztlich auch auf Deutsch als Fremdsprache aus, insbesondere auf die *Einschätzung seiner Relevanz* durch Bildungspolitiker, Lehrplaner, Lehrer und potentielle oder tatsächliche Lerner. In dieser Situation mag ein breiterer Überblick über die derzeitige Rolle von Deutsch als Fremdsprache eine Orientierungshilfe bieten, insbesondere, wenn aus ihm hervorgeht, in welchem Maße diese Position von vorübergehenden wirtschaftlichen und politischen Konstellationen beeinflusst wird und wenn – wenigstens in groben Umrissen – zukünftige Entwicklungstendenzen erkennbar werden. *Eine* ausführliche *Darstellung* findet sich in einem jüngst erschienenen Buch des Autors [...].
>
> (Nach: Deutsch als Fremdsprache 30/1993)

Aufgabe 20.4

Informieren Sie sich anhand der Übersicht in FLEISCHER/BARZ 1995, 162 über die Distribution der Suffixvarianten *-heit*, *-keit* und *-igkeit*. Überprüfen Sie die Angaben der Übersicht an den folgenden, teilweise okkasionellen Beispielen.

Ermitteln Sie zunächst, ob das Wortbildungsprodukt als Ganzes oder nur eine seiner UK ein Suffixderivat auf *-heit*, *-keit* oder *-igkeit* ist.

> *Abgemagertheit, Amtsmüdigkeit, Enttäuschtheit, Coolheit, Gewissenlosigkeit, Ordenbarkeit (der einzelnen Informationen), Unklarheit, Herz-Lungen-Krankheit, Luftfeuchtigkeit*

Aufgabenkomplex 21

Durch Konversion entstehen oft insofern untypische Substantive, als die Konversionsprodukte nicht alle grammatischen Merkmale eines prototypischen Substantivs aufweisen, vgl. Aufgabe 36.5.

Aufgabe 21.1

Bestimmen Sie, welche Substantive im folgenden Text Konversionsprodukte sind und welche davon aufgrund ihrer grammatischen Merkmale als untypische Substantive angesehen werden können.

> Stress-Knirscher
>
> Schuld an jedem dritten Zahnarztbesuch in Deutschland ist nächtliches Zähneknirschen. Das hat M. F. von der Universität Düsseldorf herausgefunden. Ursache des Knirschens sei das Bewältigen von Stress, der sich tagsüber aufgestaut hat. F. empfiehlt den Betroffenen deshalb das nächtliche Tragen von maßgefertigten Aufbissschienen.
>
> (Aus: Bild der Wissenschaft 9/2000)

Aufgabe 21.2

Bestimmen Sie, welche Substantive im Text zu Aufgabe 15 Konversionsprodukte sind und ordnen Sie diese anhand ihrer grammatischen Merkmale in typische und untypische Substantive.

Aufgabe 21.3

Bestimmen Sie die Wortbildungsart der substantivischen Wortbildungsprodukte und begründen Sie Ihre Entscheidung.

> *der Zerfall des Römischen Reiches, die Zerstörung der alten Ordnung, die Uraufführung des Stückes, mit Unlust reagieren, nach Erwerb der Berechtigung, den Besuch verschieben, das Vordach reparieren*

Aufgabe 22

Unterscheiden Sie im folgenden Text Kurzwörter und Wortbildungsprodukte mit Kurzwörtern als UK. Bestimmen Sie die Wortbildungsart der komplexen Wörter mit einem Kurzwort als UK. Analysieren Sie alle Kurzwörter und Kurzwort-Konstituenten nach ihrer Bildungsweise (Position und Kontinuität/ Diskontinuität der Segmente in Bezug auf die Vollform sowie Aussprache der Segmente, vgl. Aufgabenkomplex 67).

> Depot-Informationen für VL-Anleger zum Jahresende 2000
>
> Der Konjunkturaufschwung setzte sich im vergangenen Jahr weltweit fort. Ausgehend von den USA beruhigte sich nach starken Anfangsquartalen das Wirt-

schaftswachstum im zweiten Halbjahr. Eine Ausnahme bildete die Euro-Zone. Dementsprechend entwickelten sich europäische Standardwerte im Schnitt mit Ausnahme der „TMT-Aktien" (Telekom, Medien und Technologie) positiv.
Im Jahr 2001 erwarten wir eine weiche Landung der US-Wirtschaft und ein Wirtschaftswachstum in Euroland, das leicht unter dem letztjährigen Ergebnis liegen wird.
Der Großteil aller Arbeitnehmer in der BRD hat einen arbeitsvertraglich abgesicherten Anspruch auf Vermögenswirksame Leistungen (VL) vom Arbeitgeber. Je nach Branche liegen sie zwischen 78,00 und 13,00 DM im Monat. VL-Sparen wird vom Staat durch eine Zulage gefördert. Nach einer Umfrage des Meinungsforschungsinstituts Emnid nimmt nur die Hälfte der Anspruchsberechtigten die Leistungen in Anspruch.

(Nach einer Mitteilung der Deutschen Giro-Zentrale)

Wortbildung des Adjektivs

Aufgabe 23

Bestimmen Sie die Wortbildungsart der motivierten adjektivischen Wortbildungsprodukte im Text zu Aufgabe 26. In welchen Fällen ergeben sich Probleme?

Aufgabenkomplex 24

Aufgabe 24.1

Die folgenden Farbadjektive entstammen Warenkatalogen. Sie bezeichnen die Farben der zum Kauf angebotenen Textilien (WEIST 1995).
Bestimmen Sie den Wortbildungstyp der Wörter. Welcher Zusammenhang besteht zwischen der Wortart des Erstgliedes und der jeweiligen Wortbildungsbedeutung bei den Bildungen in (a)?
Erörtern Sie die Probleme bei der Bestimmung der Wortbildungsart der Adjektive auf *-farben* im Vergleich zu denen auf *-farbig* in (b).
Welche morphologische Eigenschaft der Erstglieder in (c) begünstigt die Bildung der Adjektive?

(a) *kobaltblau, gletscherblau, kupfergelb, rostrot, burgunderrot, jeansblau, wollweiß, elfenbeinweiß, damastweiß, rehbraun, lederbraun, dunkelblau, mittelbraun, reinweiß, sattgelb, zartblau, tiefblau*

(b) *brombeerfarben, kirschfarben, kupferfarben, blattgoldfarben, champagnerfarben, kamelfarbig, lederfarbig, perlmuttfarbig, goldfarbig*

(c) *beigefarben, orangefarben, pinkfarben, rosafarben*

Aufgabe 24.2

Bestimmen Sie die Wortbildungsart und den Wortbildungstyp der folgenden okkasionellen und usuellen komplexen Adjektive in den Nominalgruppen aus Warenkatalogen.

kirschgroße Riesenheidelbeere, *klassisch-elegante* Schuhe, *knitterarmes* Hemd, *knöchelhohe* Hausschuhe, *kupfergelbe* Strauchrose, *kuschelsamtiger* Nickistoff, *lackierfähiges* Kunststoffpaneel, *lässig-bequeme* Jeans, *mahagonifarbige* Möbel, *mehltauresistente* Weinrebe, *maschinenwaschbare* Arbeitsschuhe, *lösungsmittelbeständiger* Pinselpott, *modisch-breite* Doppelmanschetten

(Nach: Weist 1995)

Aufgabe 24.3

Kopulativkomposita sind gekennzeichnet durch die gleiche Wortart ihrer UK und durch deren semantische Gleich- oder Nebenordnung. Nicht immer lassen sie sich allerdings deutlich von den Determinativkomposita unterscheiden. Versuchen Sie, die folgenden Beispiele (nach DONALIES 1996, 277ff.) den beiden Arten von Komposita zuzuordnen.

eine *hellrote*, *wasserklare* Flüssigkeit, Japans *weißrote* Flagge, bei *grün-gelber* Ampel fahren, *blauschwarzer* Samt, das *rotbraune* Eichhörnchen, ein *deutsch-israelischer* Publizist, *deutsch-deutsche* Kommunikationskonflikte

Aufgabe 24.4

Zur Bildung von Adjektiven stehen besonders viele reihenbildende „rechte" Kompositionsglieder bereit (FLEISCHER/BARZ 1995, 227ff.; eine Teilmenge jetzt auch treffend als „Quasi-Kompositionsglieder" bezeichnet in HYVÄRINEN 2000), die zusammen mit substantivischen Erstgliedern hochproduktive Modelle darstellen, wie *-förmig*, *-haltig*, *-artig*. Versuchen Sie, Ursachen für die hohe Produktivität der fraglichen Modelle herauszufinden, indem Sie konkurrierende Derivate auf *-ig* morphologisch und semantisch zum Vergleich heranziehen (EICHINGER 2000, 92ff.).

*kugelige – kugelförmige Skulptur, sandiger – sandhaltiger Boden, wässrige – wasserartige – wasserhaltige Flüssigkeit, bärtiger Mann –*bartartiger – *barthaltiger Mann, dielenartiger – *dieliger Fußbodenbelag*

Aufgabenkomplex 25

Aufgabe 25.1

MOTSCH betrachtet die Elemente *-artig*, *-förmig*, *-haltig*, *-farben*, *-farbig* als Suffixe besonderer Art; *-mäßig* als ganz „normales" Suffix. Nennen Sie die möglichen Gründe für diese Kategorisierung (MOTSCH 1999, 12; zu anderen Auffassungen vgl. EICHINGER 2000, 92ff. und 197ff.; FLEISCHER/BARZ 1995, 227ff.).
Welches semantische Verhältnis besteht zwischen *mäßig* in *wer schlank bleiben will, darf nur mäßig essen* und *-mäßig* in *routinemäßige Kontrolle*?

Aufgabe 25.2

Bestimmen Sie die Wortbildungsart der folgenden Adjektive und die Struktur ihrer ersten UK.

ein vierblättriges Kleeblatt, ein fünftüriges Auto, ein mehrstöckiges Gebäude, ein kurzärmliges Hemd, ein zweistündiges Seminar, ein schwarzhaariges Kind

Aufgabe 25.3

Welche gemeinsame Wortbildungsbedeutung haben die adjektivischen Derivate in *samtige Haut, riesige Gewinne, kugelige Form, eisiger Wind, strohige Haare*? Verdeutlichen Sie die Wortbildungsbedeutung durch ein bedeutungsähnliches Kompositum, dessen Erstglied identisch mit der Derivationsbasis ist (*seidige Haare – seidenweiche Haare*) und vergleichen Sie, wie die Wortbildungsbedeutung bei Derivat und Kompositum ausgedrückt ist.

Aufgabe 25.4

Das Suffix *-en* mit seinen Varianten *-n*/*-ern* dient zur Bildung von Adjektiven aus Stoffnamen (*golden, seiden, steinern*, vgl. FLEISCHER/BARZ 1995, 254f.). Suchen Sie in einem Rückläufigen Wörterbuch (z. B. MUTHMANN 1991) weitere Beispiele dieser Wortbildungsreihe und bestimmen Sie den Wortbildungstyp einschließlich der semantischen Klasse des Basissubstantivs.
In welcher Bedeutungsbeziehung stehen die Adjektive in folgenden Syntagmen zueinander?

seidenes Kleid – seidiges Haar, goldene Kette – goldiges Kind, silberner Löffel – silbrige Verzierung, steinernes Portal – steiniger Weg

Aufgabe 25.5

Vergleichen Sie adjektivische Derivate auf *-bar* (*entschuldbarer Fehler*) mit solchen auf *-abel*/*-ibel* (*transportables Gerät, konvertible Währung*) hinsichtlich der morphologischen Merkmale der Basis und hinsichtlich der Wortbildungsbedeutung. Beschreiben Sie die Distribution des fremden und des heimischen Suffixes. Lassen sich Regelmäßigkeiten erkennen? Vgl. FLEISCHER/BARZ 1995, 267f.
Überprüfen Sie, welchem der beiden Typen aus dem Englischen entlehnte Verben wie *scannen, leasen* bei der Adjektivierung folgen. Welche Gründe könnten für die Bevorzugung eines Typs sprechen?

Aufgabe 25.6

Erklären Sie, warum in *Mecklenburger Regiolekt, Kölner Dom, Leipziger Bürger, Berliner Fernsehturm, Frankfurter Würstchen* die deonymischen Transpositionsprodukte auf *-er* als Adjektive aufzufassen sind (vgl. FLEISCHER/BARZ 1995, 239). Nutzen Sie für Ihre Erklärung syntaktisch-funktionale und morphologisch-flexivische Kriterien. Vergleichen Sie diese sog. Adjektive hinsichtlich ihrer Semantik mit adjektivischen Eigenschaftswörtern wie *mecklenburgisch*.

Aufgabe 25.7

Bestimmen Sie Wortbildungstyp und Wortbildungsart der folgenden Adjektive.

belastbarer Mensch, greifbare Lösung, hörbare Frequenzen, lesbare Schrift, unaussprechlicher Eindruck, unvermeidliche Konsequenzen, unzertrennliches Paar

Aufgabe 25.8

Analysieren Sie alle Adjektive mit *un-* im Text von Aufgabe 15 nach ihrer Motiviertheit und nach der Wortbildungsart.

Wortbildung des Verbs

Aufgabe 26

Bestimmen Sie den Wortbildungstyp und die Wortbildungsart der hervorgehobenen Verben in folgenden Textauszügen. Nennen Sie weitere Präfixe, die untrennbare Verben bilden.

> Es war ein mittelgroßer und erstaunlich schäbiger Raum [...]. Das schmierige Halbdunkel der vorrückenden Winterstunde wurde durch ein paar nackte und mißgelaunte Glühbirnen eher frostig *verdüstert* als *erhellt.* Eine große, hufeisenförmige, mit tintenfleckig grünem Tuch bedeckte Tafel *verdrängte* allen freien Raum. [...] Der Zigarettenrauch *verdichtete* sich bereits zu Wolkenbänken. [...] Eine besondere Ehrfurcht für die vielen alten Krieger, die sich hier *versammelten*, schien diese Kellner nicht zu *erfüllen*. Ich blieb vorerst an der Tür stehn, während Myslivec sogleich zu den Gruppen trat und seine Stimme und seinen Stil allseits laut *erschallen* ließ.
>
> (Aus: Franz Werfel, Cella oder Die Überwinder, S. 75f.)

Aufgabe 27

Bestimmen Sie den Wortbildungstyp der folgenden trennbaren Verben. Ermitteln Sie die Trennbarkeitsmerkmale dieser Verben.

> mit dem letzten Zug *abreisen*, den Entschließungstext *abändern*
> sich an den Freund *anschmiegen*, der Fahrschüler muss noch lernen, am Berg *anzufahren*, ein Problem nur *andiskutieren*
> die gekaufte Ware *nachwiegen*, das Messgerät in einem Monat *nachstellen*, die Musik *nachwirken* lassen

Aufgabe 28

Die Transposition von Adjektiven und Substantiven zu Verben geschieht vor allem durch Konversion und durch Präfixkonversion, aber auch durch Suffixderivation und Präfix-Suffix-Derivation. Einen Überblick über Basen, Strukturtypen und Wortbildungsbedeutungen verbaler Transpositionsprodukte gibt die Übersicht 11 in FLEISCHER/BARZ 1995, 317.
Analysieren Sie anhand der dort genannten Verben, welche Wortbildungsarten an der Ausprägung ein und derselben Wortbildungsbedeutung beteiligt sein können.
Beispiel: 'sich auf eine bestimmte Art verhalten, bewegen': *federn* Konversion, *jmdn. bewirten* Präfixkonversion, *spionieren* Suffixderivation

Aufgabe 29

Tierbezeichnungen können Basen für die Bildung von Verben durch Konversion sein, vgl. *büffeln, hamstern, wieseln*. Die Wortbildungsbedeutung solcher Verben ist meist 'sich verhalten wie X' (X = Tierbezeichnung).
Beurteilen Sie die Akzeptabilität der folgenden nach diesem Muster okkasionell gebildeten Verben und suchen Sie nach Gründen für deren unterschiedlichen Akzeptabilitätsgrad. Berücksichtigen Sie dabei auch die von bestimmten Textsorten geprägten Erwartungen der Rezipienten.

> glänzenden Schmuck *elstern*, durch die Berge *schnecken*, trotz Missfallensäußerungen der Nachbarn weiter *nachtigallen*, auch auf seine Bitte hin nicht *giraffen* und *elefanten*, in ungewöhnlicher Weise *pferden, hunden, gansen*

Aufgabe 30

Vornehmlich in Pressetexten finden sich zahlreiche aus dem Englischen entlehnte (teilweise saloppe) Verben mit heimischen Präfixen, die im Englischen nicht zu den „phrasal verbs" (*to flip out* > *ausflippen*) gehören, also nicht partiell übersetzt sind. Erklären Sie die Ordnung der nachfolgenden Verben in zwei Gruppen, indem Sie die Wortbildungsbedeutungen analysieren.

(a) eine Flüssigkeit *aufsprayen* (*to spray*), an die Raumfähre *andocken* (*to dock*), das Auto *verleasen* (*to lease*), den Geschäftspartner *anmailen* (*to mail*)
(b) die Wohnungseinrichtung *umstylen* und *durchdesignen*, den Freund *zumailen* ('mit E-Mails überhäufen'), die Vorstellung *aufgagen* ('mit Gags versehen' oder 'durch Gags aufwerten')

Aufgabe 31

Verbale Präfixderivate mit den Präfixen *durch-*, *um-*, *unter-* und *über-* werden auch als doppelförmige Verben bezeichnet (FLEISCHER/BARZ 1995, 342f.). Erklären Sie, was man darunter versteht und beschreiben Sie anhand der folgenden Beispiele die grammatischen Eigenschaften dieser Verben.

> den radikalen Umbruch *überleben*, die Daten in das neue Format *überführen*, den Fall einem anderen Anwalt *übertragen*, jmdm. das Wort im Mund *umdrehen*, eine Jacke *unterziehen*, trotz der Strapazen *durchhalten*, die Maßnahmen *umsetzen*

Aufgabe 32

Die Kategorisierung nach der Wortbildungsart ist bei den sog. Doppelpartikelverben mit *hinauf, herauf* usw. als Erstglied (*hinaufsteigen, heraufwinken* usw.) in der Literatur auffällig heterogen. Vergleichen Sie die Ausführungen dazu bei FLEISCHER/BARZ 1995, 301ff.; EICHINGER 2000, 105; MOTSCH 1999, 51.

Aufgabe 33

Im Vergleich zu substantivischen Komposita stellen zusammengesetzte Verben mit adjektivischen Erstgliedern insofern einen Spezialfall dar, als es zwischen Kompositum und syntaktischer Fügung keinen strukturellen Unterschied gibt, vgl. *fest stehen* 'einen festen Stand haben' und *feststehen* 'entschieden sein' (DUDEN 2000). Die Wortbildungsbedeutungen der komplexen Verben ent-

sprechen denen des Adjektivs in einer potentiellen syntaktischen Fügung: *die Gefangenen freilassen* <machen, dass die Gefangenen frei sind>, hier Bezug auf ein „kausatives Adjektivprädikat" (EICHINGER 2000, 126).
Stellen Sie bei den nachfolgenden Verben den entsprechenden syntaktischen Bezug des Erstgliedes her.

dem Schüler eine Stunde *freigeben*, am Samstag *frei haben*, die Geiseln *freikaufen/freibekommen*, die Geiseln *kommen frei*, die Knochenreste *freilegen*, den Brief mit der Briefmarke *freimachen*, dem Studenten die Entscheidung *freistellen*

Aufgabenkomplex 34

Aufgabe 34.1

Durch Rückbildung entstehen u. a. Verben mit substantivischem Erstglied, deren morphologische Paradigmen unvollständig sind. Rekonstruieren Sie den wahrscheinlichen Bildungsweg der folgenden Verben und analysieren Sie mit Hilfe des GWDS den Formenbestand der Verben.

bausparen, brustschwimmen, staubsaugen, zwangsversteigern

Aufgabe 34.2

Geben Sie an, aus welchen Basen die folgenden Verben entstanden sind. Überlegen Sie anhand dieser Beispiele, warum hier die besondere Wortbildungsart Rückbildung angesetzt wird, obwohl die Wortbildungsprodukte ihrer morphologischen Struktur nach verbale Komposita sein könnten (FLEISCHER/BARZ 1995, 352f.). Beziehen Sie auch die Beispiele aus Aufgabe 34.1 ein.

zwangsadoptieren, -ausbürgern, -beurlauben, -einweisen, -ernähren, -evakuieren, -testen, -umsiedeln, -versetzen

2 Wortbildung und andere Beschreibungsebenen

2.1 Wortbildung und Grammatik

Die Wortbildung steht sowohl mit der Formenbildung als auch mit dem Satzbau in enger Beziehung.

Grundsätzlich gilt, dass durch Wortbildung die Wortart der Wortbildungsprodukte festgelegt wird. Deren spezifische morphosyntaktische Eigenschaften (z. B. Flexionsmerkmale) ergeben sich aus der Wortbildungsart und dem Wortbildungstyp sowie aus grammatischen und semantischen Eigenschaften der Ausgangselemente. So übernehmen Komposita ihre morphologischen Kategorien vom Zweitglied, bei Suffixderivaten bestimmt das Suffix die Kategorien (*Fremdwort*: Substantiv im Neutrum, *Fremdling*: maskulines Substantiv). Adjektivische Präfixderivate können das Merkmal der Komparierbarkeit verlieren (**urälter*). Bei der Konversion ergeben sich durch den Wortartwechsel obligatorisch morphosyntaktische Unterschiede zur Basis. Kurzwörter sind fast immer Substantive. Ihr Genus richtet sich in der Regel nach dem Genus ihrer Vollform, d. h. nach dem Genus des zugrunde liegenden Wortbildungsprodukts (Kompositum: das *Elektrokardiogramm* = das *EKG,* Derivat: die *Reproduktion* = die *Repro*) bzw. nach dem Genus des Bezugswortes in der Nominalgruppe (die *elektronische Datenverarbeitung* = die *EDV*).

Bei der Wortbildung des Substantivs sind flexionsmorphologisch besonders solche Wortbildungsarten von Interesse, bei denen sich die Wortart der Basis ändert, denn es entstehen so Substantive unterschiedlicher Typikalität (*der/die/das Alte*: adjektivische Flexion und variables Genus, *die Klugheit*: fehlende Pluralform). In der verbalen Wortbildung sind desubstantivische und deadjektivische Konversionen bzw. kombinatorische Derivate bezüglich ihrer Flexionsmerkmale festgelegt: Sie werden schwach konjugiert (*ölen, verarmen, computern*). Die übrigen komplexen Verben übernehmen die Flexionsmerkmale des jeweiligen Basisverbs. Bei Adjektiven können sich durch die Wortbildung alternative Ausdrucksmöglichkeiten für Formen und Formenlücken in den morphologischen Paradigmen ergeben (*blau – tiefblau*: Graduierung bei nicht komparierbaren Adjektiven).

Wortbildung und Satzbau korrelieren – grob gegliedert – auf zweierlei Weise. Zum einen können Wortbildungsprodukte als (meist ökonomischere) Alternativausdrücke für syntaktische Fügungen fungieren; zum anderen nehmen Wortbildungsprodukte mit ihren grammatischen Eigenschaften Einfluss auf die Satz- und Textbildung.

Als Alternativausdrücke fungieren vor allem Komposita, Derivate und Kurzwörter (*Niedriglohnland – Land, in dem vergleichsweise niedrige Löhne gezahlt werden; heizbar – kann beheizt werden; TÜV – Technischer Überwachungsverein*).

Auf die Satzstruktur wirkt Wortbildung über die spezifische Grammatik der Wortbildungsprodukte. Besonders deutlich wird das bei Substantivierungen und in der verbalen Wortbildung. Änderungen der Valenz (*etw. auf etw. kleben* > *etw. bekleben*) und Argumentvererbung (*das Fest vorbereiten – die Vorbereitung des Festes – die Festvorbereitung*) sind wichtige wortbildungsbedingte syntaktische Erscheinungen. Wortbildungsbedingte syntaktische Besonderheiten zeigen sich auch bei der Attribuierung substantivischer Komposita (*Oberhaupt der katholischen Kirche – katholisches Kirchenoberhaupt*). Bei adjektivischen Derivaten gibt es in Abhängigkeit von ihrem Wortbildungstyp Restriktionen im syntaktischen Gebrauch (**das Rezept ist polnisch*). Die komplexen Verben sind entweder morphologisch und syntaktisch trennbar (*aufstehen*) oder untrennbar (*verarbeiten*); nur wenige weisen Doppelformen auf (*unterziehen*); EISENBERG 1998a, 244f.

Als besonders schwierig erweist es sich, Partizipien in die Wortbildungssystematik einzuordnen. Partizipien I gelten in manchen Darstellungen als deverbale adjektivische Konversionen (FLEISCHER/BARZ 1995, 276f.), in anderen als deverbale adjektivische Derivate auf *-end* (MOTSCH 1999, 183) oder sie werden ganz aus der Wortbildung ausgeklammert (EISENBERG 1999, 101). Auch Partizipien II stehen in einer breiten Übergangszone zwischen partizipialer Verbform und departizipialem adjektivischem Konversionsprodukt. Komplexe Partizipien befinden sich im Grenzbereich zwischen Wortbildung und Syntax.

Entsprechend der wortartspezifischen Ausprägung wortbildungbedingter grammatischer Merkmale sind die folgenden Aufgaben nach Wortarten und innerhalb der einzelnen Wortarten nach morphologischen und syntaktischen Aspekten geordnet.

Wortbildung und Substantivgrammatik

Aufgabenkomplex 35

Durch Wortbildung können Lücken im Formenbestand der Substantive gefüllt werden.

Aufgabe 35.1

Bestimmen Sie den Wortbildungstyp der Wortbildungsprodukte mit *Tee* im Text. Warum erscheint der Plural von *Tee* eher ungebräuchlich?

Welche Wortbildungsprodukte sind Alternativausdrücke für den Plural von *Tee*?

> Mehr als 180 Sorten Tee lassen Genießer ins Schwärmen geraten
>
> Wir bieten unseren Kunden ein umfangreiches Teesortiment aus verschiedenen Anbaugebieten der Welt. Die edlen Tees werden im Geschäft in Dosen aufbewahrt. Auf diese Weise wird das Aroma geschützt. Zugleich ist es möglich, einem Kunden den Duft der verschiedenen Teemischungen vorzuführen. Die Stammkunden lassen sich beraten, informieren sich über neue Teesorten. Entscheidet sich der Kunde für einen bestimmten Tee, wird dieser vor seinen Augen gewogen und abgefüllt. Während der kalten Jahreszeit sind besonders würzige Teearomen gefragt.
>
> (Nach: LVZ, 22.11.2000)

Aufgabe 35.2

Die Substantive *die Butter, das Fleisch, das Getreide, der Schmuck, der Verkehr, das Bewusstsein* können als Singulariatantum in der Regel keinen Plural bilden. Begründen Sie durch Zuordnung der Substantive zu semantischen Subklassen das Fehlen der Pluralformen. Bilden Sie als Alternative für die fehlenden Formen mit den jeweiligen Substantiven Wortbildungsprodukte, die eine Vielheit ausdrücken. Welche Wortbildungsart nutzen Sie?

Aufgabenkomplex 36

Aufgabe 36.1

Bilden Sie Komposita unterschiedlicher Genera mit den Grundwörtern *Tau, Gehalt, Mast, Schild, Leiter*. Erklären Sie die unterschiedliche Genuszugehörigkeit.

Aufgabe 36.2

Überprüfen Sie an den folgenden Beispielen die Regel, dass Suffixe genusbestimmend sind.

Ordnen Sie die Beispiele nach Genera und entsprechenden Suffixen. Welchen Einfluss hat das Suffix auf die Flexion des Substantivs? (Zu den Flexionstypen EISENBERG 1998a, 152ff.; vgl. Aufgabe 106.)

> *Schmetterling, Prüfling, Fanatiker, Fanatismus, Anarchist, Pianist, Klaps, Knicks, Friseur, Ingenieur, Blindheit, Krankheit, Freundschaft, Herrschaft, Schöpfung, Achtung, Blamage, Massage, Botanik, Mathematik, Funktion, Kollision, Bäumchen, Dickicht, Kehricht, Drittel, Viertel, Eigentum, Reichtum, Argument, Instrument, Dirigent*

Aufgabe 36.3

Begründen Sie die Genuszugehörigkeit der substantivierten Infinitive und Partizipien des Textes. Informieren Sie sich in PAUL 1992 über die Etymologie von *das Gewissen*.

> Als käme es darauf an, Trauer, Wut und Verzweiflung bis zu einem Zustand zu steigern, der es mir unmöglich machen sollte, die gewaltsame Trennung der Stadt jemals als normal zu empfinden, war ich am 13. August 1961 von früh bis spät unterwegs. Es trieb mich dazu, das mit Bangen Erwartete und doch nicht für möglich Gehaltene mitzuerleben, die Wandlung des Albtraums in Realität mit eigenen Augen zu sehen. Ich wollte dabei sein, wenn man uns einsperrte, wollte zu der Menge gehören, deren Blicke den Bewaffneten wenigstens zeigten, daß sie mit Jubel nicht rechnen konnten. Ich hoffte, Spuren schlechten Gewissens in den Augen der Wächter entdecken zu können, rechnete auch mit spontanem Aufbegehren, fand aber auf beiden Seiten nur Aufgeregtheit und Angst.
>
> (Aus: Günter de Bruyn, Vierzig Jahre: Ein Lebensbericht, S. 106f.)

Aufgabe 36.4

Überprüfen Sie, inwieweit Kurzwörter das Genus ihrer Vollformen übernehmen. Geben Sie zu den Kurzwörtern aus den Aufgaben 83.1, 83.2, 83.4, 83.5 das Genus an, nutzen Sie im Zweifelsfall ein Wörterbuch.

Ordnen Sie die Kurzwörter nach ihren Vollformen in

(a) Kurzwörter, deren Vollform ein Wortbildungsprodukt (Kompositum oder Derivat) ist,

(b) Kurzwörter, deren Vollform eine Nominalgruppe ist.

Bei welchen Kurzwörtern ergeben sich Schwierigkeiten bei der Gruppierung und bei der Genusbestimmung? Versuchen Sie sie zu erklären (dazu BARZ/SCHRÖDER 2001, 4.5.1.5).

Aufgabe 36.5

Typische Substantive mit den Merkmalen konstantes Genus und vollständiges substantivisches Formenparadigma ergeben sich beispielsweise aus Verben durch die Suffigierung mit *-er* (*malen > Maler, schalten > Schalter*), untypische durch Konversion von Infinitiven oder von Adjektiven (*das Lesen, der/die/das Alte*). (Zur unterschiedlichen Typikalität von Substantiven vgl. auch LINDQVIST 1996, 249; zur Lexikalisierungspotenz nominalisierter Infinitive vgl. BARZ 1998.)

Infinitivkonversionen zählen zu den untypischen Substantiven, da sie zwar durch Genusfestigkeit, Deklinierbarkeit und Attribuierbarkeit eindeutig ausgewiesen sind, trotzdem aber morphologisch und syntaktisch von typischen Substantiven abweichen können (EISENBERG 1998a, 282).

Untersuchen Sie die morphologischen Eigenschaften und syntaktischen Funktionen der Infinitivkonversionen aus dem Text zur Aufgabe 36.3.

Aufgabe 36.6

Deadjektivische und departizipiale Konversionsprodukte können adjektivisch oder substantivisch (selten) flektiert werden (*das Blaue – des Blauen, das Blau – des Blaus*). Im ersten Fall erfolgt der Wortklassenwechsel nur syntaktisch und nicht morphologisch, im zweiten Fall erfolgt auch die Einordnung ins Flexionsparadigma der Substantive.

Überprüfen Sie, ob die substantivischen deadjektivischen und departizipialen Konversionsprodukte des Textes substantivisch oder adjektivisch flektiert werden, bestimmen Sie den Kasus der jeweiligen Form und den Flexionstyp (nach EISENBERG 1998a).

> Der gebildete Mensch, der zivilisierte Mensch – hier liegt der tragische Fehlschluß ihres Denkens – sei grober Gewalt nicht mehr fähig, und wenn die Gebildeten, die Kultivierten und Zivilisierten die Oberhand gewinnen, so müßte das Chaotische und Bestialische von selbst abklingen, Kriege und geistige Verfolgungen zum abgelebten Anachronismus werden. In ihrer Überschätzung des Zivilisatorischen mißverstehen die Humanisten die Urkräfte der Triebwelt mit ihrer unzähmbaren Gewalt und banalisieren durch ihren Kulturoptimismus das

furchtbare und kaum lösbare Problem des Massenhasses und der großen leidenschaftlichen Psychosen der Menschheit.

(Aus: Stefan Zweig, Triumph und Tragik des Erasmus von Rotterdam, S. 95)

Aufgabenkomplex 37

Aufgabe 37.1

Bilden Sie zu den markierten Syntagmen (Verb und Präpositionalgruppe) semantisch äquivalente Nominalgruppen. Wie verändern sich syntaktische Funktionen und Strukturen der Präpositionalgruppen? Diskutieren Sie die unterschiedlichen Ausführungen zur Rolle von Präpositionalgruppen bei deverbaler Substantivierung bei WELLMANN 1998, 426 und MOTSCH 1999, 323. (Zur Verwendung von Nominalisierungen vgl. 68.1, 68.2.)

Mühlgraben *wartet auf eine Kur*

Anfang November *beginnt* das Umweltamt *mit Arbeiten am Zickmantelschen Mühlgraben*. Zunächst werden Gehölzarbeiten durchgeführt, teilte das Rathaus mit. *Mit der Entschlackung des Grabens fangen* Mitarbeiter des Betriebes für Beschäftigungsförderung im Frühjahr *an*.

Der Mühlgraben *wird vom Müll befreit*, Schäden am Gewässerbett und an den Ufern werden beseitigt sowie die wasserbaulichen Anlagen instand gesetzt.

Zum Ausflugsziel für Wassersportler wird sich der Zickmantelsche Mühlgraben allerdings auch in Zukunft nicht *entwickeln*, denn er *ist* nicht unmittelbar *mit der weißen Elster verbunden*.

(Nach: LVZ, 28./29.10.2000)

Aufgabe 37.2

Die semantische Rolle der Komplemente von Verben wird bei deren Substantivierung häufig übernommen (*den Brief schreiben > das Brief(e)schreiben*). Bestimmen Sie die syntaktischen Funktionen der Komplemente/Verbergänzungen in den markierten Syntagmen (Verb und Nominal-/Präpositionalgruppe). Bilden Sie aus den Syntagmen substantivische Konversionsprodukte. (*etwas gerade biegen > das Geradebiegen*). Was passiert dabei mit den Komplementen?

Er *schleift den Diamanten*. Er *stößt die Kugel*. Er *schwimmt auf dem Rücken*. Er *läuft im Wald*. Er *geht nach Hause*.

Aufgabe 37.3

Informieren Sie sich bei EISENBERG 1998a, 222ff. über Argumentvererbung. Bilden Sie zu den substantivischen Rektionskomposita *Verkehrsplanung, Zugabfahrt, Kinderzeichnung, Gehaltskürzung, Tutorenschulung, Expertentagung, Arzthelfer, Monatsplanung, Tabellenkalkulation* äquivalente Verbalgruppen (*Haushaltsführung – den Haushalt führen*). Bestimmen Sie die syntaktische Funktion der Verbergänzungen. Stellen Sie fest, welche Argumente jeweils vererbt wurden. (Zu Rektionskomposita vgl. EICHINGER 2000, 128ff.)

Aufgabe 37.4

Informieren Sie sich bei EISENBERG 1999, 75f. über semantische Rollen von Satzgliedern in Argumentstrukturen.
Nomina actionis übernehmen häufig die Argumentstruktur des Basisverbs. Es scheint aber grundsätzlich möglich zu sein, Satzglieder wegzulassen und die semantischen Rollen durch Weltwissen oder Kontextinformationen auszufüllen (*Man hebt wichtige Textstellen durch farbige Markierung hervor* > *das Hervorheben durch farbige Markierung*).
Vergleichen Sie die syntaktischen Komponenten der Nominalgruppen (*das Hervorheben durch farbige Markierung*: Nomen actionis mit Präpositionalgruppe als Attribut) mit den syntaktischen Ergänzungen der entsprechenden Basisverben (*hervorheben*: mit direktem Objekt *wichtige Textstellen* und Adverbial *durch farbige Markierung*). Bilden Sie dazu mit den Basisverben Sätze. Welche Argumente könnten bei der Substantivierung wegfallen?

a) *die Übermittlung eines Grußes an die Kollegen*
   die Überreichung der Auszeichnung an den Minister
b) *das hartnäckige Schweigen des Angeklagten*
   der gestrige Besuch des Sohnes
c) *das Schweigen der Lämmer*
   die Aussage des Zeugen
   die Wahl des Kandidaten

Aufgabe 37.5

Im Determinativkompositum ist das Zweitglied der grammatische Kopf und bestimmt damit dessen syntaktisch-semantischen Eigenschaften. Daraus ergibt sich für den Normalfall, dass sich Attribute zu Komposita syntaktisch und semantisch auf das Zweitglied beziehen (*ein neues Ferienhaus; das Ferienhaus an der Ostsee*). In den folgenden Nominalgruppen wird teilweise von diesem Prinzip abgewichen.
Unterscheiden Sie in den Beispielen a) Zweitgliedbezug (Normalfall), b) Erstgliedbezug und c) Doppelbezug (vgl. BERGMANN 1980, 256; FABRICIUS-HANSEN 1993, 204). Bilden Sie zur Verdeutlichung Paraphrasen (*ein neues Haus, in dem man die Ferien verbringt, das Haus an der Ostsee, in dem man die Ferien verbringt*). Welche Beispiele sind weniger, welche gar nicht akzeptabel?

das kleine Kindergeschrei, die schwarze Johannisbeermarmelade, die zahnärztliche Praxisauflösung, der schnelle Ortswechsel, die deutsche Sprachwissenschaft, der atlantische Störungsausläufer, das exotische Kunsthandwerk, die deutsche Literaturgeschichte, die Agentenflucht nach Berlin, die Personenüberwachung durch den Verfassungsschutz, die Absturzursache des Flugzeugs, die Ölverschmutzung des Grundwassers, die Aufnahmebedingungen der Studenten, die Gewinnerwartungen der Vermieter, der Informationsstand der Bevölkerung über Aids, die Selbstzerstörungsfähigkeit des Menschen

Wortbildung und Adjektivgrammatik

Aufgabenkomplex 38

Wortbildungen können bei Adjektiven als Alternativausdrücke für grammatische Formen dienen, sie können auch Lücken im Formenbestand der Adjektive schließen.

Aufgabe 38.1

Eigenschaften lassen sich nicht nur morphologisch und lexikalisch, sondern auch durch Wortbildung graduieren. Welche Wortbildungstypen werden dazu genutzt (FLEISCHER/BARZ 1995, 230ff.)?
Bilden Sie mit den Adjektiven in *eine gemütliche Kneipe, günstige Angebote, eine schnelle Zustellung, aktuelle Modelle, ein sicheres Alibi, modische Farben, eine interessante Frage, ein grünes Kleid, ein runder Fleck* graduierende Wortbildungsprodukte, bestimmen Sie deren Wortbildungsart und ordnen Sie die Beispiele den Wortbildungstypen zu.

Aufgabe 38.2

Informieren Sie sich über Regeln für die Bildung deverbaler adjektivischer *-bar*-Derivate bei FLEISCHER/BARZ 1995, 252f. Ermitteln Sie durch Paraphrasierung den entsprechenden Wortbildungstyp. Zu welcher grammatischen Form stellt dieser Wortbildungstyp eine Ausdrucksalternative dar?

Es ist nicht erklärbar, wie es zu dem Unfall kommen konnte.
Der Wagen war nicht mehr lenkbar.
Die Anschuldigung der fahrlässigen Herbeiführung des Unfalls ist nicht widerlegbar.
Der Bremsweg war messbar.

Aufgabenkomplex 39

Aufgabe 39.1

Welche Schwierigkeit ergibt sich beim attributiven Gebrauch von Farbadjektiven, die durch Konversion aus Substantiven gebildet werden? Wie lösen Sie das Problem bei *flieder, sand, bordeaux* und *cognac*? (Vgl. Aufgabe 24.1.)

Aufgabe 39.2

Bestimmen Sie den jeweiligen Wortbildungstyp der adjektivischen Wortbildungsprodukte im Text. Untersuchen und diskutieren Sie den Zusammenhang zwischen Wortbildungstyp und Komparierbarkeit (vgl. MOTSCH 1999, 214 ff.).

Millionen-Aufträge winken Sachsen
Sachsen baut die wirtschaftlichen Beziehungen zu Usbekistan aus. So wollen sich Unternehmen aus dem Freistaat an der Modernisierung der usbekischen Industrie beteiligen, sagte Wirtschaftsminister K. S. gestern in Dresden nach einem Besuch der zentralasiatischen Republik. In Taschkent und Buchara seien 30 konkrete Vorhaben mit einem Wertumfang von 350 bis 400 Millionen DM besprochen worden.

Wie der CDU-Politiker informierte, seien in einigen Fällen konkrete Vorhaben bereits vertraglich geregelt. So werde die Chemnitzer Firma Ermafa-Kunststofftechnik eine Anlage für nichtmetallische Wasserrohre in Usbekistan errichten. Zudem habe Premier U. T. S. das sächsische Unternehmen gebeten, einem neuen Chemiewerk zu helfen, marktfähige Produkte herzustellen und dafür die Anlagentechnik zu liefern.

(Nach LVZ, 1.12.2000)

Aufgabenkomplex 40

Aufgabe 40.1

Lexikalische Basiseigenschaften wirken sich häufig auf syntaktische Eigenschaften des Wortbildungsprodukts aus. Worin können syntaktische Beschränkungen von adjektivischen Wortbildungsprodukten bestehen? Informieren Sie sich dazu bei FLEISCHER/BARZ 1995, 238 und MOTSCH 1999, 213ff.

Ermitteln Sie syntaktische Beschränkungen der desubstantivischen adjektivischen Suffixderivate in *Mecklenburgische Seen, väterliches Haus, elterliche Wohnung, staatliche Betriebe, Napoleonisches Heer, Meiersche Häuser, linksrheinische Städte, Potsdamer Konferenz* und begründen Sie diese.

Aufgabe 40.2

Bestimmen Sie die Rektion der Adjektive *arm, frei, sicher, fähig, voll, süchtig, fern* (z. B. *reif für den Urlaub*). Verwenden Sie diese Adjektive als Zweitglieder in Komposita (*urlaubsreif*). Was geschieht mit den Argumenten (vgl. FLEISCHER/BARZ 1995, 227ff.)?

Aufgabe 40.3

Nach FLEISCHER/BARZ 1995, 288 ist das Suffix *-(er)weise* ein sehr produktives Suffix zur Bildung von Adverbien. Bestimmen Sie die syntaktische Funktion der Wortbildungsprodukte auf *-(er)weise* in den folgenden Sätzen. Welche typische morphologische Eigenschaft von Adverbien kann neutralisiert sein? Schlagen Sie die *-(er)weise*-Bildungen im GWDS nach. Welcher Wortbildungsgruppe gehören die substantivischen Bezugswörter an?

Er hat seine Schulden kleckerweise bezahlt.
Durch die kleckerweise Erledigung konnte der Termin nicht gehalten werden.
Der Artikel wird abschnittsweise gelesen.
Wir üben abschnittsweises Lesen.
Er übernimmt die stundenweise Betreuung.
Er hat die Vertretung dankenswerterweise übernommen.
Am effektivsten ist auszugsweises Lesen.
Sie sind scharenweise angereist.
Vorzugsweise werden Frauen eingestellt.
Sie verfügen über eine kaufmännische Ausbildung, idealerweise im Handel.
Massenweise Austritte sind zu verzeichnen.
Er verabschiedete sich mit einer andeutungsweisen Verbeugung.

Aufgabenkomplex 41

Verben lassen sich durch die Partizipialbildung in syntaktische Rollen überführen, die von Adjektiven eingenommen werden (*tanzende Kinder, gezeigte Bilder*). Es ist schwierig, diese Partizipien in die Wortbildungssystematik einzuordnen (vgl. FLEISCHER/BARZ 1995, 276f.; EISENBERG 1999, 101).

Aufgabe 41.1

Diskutieren Sie, ob die Partizipien I zum Adjektiv konvertiert sind. Welche morphologischen und syntaktischen Merkmale können zur Unterscheidung von Partizip I und departizipialer Konversion herangezogen werden?

> *entscheidende Fragen, fragende Augen, laufende Verhandlungen, bedeutende Männer, streunende Hunde, tragende Wände, steigende Preise, sinkende Temperaturen*

Aufgabe 41.2

Als Kriterien für die Konversion eines Partizips zu einem Adjektiv können die Präfigierungsmöglichkeit mit *un-*, die Graduierungsmöglichkeit mit *sehr* und die Komparierbarkeit betrachtet werden.
Überprüfen Sie anhand dieser Kriterien den Adjektivcharakter der Partizipien II der Verben *lesen, taugen, schminken, hören, loben, heizen, hemmen.* Schlagen Sie im GWDS nach, ob die Partizipien als Adjektiv lemmatisiert sind.

Wortbildung und Verbgrammatik

Aufgabenkomplex 42

Aufgabe 42.1

Bestimmen Sie die Konjugationsart der verbalen Wortbildungsprodukte im Text (auch der demotivierten). Wonach richtet sich die Konjugationsart dieser Wortbildungsprodukte?

> Landratsamt stehen grundlegende Veränderungen ins Haus
>
> Dem Landratsamt des Kreises Leipziger Land stehen grundlegende Veränderungen bevor. Landrat W. D. will im nächsten Jahr seine Verwaltung umstrukturieren, dabei unter anderem ein Dezernat streichen und die Amtsleiterposten abschaffen. Zudem erwägt er, Teile seiner Verwaltung während der Bauphase des neuen Landratsamtes in Borna in Ausweichquartieren unterzubringen.
>
> Zunächst war diskutiert worden, das gesamte Amt vorübergehend im alten Verwaltungsgebäude des stillgelegten Kraftwerkes Thierbach unterzubringen. Hintergrund: Der Kreis muss sein jetziges Domizil am Leipziger Tröndlinring verkaufen, um Eigenmittel für den Umbau der ehemaligen GUS-Kasernen in Borna zum neuen Landratsamt aufzubringen. „Verständlicherweise wollen die Interessenten aber möglichst schnell über das Gebäude verfügen", erläuterte Landrat D. gestern auf LVZ-Anfrage. „Thierbach bot sich schon lange an." Der Vorschlag hätte den Kreisausschuss vergangene Woche aber wenig überzeugt, deshalb seien jetzt nur noch Räume über dem Feuerwehrtechnischen Zentrum auf dem einstigen Kraftwerksgelände als Ausweichdomizil im Gespräch. „Wir wollen

uns außerdem umschauen, wo es leer stehende Büroflächen gibt, die wir für den Übergang beziehen können", sagte D. Denkbar sei auch, dass ein Käufer Teile des Tröndlinringes bereits umbaut, während seine Behörde dort noch weiterarbeitet. Nach anfänglicher Euphorie rechnet D. inzwischen nicht mehr mit einem Umzug nach Borna im nächsten Jahr. „Dafür hat es schon zu viele Verzögerungen gegeben."

(Aus: LVZ, 6.12.2000)

Aufgabe 42.2

Im Unterschied zu FLEISCHER/BARZ 1995 differenziert EISENBERG zwischen Präfix- und Partikelverben (1998a, 244ff.). Beschreiben Sie an ausgewählten Formen (Präsens, Perfekt, Partizip II) der Verben aus den folgenden Syntagmen, worin sich Präfix- und Partikelverben unterscheiden:

die Autorität untergraben, das Protokoll erarbeiten, den Körper entgiften, das Buch besprechen, den Apfel aufessen, aus der Bahn aussteigen, das Kabelende abisolieren, auf den Hof hinausgehen

Erläutern Sie die Termini morphologische und syntaktische Trennbarkeit. Unter welchen Bedingungen kommt es zu einer syntaktischen Trennung der Verben?

Aufgabe 42.3

Ordnen Sie die komplexen Verben des Textes aus Aufgabe 42.1 nach Partikel- und Präfixverben und begründen Sie Ihre Zuordnung.

Aufgabenkomplex 43

Die Valenz eines Partikel-/Präfixverbs kann sich morphosyntaktisch in der Zahl und Art der Komplemente, semantisch in der Art der Argumente von der des Basisverbs unterscheiden (zur Argumentvererbung vgl. auch OLSEN 1992).

Aufgabe 43.1

Durch die Modifikation von Verben ändern sich die lexikalische Bedeutung des Basisverbs und häufig auch die Valenz (FLEISCHER/BARZ 1995, 289ff.). Informieren Sie sich über verschiedene syntaktische Veränderungen, die durch die Modifikation von Verben durch Partikeln bzw. Präfixe entstehen (vgl. DEUTSCHE WORTBILDUNG 1973, 160ff.).
Formulieren Sie den Text um, indem Sie die hervorgehobenen Verben semantisch modifizieren. Welche syntaktischen Veränderungen treten auf?

Erstmals seit 10 Jahren dürfen Besucher auf den Schiefen Turm von Pisa *steigen*. Der Turm wurde von polnischen Experten *gesichert*. Sie *arbeiteten* am Erdreich unter dem Turm und setzten tonnenschwere Gewichte zum Geradeziehen. Um fast 15 Zentimeter hat sich die Schräglage verringert. Schon 1174, ein Jahr nach dem Baubeginn, begann der Turm zu *sinken*, man musste nun unbedingt handeln, um das Bauwerk zu retten.

Aufgabe 43.2

Die Verwendung der Präposition aus einer Präpositionalgruppe als Präfix oder Partikel wird bei EISENBERG (1998a, 247) als Inkorporation bezeichnet. (Zu weiteren Erscheinungsformen der Inkorporation vgl. EISENBERG 1998a und EICHINGER 2000.)
Wie verändern sich die Präpositionalgruppen bei der Präfigierung in folgenden Beispielen?

Er gießt Wasser über das Fleisch. Er übergießt das Fleisch mit Wasser.
Sie fahren um den Platz. Sie umfahren den Platz.
Sie stoßen durch die Wand. Sie durchstoßen die Wand.

Aufgabe 43.3

Bestimmen Sie syntaktische Funktionen der präpositionalen Ergänzungen der Verben in folgenden Sätzen. Präfigieren Sie die Verben mit *be-*. Was geschieht mit den Ergänzungen? Stellen Sie den Unterschied zu den Verben in Aufgabe 43.2 fest (Zu den Verben mit *be-* vgl. auch GÜNTHER 1974).

Sie kleben die Tapete an die Tür.
Sie sprechen über das Problem.
Sie pflanzen Blumen auf das Beet.

2.2 Wortbildung und Lexikologie

Auf lexikalischer Ebene betrachtet, sind Wortbildungsprodukte wie primäre Wörter und Phraseologismen lexikalische Einheiten. Sie tragen eine relativ selbständige lexikalische Bedeutung, können ein- oder mehrdeutig sowie konnotiert oder neutral sein. Aufgrund ihrer Bedeutung prägen sie – wie die anderen lexikalischen Einheiten auch – bestimmte paradigmatische und syntagmatische Relationen im Wortschatz aus. Spezielle Wortbildungsparadigmen sind die Wortbildungsreihe, die Wortbildungsgruppe und das Wortbildungsnest (FLEISCHER/BARZ 1995, 68ff.). Wortbildungsprodukte können als Appellativa, Termini oder Eigennamen fungieren und bevorzugt in bestimmten Varietäten gebraucht werden. Und sie unterliegen dem formalen und semantischen Wandel in der Zeit. So gesehen, sind Wortbildungsprodukte „ganz normale Wörter".
Dennoch stellen sie im Vergleich zu primären Wörtern etwas Besonderes dar, und zwar insofern, als sie – zumindest zum Zeitpunkt ihrer Entstehung – morphosemantisch motiviert sind, d. h. in ausdrucksseitig signalisierter semantischer Beziehung zu anderen lexikalischen Einheiten, ihren jeweiligen Ausgangseinheiten, stehen (vgl. Abschnitt 1.1). Als Ausgangseinheiten für Wortbildungsprodukte kommen sowohl Wörter, Affixe und Konfixe als auch Phraseologismen und freie syntaktische Fügungen in Frage. Sie können im weitesten Sinn als Wortbildungsmittel bezeichnet werden, in engerem Sinn werden darunter nur die Kombineme gefasst.

Die Bildung neuer Wörter ist im Deutschen die am stärksten genutzte Möglichkeit zur Wortschatzvermehrung. Allerdings geht nur ein Bruchteil aller Wortneubildungen ins Lexikon ein, die meisten bleiben okkasionell. Für die Lexikalisierung sind vor allem lexikonbasierte und pragmatische Bedingungen maßgebend. Wortneubildungen festigen sich tendenziell in Abhängigkeit davon, ob sie typgerecht gebildet sind, ob mit der Wortneubildung „unerwünschte Synonymie" oder störende Homonymie entsteht und ob der Begriff überhaupt überindividuell dauerhaft in sprachlicher Fixierung benötigt wird (vgl. hierzu PLANK 1981).
Entsprechend den zentralen Gegenständen der Lexikologie widmen sich die folgenden Aufgaben den Themen Semantik, paradigmatische und syntagmatische Relationen im Wortschatz, soziale und funktionale Schichtung im Wortschatz sowie Wortschatzdynamik.
Für die Angabe der lexikalischen Bedeutung in den Lösungen wurde in der Regel das LWB herangezogen.

Wortbildung und Semantik

Aufgabe 44

Zwischen lexikalischer Bedeutung, Motivationsbedeutung und Wortbildungsbedeutung besteht ein Zusammenhang, aber keine Identität. Erklären Sie die Beziehung zwischen diesen Erscheinungen am Beispiel von *Taschenbuch, Heidelbeere, Blaubeere, Sprechstunde, Geldautomat.*

Aufgabe 45

Bei usuellen Wortbildungsprodukten ist mit der lexikalischen Bedeutung meist auch eine bestimmte Wortbildungsbedeutung konventionalisiert (vgl. Abschnitt 1.2). Diese kann in entsprechenden Kontexten aber in wortspielerischer Weise aufgehoben sein.
Wie wird mit lexikalischer Bedeutung und Wortbildungsbedeutung gespielt, wenn der Leipziger Zoo beim Eintrittspreis einen *Löwen-Anteil* für den Erhalt der Löwenzucht erhebt, die Buchabteilung eines Kaufhauses mit dem Schild *Sparbücher* wirbt und sich das Uni-Radio Mephisto auf einem Werbeplakat als Uni-Radio für *Kopfhörer* empfiehlt?

Aufgabenkomplex 46

Wortbildungsmittel und -typen sind nicht nur an der Ausprägung der denotativen, sondern auch der konnotativen Bedeutung von Lexemen beteiligt. Die konnotative Bedeutung kann, muss aber nicht durch spezielle Affixe realisiert werden (vgl. die amtssprachlichen Wortbildungsprodukte *vollumfänglich, steuerabzugsfähig, Postwertzeichen*).

Aufgabe 46.1

Überprüfen Sie, ob in den folgenden Wortbildungsprodukten Unterschiede in der Wortbildungsbedeutung bestehen: *das Singen, der Gesang, das Gesinge, die Singerei.*

Aufgabe 46.2

Welche Sprechereinstellung kommt in den Wörtern *Substantivitis* (für substantivische Ausdrucksweise), *Dichterling, Schreiberling, Sponti, Ersti* (studentische Bildung für 'Erstsemestler') zum Ausdruck? Welchen Anteil hat daran jeweils die Wortbildung?

Aufgabenkomplex 47

Die lexikalische Bedeutung vor allem mehrdeutiger Wörter hat Einfluss auf Wortbildungsprozesse. Wortbildung vollzieht sich meist sememgebunden, verschiedene Sememe eines mehrdeutigen Wortes entfalten auch eine unterschiedliche Wortbildungsaktivität. In Wortbildungsprodukten ist in der Regel die Mehrdeutigkeit ambiger Lexeme aufgehoben.

Aufgabe 47.1

Zeigen Sie an Beispielen der Komposita mit den verschiedenen Sememen/ Lesarten von *Mark* im LWB, dass die Wortbildung sememgebunden erfolgt.

Mark[1] die; -, -; verwendet als Bezeichnung der Währung Deutschlands; Abk DM: Eine Mark hat 100 Pfennig; Kannst du mir fünf Mark wechseln? || -K: **D-Mark** || ID **jede Mark (zweimal, dreimal) umdrehen** <bevor man sie ausgibt> gespr; sehr sparsam sein

Mark[2] das; -s; nur Sg; **1** die weiche Masse in den Knochen und in der Wirbelsäule || -K: **Knochenmark, Rückenmark 2** die weiche Masse in den Stängeln oder Sprossen mancher Pflanzen || -K: **Holundermark, Palmmark 3** ein Brei aus bestimmten weichen Früchten und Gemüsearten || -K: **Erdbeermark, Himbeermark, Tomatenmark** || ID **jemanden bis ins Mark erschüttern, treffen** jemanden sehr schockieren oder beleidigen; **kein Mark in den Knochen haben** gespr pej; ängstlich sein oder keine Energie haben; **jemandem das Mark aus den Knochen saugen** gespr pej ≈ jemanden ausbeuten; **etwas geht jemandem durch Mark und Bein** <ein Schmerz, ein Schrei> ist so intensiv, dass er sehr unangenehm für jemanden ist

Mark[3] die; -, -en; hist; (im mittelalterlichen Deutschen Reich) ein Gebiet an der Grenze, das ein Graf verwaltete || K-: **Markgraf, Markgrafschaft** || NB: heute noch in geographischen Ausdrücken: die Mark Brandenburg

Abb. 2

Aufgabe 47.2

Als minimaler Kontext für die Monosemierung mehrdeutiger Wörter genügt häufig schon das Auftreten in einem Wortbildungsprodukt. Bilden Sie Determinativkomposita jeweils mit verschiedenen Sememen/Lesarten von *Raum, Boden, Grund* (als Determinans oder als Determinatum).

Aufgabe 47.3

Welche Lesarten des Erstgliedes werden jeweils in den Komposita *Schulsystem, Schulhof, Schulbuch, Schulausflug* aktualisiert, welche des Zweitgliedes in *Häkelarbeit, Gartenarbeit, Schichtarbeit, Mathematikarbeit*?

Aufgabe 47.4

Wie erklärt sich die Mehrdeutigkeit der Wortbildungsprodukte *Schülerkonzert, Holzschuppen, verlaufen* (in: *sich im Wald verlaufen, die Tusche verläuft, die Verhandlungen verlaufen erfolgreich*)?

Aufgabenkomplex 48

Bei der Produktion und Rezeption von Wortbildungsprodukten wird immer auch Weltwissen aktiviert, wie es aus der Erfahrung in Handlungszusammenhängen gewonnen und in Form von Frames (Wissensrahmen) oder Schemata kognitiv gespeichert ist. (Zum Zusammenhang zwischen lebenspraktischem Alltagswissen und sprachlichem Wissen über Wortbildungsbedeutungen vgl. FANDRYCH/ THURMAIR 1994.)

Aufgabe 48.1

Bei der Interpretation der Bedeutungsbeziehungen zwischen den UK von Komposita (v. a. des Alltagswortschatzes) können sich die Sprecher auf ihr Weltwissen stützen. Bilden Sie Determinativkomposita mit *Uhr, Tisch, Arbeit* als Zweitglied. Erklären Sie die jeweilige Wortbildungsbedeutung aus den frameinternen Beziehungen der Begriffe (Konzepte) 'Uhr', 'Tisch', 'Arbeit'.

Aufgabe 48.2

Bilden Sie adjektivische Determinativkomposita mit *rot, blau, gelb, grün, braun, schwarz, weiß* als Zweitglied. Wählen Sie als Erstglied ein Wort, das im Sinne der Prototypen- bzw. Stereotypensemantik einen typischen Farbträger benennt. Geben Sie den Wortbildungstyp an, der allen Bildungen zugrunde liegt. Vergleichen Sie Ihre Bildungen mit der Bedeutungsbeschreibung der Farbadjektive im LWB.(Vgl. Aufgabe 24.1.)

Wortbildung in ausgewählten Varietäten

Wortbildungsarten und allgemeine Wortbildungsregularitäten gelten für das Gesamtsystem der deutschen Sprache. Von den im System angelegten Möglichkeiten kann in den verschiedenen Varietäten allerdings entsprechend spezifischen Ausdrucksbedürfnissen ein spezifischer Gebrauch gemacht werden.

Aufgabenkomplex 49

Unterschiede zwischen fachsprachlicher und allgemeinsprachlicher Wortbildung bestehen u. a. hinsichtlich Bildungsrestriktionen sowie der Produktivität und Frequenz von Wortbildungstypen (zu fachsprachlichen Aspekten der Wortbildung vgl. auch POETHE 2000a).

Aufgabe 49.1

In der fachsprachlichen Varietät können strukturelle, morphologische und/oder semantische Bildungsrestriktionen, wie sie in der Allgemeinsprache gelten, aufgehoben sein. Informieren Sie sich in EISENBERG 1998a, 218 bzw. FLEISCHER/ BARZ 1995, 103 darüber, welchen morphologischen Restriktionen in der Allgemeinsprache das Kompositionsmodell A + S in Bezug auf das Erstglied unterliegt. Vergleichen Sie damit die fachsprachlichen Bildungen *Flüssiggas, Niedrigwasser, Endlosband, Spitzenlosschleifen* (ein Bearbeitungsverfahren).

Aufgabe 49.2

In der Fachsprache werden häufig Kurzwörter gebildet. Welche Vorteile hat die Verwendung von Kurzwörtern in der fachlichen Kommunikation (vgl. STEINHAUER 2000, 74ff.)? Beschreiben Sie die folgenden fachsprachlichen Kurzwörter genauer nach ihrer Bildungsweise und nennen Sie mögliche Gründe für den Gebrauch von Kurzwörtern (vgl. auch Aufgabenkomplex 67).

> *ARE < akute respiratorische Erkrankung, ADS < Aufmerksamkeitsdefizitsyndrom, MS < multiple Sklerose, LRS < Lese- und Rechtschreibschwäche, HKK bzw. HK < Herz-Kreislauf-Krankheit, CAD < computer-aided design, CAM < computer-aided manufacturing, CIM < computer-integrated manufacturing*

Aufgabe 49.3

Substantivische Konversionen von Infinitiven erfüllen in der Allgemeinsprache vor allem eine syntaktische (grammatisch-textuelle) Funktion. Beschreiben Sie an Fachwörtern in dem folgenden Textauszug, welche Funktion dieser Wortbildungstyp daneben besonders in der Fachsprache erfüllt. Führen Sie weitere Beispiele aus der Sprache des Sports oder aus anderen Fachgebieten an.

> Richtig bremsen
>
> Bremstechniken: Degressives Bremsen, progressives Bremsen, Intervall-Bremsung
>
> Wenn der Wagen beim Bremsen schleudert: Blockieren die Räder beim Bremsen und rutschen, lösen Sie sofort kurz die Bremse, damit die Räder wieder abrollen und haften können. Achten Sie beim Nachbremsen darauf, dass die Räder möglichst nicht wieder blockieren. Gerät Ihr Fahrzeug durch Schleudern außer Gewalt, geben Sie kein Gas und bremsen Sie auch nicht, sondern lenken Sie der Schleuderbewegung entgegen. Zeigt das Gegenlenken Wirkung, drehen Sie die Vorderräder sofort in Geradeausstellung zurück. Bei einem Fahrzeug mit Frontantrieb genügt gefühlvolles Gasgeben [...].
>
> (Aus einem Fahrschullehrbuch)

Aufgabenkomplex 50

Zu den Eigenschaften von Fachwörtern gehört, dass oft mehrere Merkmale des Begriffs auch explizit in der Benennung zum Ausdruck kommen. Vor allem in technischen und naturwissenschaftlichen Disziplinen werden im Allgemeinen motivierte, durchsichtige Benennungen bevorzugt (z. B. *Anhängerbremskraftregler, Kniehebelpresse*). Auch wenn Benennungsmotive infolge der Relativität des Wissens und des technischen Fortschritts allmählich inadäquat werden können, tragen Motiviertheit und Motivationsbeziehungen zur Erkenntnis, Wissensspeicherung und Wissensstrukturierung bei. Die in den Lösungen zum Aufgabenkomplex 50 angegebenen Benennungsmotive sind den jeweiligen fachlichen Darstellungen entnommen.

Aufgabe 50.1

In der deutschen Fachsprache der Technik sind als Muster für die Bildung von Vorgangs-, Gegenstands- und Eigenschaftsbezeichnungen sog. Motivationsmodelle aufgestellt worden, sie entsprechen typischen Wortbildungsbedeutungen, z. B. *Messingschraube* 'Material'.
Durch welches charakterisierende Merkmal (Benennungsmotiv) sind die folgenden Gegenstandsbezeichnungen jeweils differenziert worden?

Chromstahl, Drehkondensator, Einzelaggregat, Grundrahmen, Nebenschneide, Reineisen, Schaumglas, Sternrad, Zwischenspeicher

Aufgabe 50.2

Für sog. Büchernamen (eine Namenart zwischen wissenschaftlichen Namen und Volksnamen) von Bergblumen führt ORTNER (1997, 314ff.) 25 verschiedene Benennungsmotive an (z. B. 'Gestalt', 'Farbe', 'Muster').
Welche Benennungsmotive können Sie in folgenden Wortbildungsprodukten erkennen oder zumindest vermuten?

Zwerg-Enzian, Bart-Nelke, Schwarznessel, Süßklee, Frühlings-Täschelkraut, Vogel-Wicke, Gift-Hahnenfuß, Gletscher-Hahnenfuß, Apenninen-Veilchen, Arznei-Thymian, Clusius-Primel

Aufgabe 50.3

In der Fachsprache der Medizin führen unterschiedliche fachliche Interessen und der jeweils historische Stand der Erkenntnis zu unterschiedlichen Benennungsmotiven, auch bei der Bildung von synonymen Benennungen (vgl. WIESE 1984, bes. 36ff.). Beim Terminus *Rattenbisskrankheit* für eine Infektionskrankheit z. B. bildet der Hauptübertragungsweg das Motiv.
Welches Benennungsmotiv vermuten Sie bei folgenden medizinischen Fachwörtern?

Alkoholhepatitis, Virushepatitis, Fettleberhepatitis, Andersen-Syndrom, Aufmerksamkeitsdefizitsyndrom, Marseille-Fieber

Aufgabe 51

Besonders Wortbildungskonstruktionen mit ihrer hierarchischen Struktur und die Einbindung von Wortbildungsprodukten in die verschiedenen Wortbildungsparadigmen tragen dazu bei, die angestrebte Logik und begriffliche Systematik in den Fachsprachen zu realisieren und sachliche Zusammenhänge zu verdeutlichen.
Beschreiben Sie an einigen ausgewählten Termini aus der Linguistik, wie durch entsprechende Wortbildungsstrukturen die begriffliche Systematik auch ausdrucksseitig verdeutlicht wird. (Ziehen Sie zur Klärung der Bedeutung und der begrifflichen Beziehungen BUßMANN 1990 und das METZLER LEXIKON SPRACHE 1993 heran. Zur Vernetzung linguistischer Termini vgl. auch LEHMANN 1996.)

Lehnwort, Lehnbildung, Lehnbedeutung, Lehnwendung, Lehnprägung, Lehnschöpfung, Lehnübersetzung, Lehnübertragung
semantisch, Sem, Semanalyse, Polysemie, monosemieren, Monosemierung
Graphem, Lexem, Morphem, Phonem
Allograph, Allomorph, Allophon
Textualität, Intertextualität, Intratextualität
Dialekt, Funktiolekt, Globolekt, Mediolekt, Soziolekt, Technolekt
Affix, Präfix, Suffix, Infix, Zirkumfix
Präposition, Postposition, Zirkumposition
transitiv, Transitivität
Phonem, Phonemik
flektierbar, nichtflektierbar, Flektierbare, Nichtflektierbare

Stellen Sie weitere fachsprachliche Wortbildungsnester zusammen.

Aufgabenkomplex 52

Auch die jugendsprachliche Varietät macht hinsichtlich der Wortbildung einen spezifischen Gebrauch von den im Sprachsystem angelegten allgemeinen Mustern und Möglichkeiten.

Aufgabe 52.1

Nach SCHLOBINSKI/KOHL/LUDEWIGT 1993, 211 ist „Jugendsprache [...] nicht an einer spezifischen Lexik und Ausdrucksweise festzumachen“, vielmehr sind jugendsprachliche Sprechweisen in erster Linie „umgangssprachliche Sprechstile, die allerdings hinsichtlich ihrer Ausgestaltung eigene Charakteristika aufweisen“. Solche Merkmale sind u. a. ‘auffällig’, ‘augmentativ’, ‘spaßig’. Zeigen Sie an Beispielen aus der jugendsprachlichen Varietät, wie die Wortbildung dazu beitragen kann. Ziehen Sie als Quellen Jugendzeitschriften, Fanzines (Fan-Magazine), Wörterbücher (z. B. HEINEMANN 1990, EHMANN 1996 oder LOSKANT 1998) oder auch entsprechende Internetseiten heran. Bringen Sie auch Ihre eigene (jugend)sprachliche Kompetenz mit ein.

Aufgabe 52.2

Bestimmen Sie Wortbildungsart und semantische Grundklasse der folgenden jugendsprachlichen Lexeme: etwas ist *sahne, kultig, rattenschlecht, megakurz, spacig, stylisch, uncool, endcool*; in der Freizeit geht man in einen *Szenetempel;* Jugendliche stehen auf *Kultlabel;* über bestimmte Dinge kann man nur *ablachen.*
Sammeln Sie weitere Belege für jugendsprachliche Wortbildungen.

Wortbildung bei ausgewählten Benennungsarten

Aufgabe 53

Neben den Einwortbenennungen können auch Phraseologismen in bestimmtem Umfang Wortbildungsaktivität entfalten und in Wortbildungsprodukte eingehen, wie z. B. in: *Inangriffnahme, Vier-Augen-Gespräch, Nacht-und-Nebel-Aktion, Dünnbrettbohrer, Dickfelligkeit, halsbrecherisch, eintrichtern.* Nennen Sie den jeweiligen Phraseologismus und umschreiben Sie seine Bedeutung (ziehen Sie dazu DUDEN 11 heran). Bestimmen Sie Wortbildungsart und Wortbildungstyp der dephraseologischen Wortbildungsprodukte.

Aufgabenkomplex 54

Innerhalb des Wortschatzes nehmen Eigennamen/onymische Benennungen aufgrund ihrer besonderen Funktion der Identifizierung eine Sonderstellung ein. Die onymische Wortbildung vollzieht sich im Allgemeinen nach den Mustern, die auch allgemeinsprachlichen Benennungen zugrunde liegen. Dazu kommen einige spezielle onymische Wortbildungsmittel wie *-hagen, -hausen, -ow* bei Ortsnamen. Von deonymischer Wortbildung spricht man, wenn Eigennamen als Basis oder als Kompositionsglied wortbildungsaktiv werden.

Aufgabe 54.1

Eigennamen sind gegenwartssprachlich synchron häufig nicht mehr motiviert (z. B. *Leipzig*). Sie können aber auch morphosemantisch motiviert sein und zusätzlich eine charakterisierende Funktion erfüllen (z. B. *Lindenallee,* benannt nach der Art der Bäume).
Analysieren Sie die folgenden onymischen Wortbildungsprodukte nach Wortbildungsart und Wortbildungsbedeutung.

> *Elbsandsteingebirge, Erzgebirge, Niederrhein, Friedrich-Schiller-Universität, Eigenheimstraße, Elfenbeinküste, Südtirol, Eisenhüttenstadt*

Aufgabe 54.2

Analysieren Sie die folgenden deonymischen Wortbildungsprodukte nach ihrem Wortbildungstyp.

> *Schröder-Reise, Thomas-Mann-Biographie, röntgen, gaucken, pasteurisieren, kneippen, Kneippkur*

Aufgabe 54.3

Mit den Namen von Persönlichkeiten aus Politik, Kunst und Kultur werden in bestimmten Textsorten gern auch textgebundene Wortbildungsprodukte gebildet. Was stellen Sie sich vor, wenn es in einer Rezension heißt „Drehbuchautor und Regisseur *pilcherten los*“ oder „Das Burgtheater soll nicht *verbrandauern*“? Beschreiben Sie jeweils den Wortbildungstyp.
Zu weiteren okkasionellen Bildungen dieser Art vgl. DONALIES 2000.

Der Anteil der Wortbildung an paradigmatischen Beziehungen im Wortschatz

Aufgabenkomplex 55

Aufgrund ihrer morphologischen und semantischen Struktur haben Wortbildungsprodukte einen besonderen Anteil an der Ausprägung paradigmatischer Bedeutungsbeziehungen im Wortschatz: als Wortbildungssynonyme, Wortbildungsantonyme sowie als Wortbildungshyperonyme, -hyponyme und -kohyponyme.

Aufgabe 55.1

Die Wörter bzw. einzelne Sememe/Lesarten der Wörter in den folgenden Gruppen stehen jeweils in paradigmatischen Bedeutungsbeziehungen zueinander. Geben Sie die semantische Beziehung an und beschreiben Sie genauer, welchen Anteil die Wortbildung daran hat.

Prüfer – der Prüfende/ein Prüfender – Prüfling
Fernseher – Fernsehgerät – Fernsehapparat
Flugzeug – Flieger
Lastkraftwagen – LKW – Laster
verschließen – zuschließen – abschließen
Fahrrad – Rad
Regenschirm – Schirm
Gipfelkonferenz – Gipfel
fehlerlos – fehlerfrei – fehlerhaft
erblühen – verblühen
Bandsäge – Kettensäge – Gittersäge – Handsäge – Kreissäge
Nadeldrucker – Tintenstrahldrucker – Laserdrucker

Aufgabe 55.2

Das „Gegenwort-Wörterbuch" (MÜLLER 1998) verzeichnet in einer gesonderten Liste „Antonymische Wortbildungsmittel und antonymische grammatische Ausdrucksmittel" (S. 1-25). Bestimmen Sie den Morphemstatus (z. B. Suffix) der folgenden dort u. a. aufgeführten Wortbildungsmittel : *-los/be- ... -t*, *-los/-haft, -los/-haltig, -los/-ig, -los/-reich, -los/-voll.* Bilden Sie jeweils ein Antonym mit dem passenden Element zu den Adjektiven *haarlos, stimmlos, merkmallos, bartlos, erfolglos, rücksichtslos*. Welche Wortbildungsbedeutungen stehen in den Beispielen jeweils in antonymischer Beziehung zueinander?

Aufgabe 55.3

Die Personen in den folgenden Benennungen handeln in wechselseitigen, sich ergänzenden Rollen: *Käufer – Verkäufer, Kläger – der Beklagte/ein Beklagter, Prüfer – Prüfling, der Lehrende/ein Lehrender – der Lernende/ein Lernender*. In welcher paradigmatischen semantischen Beziehung stehen die Wörter in den Wortpaaren? Bestimmen Sie die Wortbildungsart und beschreiben Sie die morphologische Struktur. Wodurch wird die paradigmatische Beziehung jeweils formal ausgedrückt?

Aufgabenkomplex 56

Wortbildungsprodukte stehen aufgrund ihrer morphematischen Komplexität und Motiviertheit auch in spezifischen systemhaften Beziehungen zueinander und bilden verschiedene Wortbildungsparadigmen: Wortbildungsreihe, Wortbildungsgruppe, Wortbildungsnest.

Aufgabe 56.1

Geben Sie jeweils das Wortbildungsparadigma mit seinem paradigmenbildenden invarianten strukturellen oder semantischen Merkmal an.

(a) *lehren – Lehre – das Lehren – belehren – Lehrbuch – lehrbar – lehrhaft – lehrbezogen – Lehrling*
(b) *Erfinder – Anbieter – Hersteller – Leser*
(c) *Erfinder – der Angestellte – der Studierende – der Jugendliche – Konsument – Akteur*

Aufgabe 56.2

Ordnen Sie die Nominalisierungen in dem folgenden Textauszug nach 'Nomina actionis' (Vorgangs- und Handlungsbezeichnungen) und 'Nomina acti' (Resultatsbezeichnungen). Bestimmen Sie die semantische Grundklasse und die Wortbildungsart. Wie heißt das Wortbildungsparadigma, das jeweils durch die Wortbildungsprodukte entsteht?

Aus der Sitzung des Senats am 9. Mai 2000

Der Senat beriet ausführlich über den von der Verfassungskommission der Universität erarbeiteten Entwurf einer Neufassung der Grundordnung der Universität, die aufgrund des Inkrafttretens des neuen Sächsischen Hochschulgesetzes erforderlich ist. Die Diskussion erbrachte eine Fülle von Anregungen und Vorschlägen, die von der Kommission in einen neuen Entwurf eingearbeitet werden, der dann der Universitätsöffentlichkeit zur Aussprache vorgelegt wird.

(Aus: Universität Leipzig 3/2000)

Aufgabe 56.3

Stellen Sie Personenbezeichnungen zusammen, die durch Wortbildung entstanden sind (z. B. aus einer Tageszeitung, aus den Rubriken Politik, Wirtschaft, Kultur, Sport, Stellen- und Kontaktanzeigen). Wie nennt man ein solches Wortbildungsparadigma? Welche Wortbildungstypen sind besonders produktiv?

Aufgabe 56.4

Erläutern Sie die Begriffe Wortfamilie und Wortbildungsnest am Beispiel von *fahren* (vgl. ULRICH 1995, 203). Beschreiben Sie den Zusammenhang zwischen beiden Erscheinungen. Welche Probleme ergeben sich beim Zusammenstellen einer Wortfamilie? Inwiefern ist das Wortbildungsnest Ausdruck für die Wortbildungsaktivität eines Kernwortes und für die Vielfalt von Wortbildungsmöglichkeiten? Von welchen Faktoren hängt die Wortbildungsaktivität ab?
Belegen Sie die Feststellung von FLEISCHER/BARZ 1995, 73, dass ein Wortbildungsnest grundsätzlich „lückenhaft" ist. Ziehen Sie zur Lösung FLEISCHER/BARZ 1995, 71ff. heran. Zum Begriff der Wortfamilie bei AUGST 1998 vgl. Aufgabenkomplex 93; zu diachronen Aspekten vgl. Aufgabenkomplex 99.

Wortbildung im Dienst der Wortschatzerweiterung

Die quantitativ umfassendste und aktuellste Quelle für Wortschatzuntersuchungen stellen elektronische Korpora dar (vgl. ausführlicher dazu Abschnitt 2.5). Nutzen Sie zu allen Aufgaben unter diesem Aspekt die Recherchemöglichkeiten im Internet (besonders bei Aufgabenkomplex 60).

Aufgabe 57

Zeigen Sie an Beispielen aus dem Text, welchen Anteil die Wortbildung an der Erweiterung des Wortschatzes hat und wie sie auch an anderen Verfahren der Benennungsbildung (Bedeutungsbildung, Entlehnung) beteiligt ist.

> Elektronische Unterschrift – so funktioniert es
>
> Der Bundestag beschloss gestern ein Gesetz zur Regelung elektronischer Signaturen. Die elektronische Unterschrift ist ein Code, der im elektronischen Geschäftsverkehr (Homebanking, Internet-Einkauf) die Unverwechselbarkeit der eigenen Unterschrift haben soll. Sie ist als verschlüsselter Code auf besonders gesicherten Chip-Karten, ähnlich der EC-Karte eines Geldinstitutes, gespeichert. Dabei ist der private Schlüssel fest auf der Karte eingebrannt und so geheim, dass nicht einmal der Unterschreibende ihn kennt.
>
> Beim Internet-Geschäftsverkehr kann der Nutzer sich über ein Kartenlesegerät am heimischen PC einwählen, ausweisen und dann verschlüsselt über einen PIN-Code unterschreiben. Gelesen wird diese Unterschrift mit dem zweiten, öffentlichen Schlüssel, der dem Empfänger der Nachricht oder der Bestellung bekannt gemacht wird. Damit bleiben Internet-Strolche vor der Tür; die Bank oder der Online-Shop erkennt, dass es der richtige Kunde ist.
>
> (LVZ, 16.2.2001)

Aufgabe 58

Beschreiben Sie folgende Neologismen (u. a. aus der Datenbank des Instituts für Deutsche Sprache, Mannheim) nach ihrer Wortbildungsart sowie ihrer Zugehörigkeit zu Fach-/Sachgebieten. Wo wirken mehrere Möglichkeiten der Wortschatzerweiterung zusammen?

> *Datenautobahn, Elchtest, piercen, Mobilnetz, Bungeespringen, Bezahlfernsehen, Jobticket, Outdoorjacke, Infotainment, Telelearning, Wegfahrsperre, Rinderwahn, Partydroge, downloaden/herunterladen, scannen, Hörbuch/Audiobuch/ Audiobook, Compuskript, Mechatroniker, Genbank, Versicherungspaket, e-mailen, verlinken, anklicken*

Sammeln Sie weitere Belege für Neologismen, die durch Wortbildung oder mit Beteiligung der Wortbildung entstanden sind.

Aufgabenkomplex 59

Die Werbesprache hat Einfluss auf die Erweiterung des Wortschatzes. Besonders kreativ zeigt sich dabei die adjektivische Wortbildung mit immer neuen, oft graduierenden Benennungen zur Bezeichnung von Farb-, Form- und

Qualitätseigenschaften. Auch im substantivischen Bereich führen wechselnde Modetrends und immer neue Produkte zu Wortneubildungen. Einen Eindruck davon vermitteln die folgenden Angebote aus einem Werbeprospekt.

Kapuzenweste für lässige Auftritte, Hosen mit Kordelzug oder Gummizug, Damenkleider mit modischem V-Ausschnitt oder mit Perlmuttknöpfen, praktischer Wickelrock, ärmellose Bluse, Strohkappe im Häkel-Look, Strohtasche mit Schulterriemen und Druckknopf, Safari-Kappe mit nützlichem Nackenschutz, dschungelfeste Nylonhose, sportive Hose mit Tunnelzug und abnehmbarer Tasche, Streifenshirt, superbequemes Teen-Kleid mit Seitentasche und Bändchen, Top mit eckigem Halsausschnitt, Nachthemd im Shirt-Stil, Strandkleid mit Blumendruck, hochaktuelles Dreieck-Kopftuch, Damen-Söckchen aus hochwertigem Tactel, farbenfrohes Blumenkleid, Supersitz durch Elasthan, überraschend nasenfreundlich: Herren-Duftsocken mit frischem Gras- oder Zedernöl-Aroma im Geschenkkarton, spülmaschinengeeignetes Besteck mit Kunststoffgriffen, kuschelige Wende-Bettwäsche [...]
Und das alles zu Kaum-zu-glauben-Preisen!

(Nach: Werbeprospekt der Firma Ernsting's family, 2000)

Aufgabe 59.1

Ordnen Sie die adjektivischen Wortbildungsprodukte aus dem Werbeprospekt nach Wortbildungsarten. Differenzieren Sie zwischen Präfix- und Suffixderivation.

Aufgabe 59.2

Welche Wortbildungsart und welche semantische Grundklasse überwiegt bei den substantivischen Wortbildungsprodukten aus dem Werbeprospekt?
Begründen Sie deren Wahl. Ermitteln Sie die Wortbildungstypen.

Aufgabenkomplex 60

Entlehnungsprozesse vollziehen sich als direkte Übernahmen fremder Wörter sowie in indirekter Weise durch Lehnbedeutungen, Lehnübersetzungen und Lehnübertragungen. (Zur orthographischen Integration vgl. Abschnitt 2.4.)

Aufgabe 60.1

Die Wortbildungsprodukte *Wolkenkratzer, Geburtenkontrolle, Langspielplatte, Schwarzmarkt, Einwegflasche, Entwicklungsland, Körpersprache, Froschmann* sind Lehnübersetzungen bzw. Lehnübertragungen. Welches deutsche Wortbildungsmuster (Wortbildungsart und Wortbildungstyp) liegt jeweils den nach englischsprachigen Vorbildern entstandenen Wörtern zugrunde?

Aufgabe 60.2

Ein Ausdruck für die Integration fremder Wörter ist ihre Fähigkeit, sich beim Ausbau von Wortbildungsnestern mit heimischen Wortbildungsmitteln zu verbinden (Hybridbildungen), z. B. *downloadbar, einscannen.* Zeigen Sie das an Wortbildungsprodukten mit *recyceln, Container, Computer, Internet.*

Aufgabe 60.3
Sammeln Sie Belege für den Ausbau der Wortbildungsnester mit den Konfixen *Euro-, Öko-, Bio-*. Bestimmen Sie die Wortbildungsprodukte nach Wortbildungsart und Wortbildungstyp.

Aufgabe 60.4
Seit Mitte der 90er Jahre hat die Frequenz von Bildungen mit dem Element *Online-* sehr stark zugenommen (vgl. HAß-ZUMKEHR 2000, 6; vgl. Aufgabe 97). Suchen Sie im Projekt Deutscher Wortschatz (www.wortschatz.uni-leipzig.de) je 20 Wortbildungsprodukte mit *online** (Erstglied) und **online* (Zweitglied). Welche Wortbildungsart überwiegt? Gehen Sie auch auf orthographische Besonderheiten ein. Problematisieren Sie den Status von *Online-* als freie oder gebundene lexikalische Einheit.

Aufgabe 61
Der DUDEN 2000 verzeichnet auf S. 1155 die seit 1977 zum „Wort des Jahres" und die seit 1991 zum „Unwort des Jahres" gekürten Wörter. Welche davon sind Wortbildungsprodukte und nach welchem Wortbildungstyp sind diese gebildet? Aus welchen Wortschatzbereichen stammen die meisten Bildungen?

Aufgabenkomplex 62
Neue Wortbildungsprodukte begegnen täglich in großer Menge, oft fallen sie gar nicht als neu auf, so selbstverständlich ist dem kompetenten Sprachbenutzer der produktive Umgang mit den sprachlichen Mitteln und Möglichkeiten. Bei entsprechendem Benennungsbedarf gehen neue lexikalische Einheiten dauerhaft in den Wortschatz ein. Nur für den Text gebildete und semantisch weitgehend an den Text gebundene Wortbildungsprodukte bleiben dagegen als „lexikalische Eintagsfliegen" okkasionell. Im Einzelnen ist eine Abgrenzung zwischen okkasionellen und usuellen Bildungen allerdings oft schwer zu treffen; Akzeptabilität und Lexikalisierung sind von verschiedenen Faktoren abhängig (vgl. FLEISCHER/BARZ 1995, 59f.).

Aufgabe 62.1
Vergleichen Sie die folgenden okkasionellen Wortbildungsprodukte mit bedeutungsgleichen oder -ähnlichen usuellen Benennungen und erörtern Sie Lexikalisierungsbedingungen und Akzeptabilität von Okkasionalismen.

Sind wir eine Gesellschaft der *Ichlinge*? (Ulrich Beck in der Einleitung seines Buches „Kinder der Freiheit")

Stehler (kindersprachliche Bildung)

Kopflanger des Nationalsozialismus

Klappern gehört zum *Fußwerk* (aus einem Fußball-Kommentar im ZDF-Sportstudio am 17.2.2001)

offenhörlich (zur Bezeichnung des Höreindrucks in einer Musikkritik)

Die schönsten Bilder Udo Lindenbergs sind *Likörelle,* keine Aquarelle

Die Rättin (Titel eines Romans von Günter Grass)

Aufgabe 62.2

Diskutieren Sie, welche substantivischen Wortbildungsprodukte Sie in folgendem Text als usuell, welche als okkasionell betrachten. Überprüfen Sie im GWDS, inwieweit diese Wörter bereits lexikographisch erfasst sind. Wodurch ist auch das Verständnis okkasioneller Wortbildungsprodukte gesichert? Wie beurteilen Sie die Lexikalisierungsaffinität von *Sanftler, Sympathling*? (Beziehen Sie in Ihre Überlegungen zu diesem Aspekt FLEISCHER/BARZ 1995, 23f. ein.)

Jagd in Venedig

Vendetta – Do., 20.15, ARD – Commissario Brunetti ist empört: es gibt Dinge, die sind so grausam, da weiß man gar nicht, was man sagen soll. Commissario Brunetti, der Moralist.

Der unscheinbare venezianische Ermittler hat sich eine Seele ohne Hornhaut bewahrt. So trifft ihn auch dieses Snuff-Video (Frau wird vor laufender Kamera ermordet) tief, das Tochter Chiara ihm gibt. Es gehört zu diesem Mädchenhändler-Fall, in dem gleich zwei honorige Herren aus der Lagunenstadt sterben müssen.

Also der erste Krimi nach den Bestsellern von Donna Leon. Man sieht auf den Bildschirm – und traut seinen Augen nicht. Aus Brunetti wurde ein Sanftler, aus seinem Chef Patta ein Sympathling, aus Elettra eine Vorzimmer-Schöne ohne Geheimnis.

Verschwunden der Brunetti-Frust über Venedigs Verfall, Italiens Bürokraten und die dunklen Kungeleien in Prachtpalazzi. Abhanden gekommen: diese unstete Roman-Atmosphäre aus familiärer Harmonie (Brunetti) und kaputter Außenwelt. Es wird zwar dieses und jenes gestreift, aber eben immer nur gestreift.

So wurde „Vendetta“ ein ganz normaler Krimi, der zwar in Venedig-Postkarten schwelgt, dem es aber erheblich an Stimmung und Spannung mangelt. Ein Paradebeispiel: Brunettis Auftritte im Prostituierten-Milieu in der Bar von Mestre. Dass die Täterin sich im Knast angeblich selbst erhängt, also ein Zentralmotiv des Italo-Politkrimis der 70er Jahre bedient, taugte nur für eine weitere Moralbotschaft: Rache ist keine Lösung.

(Aus: LVZ, 13.10.2000)

Aufgabenkomplex 63

Einen besonders stark ausgebauten Benennungsbereich in der deutschen Gegenwartssprache stellen Personenbezeichnungen dar. Unterschiedliche Benennungsbedürfnisse in den verschiedenen Kommunikationsbereichen und Textsorten (vgl. z. B. die Rezension in Aufgabe 62.2) führen zu zahlreichen usuellen und okkasionellen Wortneubildungen.

Aufgabe 63.1

Nach welchen Wortbildungsarten sind die folgenden Berufs- bzw. Tätigkeitsbezeichnungen gebildet?

Einzelhandelskaufmann, Techniker, Installateur, Reinigungskraft, Gebäudereiniger, Friseur, Erzieher, der Angestellte, der Selbständige, Geschäftsführer, Trockenbauer, Außendienstmitarbeiter, Student, der Studierende

Aufgabe 63.2

Vor allem im öffentlichen Sprachgebrauch wird zunehmend darauf geachtet, dass Frauen und Männer sprachlich gleich behandelt werden. Mit *Reinigungskraft* steht eine geschlechtsneutrale Benennung zur Verfügung. Bilden Sie zu den anderen Beispielen aus Aufgabe 63.1 weibliche Personenbezeichnungen und zeigen Sie, welche Wortbildungsmöglichkeiten es für die Benennung weiblicher Personen gibt.

Aufgabe 63.3

In einer Werbeanzeige sucht eine Bank Hochschulabsolventen als

Dickbrettbohrer/innen
Selbststarter/innen
Ideendurchboxer/innen

Nach welcher Wortbildungsart und nach welchem Strukturtyp sind diese Tätigkeitsbezeichnungen gebildet? Wodurch wird der besondere Werbeeffekt erzielt?

Aufgabe 63.4

„Kuriose Berufe“ hat Michael Ende in wortspielerischer Weise in einem Gedicht erfunden (nach ULRICH 1995, 149).

Bedenk' ich's, möcht' ich lieber kein
ZITRONENFALTER werden, nein!
Kein blasser und kein gelber.
Ach, der Beruf ist ganz veraltet!
Denn, seht ihr, heutzutage faltet
Doch jeder die Zitronen selber.
[...]

In ähnlicher Weise werden folgende Bildungen uminterpretiert: *Wolkenkratzer, Feldstecher, Ärmelschoner, Brotmesser, Staubsauger, Uhrzeiger, Strickleiter, Verleger, Vogelbauer, Scheinwerfer.*
Welche „kuriosen“ Berufe könnten sich hinter ihnen verbergen? Beschreiben Sie genauer, wie hier mit der Wortbildung gespielt wird.

2.3 Wortbildung und Textlinguistik/Stilistik

Das Beziehungsgefüge zwischen Wortbildung, Text und Stil beruht darauf, dass einerseits Wortbildungsprodukte Bausteine des Textes sind und dass andererseits Texte die Rahmenbedingungen setzen für die Bildung von Wörtern sowie für ihren Gebrauch. In der Wortbildungslehre werden die textuellen Funktionen der Wortbildung in textkonstitutive und in textdifferenzierende Funktionen unterteilt.

Zu den stilistischen Potenzen der Wortbildung vgl. Sandig 1978, 31f.; Sowinski 1978, 206ff.; Fleischer/Michel/Starke 1993, 131ff.; Handler 1993, 195ff.; eine textorientierte Darstellung der Wortbildung gibt Eichinger 2000; zu den allgemeinen textlinguistischen und stilistischen Grundlagen vgl. Fix 2001 sowie Fix/Poethe/Yos 2001.

Zu den textkonstitutiven Funktionen gehören Textverflechtung, Verdichtung und thematische Entfaltung. Textverflechtung mit Hilfe der Wortbildung ist Ausdruck ihrer kohäsionsbildenden Potenzen. Diese beruhen auf der morphosemantischen Motiviertheit der Wortbildungsprodukte und zeigen sich in der Wiederaufnahme ein und desselben Grundmorphems in mehreren Wörtern. Wortbildungsprodukte mit demselben Grundmorphem können zu einer Isotopiekette gehören und so die inhaltsseitige Kohärenz eines Textes ausdrucksseitig unterstützen (vgl. Fleischer/Barz 1995, 75ff.; Adamzik 2001, 285). In einem Textkomplex ("Textverbund" bei Adamzik 2001, 332), in dem ein einzelnes Thema modular in mehreren Texten (Haupt-, Neben- und Bildtext) aufbereitet ist, können diese Isotopieketten auch text(e)übergreifend bzw. intertextualitätsstiftend wirken. Sie stehen als „Wegweiser in Textwelten" (Eichinger 1995).

Textdifferenzierende Funktionen ergeben sich zum einen aus dem Anteil der Wortbildung an den differenzierenden Merkmalen einer Gruppe von Texten gegenüber anderen Gruppen von Texten: Wortbildungsphänomene gehören zu prototypischen Textsortenmerkmalen. Zum anderen besitzen Wortbildungsphänomene stilbildende Potenzen für den Einzeltext: Innerhalb von Text- und Stilmustern bestehen Ermessensspielräume für den einzelnen Textproduzenten, wie er seinen Text über die individuelle Auswahl sprachlicher Mittel unverwechselbar gestaltet (Barz/Schröder 2001, 4.2.3.2.).

Da Wortbildungsarten und semantische Grundklassen auf Regularitäten beruhen, die zunächst für alle Kommunikationsbereiche und Varietäten gelten können, drückt sich die funktionale und textsortenbedingte Spezifik weniger in eigenen Modellen und Verfahren aus als vielmehr im Ausnutzungsgrad, in der Distribution, in der Frequenz innerhalb eines Textes sowie in der auffälligen Verwendung von Wortbildungsprodukten, die in ihrer Bildung nicht auffällig sind (auch Eichinger 2000, 148ff.).

Bestimmte Wortbildungstypen und -mittel können als typische Stilelemente zur Konstituierung funktional bedingter Stilzüge wie Unpersönlichkeit, Abstraktheit, Komprimiertheit sowie zur Realisierung von Intentionen wie INFOR-

MIEREN, ANREGEN, UNTERHALTEN, WERTEN beitragen. Die funktional-semantischen Verfahren Modifikation und Transposition stehen in Beziehung zu den Arten der thematischen Entfaltung (BARZ/SCHRÖDER 2001, 4.2.3.2.).
Vorzugsweise textgebunden funktionieren die analog-holistische Bildung von Wörtern nach dem Vorbild einzelner Wortbildungsprodukte wie die von *offenhörlich* und *Beinlichkeiten* nach *offensichtlich* und *Peinlichkeiten* in einer Musik- bzw. Ballettkritik (dazu FLEISCHER/BARZ 1995, 58) sowie der spielerische Umgang mit Wortbildungsmodellen, -arten und -mitteln in Wort-(bildungs)spielen (dazu POETHE 2001). Musterhaft erfasst und beschrieben sind die stilistischen Potenzen der Wortbildung zum Teil innerhalb der rhetorischen Stilfiguren.
Für eine Bewertung nach Akzeptabilität und Wirkung von Wortbildungsprodukten sind stilistisch-kommunikative Normen und entsprechende Erwartungen, die an verschiedene Kommunikationsbereiche gebunden sind, zugrunde zu legen. Das Urteil des einzelnen Rezipienten über Wortbildungsprodukte als Textwörter (Okkasionalismen) ist von seiner Fähigkeit abhängig, die stilistische oder funktionale Absicht des Textproduzenten zu erkennen, aber auch von seinem Sprachgefühl und seiner Einstellung, ungewohnte Wortbildungsprodukte nicht von vornherein abzulehnen. Bei literarischen, publizistischen und Werbetexten fällt das Urteil über Wortneubildungen eher positiv aus – sie entsprechen den Erwartungen und Leseerfahrungen des Rezipienten. Eher sprachkritischen Bewertungen unterliegen bestimmte Bildungs- und Verwendungsweisen im öffentlichen Sprachgebrauch. Für linguistisch fundierte Bewertungen sind Wörterbuchangaben hilfreich, beispielsweise zur Neuheit von Wortbildungsprodukten oder zu ihren Konnotationen.
Textkonstitutive und textdifferenzierende Funktionen der Wortbildung überlagern sich in Texten. Aus didaktischen Gründen werden sie aber nacheinander behandelt. Die Beispieltexte können nur eine kleine Auswahl aus dem Textsortenspektrum bieten.

Textkonstitutive Funktionen der Wortbildung

Aufgabenkomplex 64

Aus Erbens „Versuch einer Modellskizze“ (ERBEN 2000, 152) ist zu entnehmen, auf welchen Wegen Wortbildungsprodukte in den Text gelangen (vgl. Abb. 3). Sie soll „eine Vorstellung von der zentralen Stellung der Wortbildung zwischen Lexikon und Syntax vermitteln und ihren Zusammenhang mit der kommunikativen Praxis verdeutlichen“.

Aufgabe 64.1

Auf welchen Wegen gelangen Wortbildungsprodukte nach Erben in den Text und welche Prozesse schließen sich möglicherweise an? Beantworten Sie die Fragen anhand der Modellskizze.
Vgl. auch EICHINGER 2000, 120; ADAMZIK 2001, 149.

Versuch einer Modellskizze (Erben)

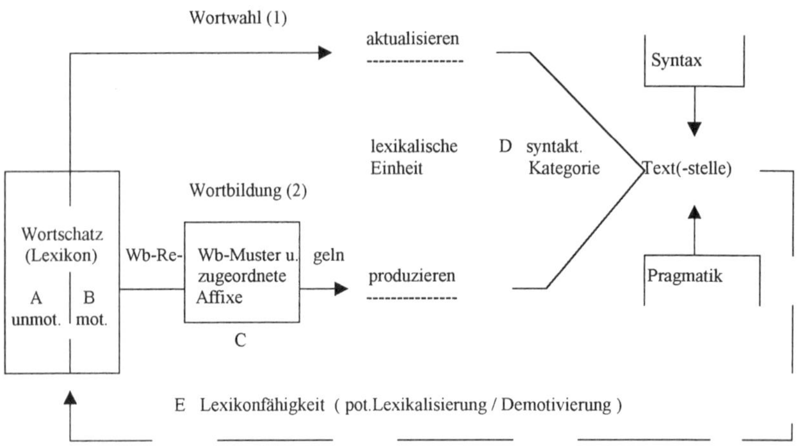

Abb. 3

Aufgabe 64.2

Welche Wortbildungsprodukte im Text „Visionäres Mini-Mikro" sind im Sinne Erbens aus unserem Lexikon heraus aktualisiert, welche sind erst unlängst als "Neuwörter" (Wortneubildungen) produziert? Überprüfen Sie, ob die von Ihnen festgestellten Wortneubildungen im GWDS verzeichnet sind.
Welchen Stellenwert haben die Wortneubildungen für den Textinhalt? Vgl. auch Aufgabenkomplexe 62, 63.

Visionäres Mini-Mikro

Die Zeichner des berühmten Comic-Detektivs Dick Tracy waren im Jahre 1946 ihrer Zeit weit voraus: Sie statteten ihren Helden mit einer sagenhaften Uhr aus, die Sprache erkennen konnte und Video-Kommunikation ermöglichte. Einen Schritt zur Verwirklichung solcher Visionen haben Techniker um P. G. von den Bell Laboratories in New Jersey jetzt getan. Sie entwickelten das weniger als einen Millimeter kleine Winz-Mikrofon, das mit moderner Silizium-Technologie auf einem Mikrochip-Schaltkreis aufgebaut wurde. Auch weitere miniaturisierte Komponenten wie einen Radiowellen-Filter oder eine Induktionsspule konstruierten die Forscher. Ihr Ziel ist, eines Tages winzige Radios, Handys, Computer und elektronische Spielzeuge bauen zu können.

(Aus: GEO 8/1999)

Aufgabe 64.3

Im Text „Visionäres Mini-Mikro“ sind fünf Grundmorpheme in mehreren Wortbildungsprodukten enthalten. Gruppieren Sie diese Wortbildungsprodukte entsprechend ihren gemeinsamen Grundmorphemen.
Welche Textfunktion realisieren diese Wortbildungsprodukte? Vgl. FLEISCHER/ BARZ 1995, 1.9.2.

Aufgabenkomplex 65

Die Aufgaben 65.1 bis 65.3 richten sich auf das Vorkommen und die Funktion von Wortbildungsprodukten in einem Textkomplex. Der Textkomplex oder Textverbund ist nach ADAMZIK (2001, 332) eine „Gruppe von relativ eng aufeinander bezogenen Texten, die in einem kommunikativen Zusammenhang gemeinsam produziert bzw. rezipiert werden“. Der folgende Textkomplex „Einkaufen mit dem Daten-Stift“ (Abb. 4) besteht aus einem Haupttext, dem Zeitungsbericht mit Überschrift, und aus Nebentexten, den Bildunterschriften.
Zur Wortbildung im Textkomplex vgl. SCHRÖDER 2000b, 389.

Auch Lebensmittel soll das System erfassen

Der Webpen scannt mit einem Strichcode-Leser die Daten eines Produkts aus einem Katalog ein und verschickt sie per PC als Online-Bestellung

Uhren mit Netzzugang werden mit der Technik kommen

Einkaufen mit dem Daten-Stift

Für Roland Christen ist Online-Shopping eine einfache Sache. Der Chef von Christen Mediapartner, Bern, zieht einen Stift über die Beschreibung eines Büroartikels in dem vor ihm liegenden Katalog. Blitzschnell erscheinen Name und Preis des Produkts auf seinem PC. Ein Mausklick, und der Rechner bestellt den Artikel per E-Mail.

Info-Sauger: Webpen heißt der Daten-Kuli, der kinderleichtes Einkaufen per Internet ermöglichen soll. „Ein Computer ist viel zu kompliziert. Deshalb glauben wir nicht an Online-Shops, sondern setzen auf Papier“, meint Christen.

Für das digitale Einkaufen ohne Web-Shop sind Waren auf Katalogseiten mit einem Barcode gekennzeichnet. Fährt der Stift darüber, liest sein Mini-Scanner die in den Strichen verschlüsselten Informationen wie Artikel und Preis heraus, und der Daten-Kuli schickt sie über eine kabellose Infrarot-Verbindung an den PC. Dort zeigt die rund 120 Kilobyte kleine Webpen-Software die Daten an und ordert das Produkt per E-Mail. Die Webpen-Technik soll später auch in Uhren oder Handys mit Netzzugang eingebaut werden.

Die Webpen-Entwickler Roland Christen (r.) und Francesco Lardieri glauben an Papierkataloge und nicht an Online-Shops auf dem Rechner-Bildschirm

(Aus: Focus 9/2000)

Abb. 4

Aufgabe 65.1

Überprüfen Sie, welche Substantive (außer *Produkt)* und welche Verben aus der mittleren Bildunterschrift

> Der Webpen scannt mit einem Strichcode-Leser die Daten eines Produkts aus einem Katalog ein und verschickt sie per PC als Online-Bestellung

ganz oder teilweise in Wortbildungsprodukten der nachfolgenden Überschrift, Meldung und weiteren Bildunterschriften enthalten sind. Erläutern Sie auf der Grundlage Ihres Textbefundes die kohäsionsbildende Potenz der Wortbildung in Textkomplexen. Vgl. BARZ/SCHRÖDER 2001, 4.2.3.1.; EICHINGER 2000, 143ff.

Aufgabe 65.2

Stellen Sie die Wortbildungsprodukte des Textes zusammen, die zueinander in synonymischer Beziehung stehen. Inwiefern ist es berechtigt zu sagen, dass Wortbildung Verstehenshilfe leiste?

Aufgabe 65.3

Zu den Erstbenennungen gehören auch solche Komposita, die notwendig gewordene Begriffsdifferenzierungen sichern: *Heizung (mit Ofen)* wird nachträglich als *Ofenheizung* verdeutlichend modifiziert, seitdem es z. B. die *Fern-* und *Zentralheizung* gibt. Welches modifizierte Wort im Text erfüllt diese Funktion?

Aufgabenkomplex 66

Der Text "Brauen, die Kunst" steht graphisch hervorgehoben in einem Lese-Kasten innerhalb eines Textkomplexes "Bier und Gesundheit", der den Prisma-Leser über eine Telefonaktion informiert.
Zum Textkomplex vgl. Aufgabenkomplex 65.

> Brauen, die Kunst
>
> Unter- und obergärig: Bei der für die Biergärung benötigten Hefe unterscheidet man unter- und obergärige Rassen. Bei den untergärigen Bieren, z. B. Pils, erfolgt der Gärungsprozeß bei vier bis neun Grad Celsius. Am Ende der Gärzeit setzt sich die Hefe am Gärtankboden ab. Die Vergärung mit obergäriger Hefe findet bei Temperaturen zwischen 15 bis 20 Grad Celsius statt und geht damit schneller. Die Hefe sammelt sich an der Oberfläche (z. B. Weizenbier, Alt, Kölsch).
>
> Was besagt der Begriff Altbier? Dieses Bier wird auf die "althergebrachte Art" hergestellt, nämlich obergärig.
>
> (Aus: Prisma. Wochenmagazin zur Zeitung 24/99)

Aufgabe 66.1

Stellen Sie alle Wortbildungsprodukte mit dem Grundmorphem *gär* zusammen. Geben Sie zu jedem dieser Wortbildungsprodukte den Wortbildungstyp, die Wortbildungsart und die semantische Grundklasse an (Vgl. Aufgabenkomplex 19.). Warum wird die mehrfache Wiederaufnahme (Rekurrenz) von *-gär-* nicht als störend empfunden, sondern als angemessen akzeptiert?

Aufgabe 66.2

(a) Welche Textpassagen helfen dem Laien, sich die Motivationsbedeutung von *untergärig*, *obergärig*, *Altbier* zu erschließen?
(b) Welche lexikalischen Bedeutungen gibt das DUW an?
(c) Wie verhalten sich Motivations- und lexikalische Bedeutungen zueinander?

Aufgabenkomplex 67

Kurzwörter können in Texten mit ihren Vollformen wechseln, als Bestandteil in Wortbildungsprodukte integriert sein (zur Kurzwort-Wortbildung vgl. FLEISCHER/BARZ 1995, 221f.) und auch kohäsionsbildend wirken.

Text 1

Schlüssel für neuen MDR. Sendezentrale in Leipzig mit Gala eröffnet

Leipzig (Eig. Ber.). Mit einer Festgala und anschließender Party auf allen Fluren mit rund 2000 Gästen ist gestern die neue Zentrale des Mitteldeutschen Rundfunks (MDR) in Leipzig übergeben worden. Die rund 450 Millionen Mark teure Sendezentrale sei ein weithin sichtbares Zeichen für die Zukunft des Senders und des öffentlich-rechtlichen Rundfunks insgesamt, sagte der MDR-Intendant. Sachsen-Anhalts Ministerpräsident R. H. (SPD) betonte vor den Festgästen, dass der MDR für Mitteldeutschland ein wichtiger Identifikationsfaktor sei. Thüringens Regierungschef B. V. (CDU) sagte, der MDR erfülle alle Ansprüche an einen zukunftsfähigen Sender. Leipzigs OBM hob die Bedeutung des MDR-Zentrums für den Medienstandort an der Pleiße hervor.

Das MDR-Fernsehen wird bereits seit Mitte Mai komplett aus dem neuen Funkhaus auf dem Gelände des alten Leipziger Schlachthofes gefahren.

(Nach: LVZ, 14.07.2000)

Text 2

HGP-Projekt zur Erbgut-Analyse

Die Analyse des gesamten menschlichen Erbguts ist das Ziel des Human-Genom-Projekts (HGP), einer weltweiten Initiative amerikanischen Ursprungs. Die Forscher möchten dabei die drei Milliarden Bausteine des menschlichen Genoms entschlüsseln, rund 100 000 Gene identifizieren und ihre Funktion durchschauen.

Die ursprünglichen Planungen von 1990 sahen den Abschluss des Projektes mit den komplett entschlüsselten Bausteinfolgen (A, T, C, G) im Jahr 2005 vor. Das entschlüsselte Erbgut wird von mehreren Menschen stammen.

Erster wissenschaftlicher Leiter des HGP war der Nobelpreisträger James Watson, einer der beiden Wissenschaftler, die 1953 erstmals die molekulare Architektur der Gene erkannten. Die unabhängige, internationale Koordinierungsstelle, die Human-Genom-Organisation (HUGO), hat nach eigenen Angaben etwa 1000 Mitglieder aus mehr als 50 Ländern. Hauptfinanzierer des Programms sind die USA. Deutschland hat sich dem Projekt erst 1996 angeschlossen.

(Aus: LVZ , 27.07.2000)

Aufgabe 67.1

Zu welchem Kurzworttyp gehören die Kurzwörter in Text 1? Charakterisieren Sie den Typ nach den relevanten Kriterien (vgl. BARZ/SCHRÖDER 2001, 4.5.1.5.).
Entscheiden Sie, ob die vorangestellten Angaben *Eig.*, *Ber.* Kurzwörter sind.

Aufgabe 67.2

Warum wird in Text 1 auf das Anführen der Vollformen verzichtet, außer bei *MDR*? Nennen Sie mindestens drei Gründe (vgl. FLEISCHER/BARZ 1995, 222f.).

Aufgabe 67.3

Obwohl Initialkurzwörter aufgrund ihrer Initialen als morphosemantisch nicht motiviert gelten, sind sie ausdrucksseitig mit anderen Wörtern im Text verflochten. Mit welchen anderen Wörtern ihrer Texte sind *MDR* (in Text 1) bzw. *HGP* (in Text 2) jeweils ausdrucksseitig verflochten, und zwar in ihrer Ganzheit als Kurzwort oder auch durch ihre einzelnen Segmente?

Aufgabe 67.4

Worin bestehen die Besonderheiten der Kurzwort-Wortbildungen *MDR-Fernsehen* in Text 1 und *HGP-Projekt* in Text 2? Erklären Sie die offensichtliche Akzeptanz dieser und vergleichbarer Bildungen wie *ABM-Maßnahme, Bafög-Gesetz* (vgl. BARZ/SCHRÖDER 2001, 4.5.1.5.).

Aufgabe 67.5

Erklären Sie, welche Benennungsabsicht sich bei der Reduktion zu Kurzwörtern wie *HUGO* (in Text 2), *BUND < Bund für Umwelt und Naturschutz Deutschland, ERASMUS < European Community Action Scheme for the Mobility of University Students* zeigt. Vgl. POETHE 1997, 210.

Textdifferenzierende Funktionen der Wortbildung

Aufgabenkomplex 68

Die Verwendung deverbaler substantivischer Konversionsprodukte hat Anteil an der stilbildenden Substantivierung, was sich durch Textvergleiche veranschaulichen lässt.

Text 1

Gefordert ist:

- das Tragen von Badekappen im Tauchbecken

Verboten ist:

- das Springen in das Tauchbecken
- das Benutzen von Glasflaschen
- das Benutzen von Deo- und Haarsprays
- Rasur
- das Rauchen in allen Räumen
- das Mitnehmen von Flaschen und Gläsern in die Behandlungsräume.

(Aus: Saunaordnung 1989)

Text 2
Beide Beine anwinkeln, die Arme nach vorn führen, den Kopf und Oberkörper leicht anheben und oben halten. Langsam den Rücken abheben, Arme ablegen und erst zum Schluß den Kopf auflegen.

(Aus: Gymnastikübungen zur Stärkung der Rücken- und Bauchmuskulatur. Mit Übungsskizzen 1989)

Text 3
Fasten: Übergewicht, Abnehmen, Bluthochdruck, Null-Diät, Aschermittwoch, Maßlosigkeit, Entschlacken, Askese, Reduktionskost, Magersucht, Passionszeit, Auftanken, Meditation, Karfreitag, Cholesterin, Fastenspeise, Konsumverzicht, Klosterzelle, Läuterung, Entgiften, Zu-sich-selbst-Kommen, Übersättigung, Luxushungern - Kaskaden von Assoziationen, einige ängstigen, andere machen neugierig: Was könnte das bedeuten und bewirken, Fasten?

(Aus: GEO 4/2000)

Text 4

Hörst du, wie die Flammen flüstern,
knicken, knacken, krachen, knistern,
wie das Feuer rauscht und saust,
brodelt, brutzelt, brennt und braust ?
[...]
Kleiner wird der Feuersbraus :
Ein letztes Knistern,
ein feines Flüstern,
ein schwaches Züngeln,
ein dünnes Ringeln -
aus.

(Aus: James Krüss: Das Feuer)

Aufgabe 68.1

Gruppieren Sie die deverbalen und die verbalen Wortbildungsprodukte aus Text 1 und Text 2 nach Wortbildungstyp, Wortbildungsart und semantischer Grundklasse (zur Infinitivkonversion vgl. FLEISCHER/BARZ 1995, 211ff.; EICHINGER 2000, 82).
Inwiefern erweist sich Wortbildung für diese beiden Beispieltexte als stilbildend? Wie erklärt es sich, dass in den beiden Anweisungstexten unterschiedliche Wortbildungsarten dominieren?

Aufgabe 68.2

Stellen Sie die substantivischen Konversionsprodukte der Texte 3 und 4 zusammen.
Welche Gründe könnten in Text 3 den Journalisten bewogen haben, die Konversionsprodukte zu verwenden? Welche stilistische Absicht vermuten Sie in Text 4?

Aufgabenkomplex 69

Titel, Überschriften, Werbespots, Flyer und Themenübersichten informieren knapp vorwegnehmend über einen Textinhalt, ein Produkt oder ein Ereignis. Der Textproduzent nutzt verschiedene Phänomene der Wortbildung gleichzeitig, um die Aufmerksamkeit des Textrezipienten zu erregen.
Vgl. POETHE 2001; FIX/POETHE/YOS 2001, 195f.

Aufgabe 69.1

Suchen Sie in den Titeleien und Werbespots auffällige Wortbildungserscheinungen und erklären Sie sie. Vgl. auch Aufgabe 45.

Titeleien
Schau von zerliebten Stofftieren (Überschrift)
Der Fahrstuhl im Landgericht ist ein "Standstuhl" (Bildunterschrift)
Gigantenstadl (Veranstaltung im Studentenklub)

Werbespots
Sparbücher sind Bücher, die man sich sparen kann (Werbung einer Bank)
Nur die Wirklichkeit wirkt wirklicher (Werbung für einen Tintenstrahldrucker)
Schnurlos wunschlos glücklich (Werbung für Telefonanschluss)

Aufgabe 69.2

Erläutern Sie den Wort-Status, die Bildungsweise und die Verständlichkeit von *Nicht-lose* in dem Flyer der Leipziger Theatergruppe.

Flyer der Leipziger Theatergruppe "das Theater mit den ...losen"
Hier vereinen sich "...lose" - also Arbeits-, Obdach-, Heimat-, Lust-, Hoffnungs-, Hemmungs- und andere "...lose" mit Schülern und Menschen im Berufsleben, um sowohl für "...lose" als auch für "Nicht-lose" zu spielen

Aufgabe 69.3

Wie wird in den folgenden Themenübersichten Wortbildung stilbildend genutzt? Was möchte der Texter damit beim Rezipienten erreichen?

Themenübersichten aus TV-Zeitung und Hörfunk
Themenübersicht (1): Titelthemen aus TV-Movie Nr.13/99
Verrechnet – warum Sean Connery irrte
Verändert – warum Elle MacPherson jetzt in Dessous macht
Verliebt – warum Courtney Cox und David Arquette unzertrennlich sind
Themenübersicht (2): 17-Uhr-Nachrichten von Radio SAW am 16.06.1999
Verlust – größte Firma der Region Gräfenhainichen vor dem Aus
Verdacht – CocaCola-Produkte in Sachsen-Anhalt werden kontrolliert
Verbund – Hansestädte der Altmark gemeinsam auf dem Hansetag
Themenübersicht (3): 17-Uhr-Nachrichten von Radio SAW am 01.07.1999
Ermittlungserfolg – Bombenanschlag von Merseburg ist aufgeklärt
erfolgversprechend – Bonner Millionen für den Neubau von Sportstätten im Land
Erfolgsmeldung – Salzwedler Firma stattet Luxuskreuzer mit Bädern aus

Themenübersicht (4): 17-Uhr-Nachrichten von Radio SAW am 13.07.1999

Polizeiaktion – weitere Durchsuchungen nach Merseburger Bombenanschlag

Forscherreaktion – Wirtschaftsexperte lehnt Lohnnullrunde ab

Sinnlosaktion – verhinderter Einbrecher scheitert in Bitterfeld

Aufgabe 69.4

Weisen Sie in den Themenübersichten (1) und (2) nach, dass die Wiederholung des Präfixes *ver-* eine Ähnlichkeit der Wortbildungsprodukte in den Themenübersichten assoziiert, die sich bei genauerer Analyse relativiert.
Bestimmen Sie dazu die Wortbildungsart der sechs Wortbildungsprodukte mit dem Präfix *ver-*. Geben Sie für die Verben die Wortbildungsbedeutung an.
Überprüfen Sie den Motivationsgrad der Substantive.
Fügen Sie jedem der drei deverbalen Substantive ein präpositionales Attribut bei, das zum Beispieltext passt. Vergewissern Sie sich im GWDS, dass die attributiven Anschlüsse korrekt sind.

Aufgabenkomplex 70

In dem Nonsensevers "Es wird niemals sein" nutzt Hedwig Rohde Wortbildung als Stilmittel.

Es wird niemals sein

Die minnigen Schwestern
der grimmigen Brüder
schweigen vom feigen Schusterlein
und dem Fritz im Pech.
Rosendörnchen und Regenswattchen
verwandeln den Krötenkaiser
in einen Entenknecht.
Das Feuerstilzchen
ist noch kein Rumpenputtel.
Hänsel mir die Gretel nicht.
Der Suchfisch tischt das Decklein.
Herr Unholle knüppelt das Säcklein.
Und wenn sie geboren sind,
sterben sie erst morgen.

Hedwig Rohde

Aufgabe 70.1

(a) Nennen Sie die Märchentitel, die in diesem Nonsensevers wortspielerisch verändert worden sind.
(b) Stellen Sie die Wortbildungsprodukte zusammen, die Hedwig Rohde gegenüber den Märchentiteln abgewandelt hat. Beziehen Sie auch die Überschrift mit ein. Beschreiben Sie, in welcher Weise die Wortbildungsprodukte variiert sind. Welche Wortbildungsart dominiert?

Aufgabe 70.2

Welche anderen Wortbildungsprodukte außer den Märchentiteln sind auffällig? Worauf beruht ihre Auffälligkeit?

Aufgabe 70.3

Welche Wortbildungsbedeutung steht in (scheinbar) direktem Zusammenhang mit den Hauptrezipienten der (hier karikierten) Textsorte Märchen, den Kindern? Nennen Sie die entsprechenden Modifikationsprodukte.

Aufgabe 71

Max Dauthendeys Lyrik, der vor allem exotische Stoffe zugrunde liegen, wird als farbig, sinnlich-beschwingt und vergeistigt charakterisiert. Die Textsorte Gedicht zeichnet sich durch das Merkmal 'interpretationsoffen' aus.
Beschreiben Sie Zusammenhänge zwischen diesem Textsortenmerkmal und den Textwörtern in dem Gedicht "Regenduft". Arbeiten Sie mit den Kategorien Wortbildungstyp, Motiviertheit und Lexikalisiertheit, frameinterne/frameexterne Konstituenten.
Erklären Sie auch, wodurch die Textwörter gleichermaßen vertraut wie auch neuartig erscheinen.
Zum Textwort (= Okkasionalismus) vgl. BARZ 1996a, 307f.; zu Farbadjektiven vgl. FLEISCHER/BARZ 1995, 236.

Regenduft

Schreie. Ein Pfau.
Gelb schwankt das Rohr.
Glimmendes Schweigen von faulem Holz.

Flüstergrün der Mimosen.
Schlummerndes Gold nackter Rosen
Auf braunem Moor.

Weiße Dämmerung rauscht in den Muscheln.
Granit blank, eisengrau.
Matt im Silberflug Kranichheere
Über die Schaumsaat stahlgrüner Meere.

Max Dauthendey

Aufgabenkomplex 72

Aphorismen als literarische Kleinform zeichnen sich durch Pointiertheit, Originalität und sprachliche Verkürzungen aus. Spitzfindige und geistreiche Formulierungen sorgen für überraschende Wirkungen. Stanislaw J. Lec fügt seinen Aphorismen in den "Neuen unfrisierten Gedanken" (1968) noch einen Schuss Bitterkeit hinzu – aus Enttäuschung über die menschenfeindliche Welt.

Ich suche für den Menschen lediglich einen Stütz*punkt*. Für mehr reicht der Platz nicht aus. (S. 9)

Ich glaube an das Ende des organischen Lebens auf Erden – aber nicht an das des organisierten. (S. 18)
In manchen Staaten herrscht eine solche Öffentlichkeit des öffentlichen Lebens, daß sogar die Geheime Polizei öffentlich und überall bekannt ist. (S. 19)
Wie beurteilt man einen Staat am gerechtesten? Einfach – auf Grund seiner Gerichtsbarkeit. (S. 34)
Gleichberechtigung in Zeiten der Rechtlosigkeit, das ist was! (S. 36)
Menschen mögen, stellte ich fest, Gedanken, die nicht zum Denken zwingen. (S. 41)
Ach, so manches Atlantis gibts in den politischen Atlanten! (S. 42)
Der Mensch das Maß aller Dinge? Wie bequem! Einmal wird mit dem Riesen, ein anderes Mal mit dem Zwerg gemessen. (S. 43)
"Er hat ein Vogelhirn" – hieß es von einem Adler. (S. 44)
Ein Dialog mit einem Halbintelligenten gleicht einem Monolog eines Viertelintelligenten. (S. 51)
"Freiheit, Gleichheit, Brüderlichkeit!" Aber wie gelangen wir zu den Tätigkeitswörtern? (S. 53)
Verteidigung des Mörders: "Wie kann ein Mensch für unmenschliche Taten bestraft werden?" (S. 57)
Hätte man so viele Zuhörer wie Lauscher! (S. 57)
Ich soll so schreiben, daß jeder Wachtmeister es versteht? Nein! Ich beanspruche zumindest einen Hauptwachtmeister. (S. 58)

Stanislaw Jerzy Lec

Aufgabe 72.1

Finden Sie in den einzelnen Aphorismen die Wortbildungserscheinungen heraus, auf denen jeweils die Pointe beruht.
Beispiellösung: *Autovertreter verkaufen Autos, Versicherungsvertreter Versicherungen. Und Volksvertreter?* (Lec 1976, 13). Die Pointe beruht auf dem Spielen mit Gleichem und Ungleichem. Gleich ist der Wortbildungstyp der drei Substantive *Autovertreter*, *Versicherungsvertreter*, *Volksvertreter*: Synt + *-er* 'Nomen agentis' (oder doppeltmotiviert: S + S 'zugehörig'); gleich ist der lexikalische Anteil *-vertreter*; auch die Paraphrasen sind annähernd gleich:
<einer, der Auto(firma)/Versicherung(sfirma)/Volk vertritt>. Ungleich aber ist die Anwendung der Reihung *vertreten – verkaufen* auf *Auto* und *Versicherung* einerseits und *Volk* andererseits.

Aufgabe 72.2

Vergleichen Sie die literarischen Texte von Rohde (Aufgabenkomplex 70), Dauthendey (Aufgabe 71), Lec (Aufgabenkomplex 72) hinsichtlich der jeweils dominierenden stilbildenden Wortbildungserscheinungen.
Interpretieren Sie in diesem Zusammenhang EICHINGERS Entscheidung, größtenteils literarische Texte zur Illustration von "Wörtern im Text" heranzuziehen: „Das geschieht nicht zuletzt in der Hoffnung, in diesen bewussten

Verwendungen von Sprache auch an den Rand der üblichen Möglichkeiten zu kommen.“ (EICHINGER 2000, 5)
Suchen Sie weitere Aphorismen und andere Kleintexte, deren Pointen auf Wortbildung beruhen.

Aufgabe 73

An der Gestaltung von rhetorischen Stilfiguren hat die Wortbildung Anteil: am Wortspiel i.e.S. (Paronomasie/Annominatio), aber auch an anderen Tropen und Figuren wie Antithese, Chiasmus/Antimetabole, Figura etymologica, Ironie, Kontamination, Klimax, Litotes, Metapher, Oxymoron, Parallelismus (vgl. FIX/ POETHE/YOS 2001, 56ff.). Im Projekt “grammis” des Instituts für Deutsche Sprache, Mannheim (www.ids.mannheim.de) wird das Wortspiel „zu den Wortbildungsarten im weiteren Sinne“ gezählt.
Bestimmen Sie in den folgenden Beispielen jeweils die Stilfigur und beschreiben Sie, wie die Wortbildung an der Gestaltung beteiligt ist. (In einigen Fällen wirken verschiedene Stilfiguren zusammen.)

(a) *einen schweren Gang gehen*
(b) *Das Undenkbare denken* (Titel einer Universitätsrede von J. Mittelstraß)
(c) *Die einstige Super-Schwimmerin macht ergebnistechnisch nur Rück- statt Fortschritte.*
(d) *Weltbilder – Bilderwelten* (Titel einer Ringvorlesung an der Universität Konstanz)
(e) *Fremde Vertrautheit und vertraute Fremdheit*
(f) *Kompromissgeburt*
(g) *Deutsche Fußball-Fans trauern, deutsche Football-Fans jubeln* (Zeitungsüberschrift)
(h) *Klangfarbe – Farbenklang* (Veranstaltung der Volkshochschule zu Grundlagen der Farbenlehre)
(i) Ein Filialleiter zeigte sich zu Beginn des Winterschlussverkaufs *nicht ganz unzufrieden.*
(j) *eine alte Hofdame des regierenden Häuschens von Haßlau* (Jean Paul nach Handler 1993, 98f.)
(k) *Zweitjob? Drittjob? Viertjob? Zu Geld kommt man auch anders* (Plakatwerbung)
(l) *Morgen wiesenfest zum Wiesenfest* (Zeitungsüberschrift)
(m) Reinhard Mey wurde nach einer Zeitungsmeldung zum ersten *Bootschafter* der Deutschen Gesellschaft zur Rettung Schiffbrüchiger ernannt
(n) *Die Sonne streckt ihr Strahlenbein ...* (aus einem Gedicht von G. Maurer)

Sammeln Sie weitere Belege für Tropen und Figuren (Titel, Überschriften, Werbetexte u. Ä.), an denen Wortbildungserscheinungen beteiligt sind.

2.4 Wortbildung und Orthographie

Wortbildungsprodukte sind nicht nur semantisch und grammatisch, sondern auch orthographisch neue, relativ selbständige Einheiten, deren Schreibung von verschiedenen Prinzipien bestimmt wird. Zwischen Wortbildung und Wortschreibung bestehen insofern enge Zusammenhänge, als Wortbildungsprozesse und -strukturen Konsequenzen für die Schreibung haben und orthographische Regeln häufig mit Begriffen der Wortbildung begründet werden (vgl. dazu ausführlicher POETHE 2000b). Besonders bei okkasionellen, textgebundenen Bildungen, die in keinem Wörterbuch zu finden sind, müssen Schreibende ihr zumindest intuitives Wortbildungswissen aktivieren. Die Wortbildungslehre wiederum hatte auf die Neuregelung der amtlichen deutschen Rechtschreibung von 1998 zu reagieren.

Bestimmt man den Terminus Wort auf der orthographisch-graphemischen Ebene als Segment, das durch Leerstellen im Schriftbild isoliert wird (BUßMANN 1990, 849), dann erfasst man den Normalfall, die Getrenntschreibung selbständiger Wörter. Zusammenschreibung gilt allgemein als graphischer Ausdruck der mit Wortbildung verbundenen Univerbierung. (Nach SCHAEDER 1997, 295 muss Univerbierung allerdings nicht notwendig zur Zusammenschreibung führen.) Was in der Rechtschreibung als ein Wort zu gelten hat, wird vorwiegend durch formalgrammatische Kriterien bestimmt und ist aus der Sicht der Wortbildung zumindest zu problematisieren (vgl. z. B. die Argumentation bei BARZ 1999 zu Bildungen wie *Tomaten Ketchup, Toyota Händler*). Im Wortinnern regelt neben dem dominierenden phonographischen Prinzip vor allem das morphologische Prinzip (auch: Morphemkonstanz/Schemakonstanz/Stammprinzip) die Schreibung (zu den orthographischen Prinzipien vgl. EISENBERG 1998a, 286ff.; 1998b, 59ff.). Dieses Prinzip beruht auf der allgemeinen Tendenz, die Einheitlichkeit von Morphemen auch bei lautlicher Varianz, d. h. bei Allomorphie, zu bewahren und über das Schriftbild einen schnellen Zugriff auf die gemeinsame Bedeutung zu ermöglichen. Die Groß- und Kleinschreibung am Wortanfang wird hauptsächlich durch das grammatisch-lexikalische Prinzip der Wortartzugehörigkeit begründet (vgl. NERIUS 1989, 153ff.; vgl. auch Abschnitt 2.1).

Schwerpunkte der folgenden Aufgaben sind das für wichtige Rechtschreibbereiche relevante Wortbildungswissen sowie die mit orthographischen Besonderheiten verbundenen Wortbildungserscheinungen.

Grundlage für die normativen Entscheidungen bilden die seit dem 1.8.1998 geltende „Amtliche Regelung der deutschen Rechtschreibung" (DUDEN 1996, 861-910; DUDEN 2000, 1113-1152) sowie die Einzelfallentscheidungen in den jeweiligen Wörterverzeichnissen.

Die Angaben R ... in den Lösungen zu den Aufgaben dieses Abschnitts beziehen sich auf die Duden-Richtlinien im DUDEN 1996; K ... auf die Kennziffern im DUDEN 2000; § ... auf die „Amtliche Regelung".

Wortbildung und Prinzipien der Wortschreibung

Aufgabe 74

Orthographische Regeln sind zu einem Teil durch Wortbildungsregularitäten begründet und werden auch mit den entsprechenden Begriffen aus der Wortbildungslehre beschrieben. Informieren Sie sich anhand der Übersicht über die nach Kennziffern gegliederte Darstellung der „Rechtschreibung und Zeichensetzung“ in DUDEN 2000, 19ff. darüber, was Schreibende bei der Anwendung der Regeln über die Wortbildung wissen sollten.

Aufgabe 75

Zeigen Sie anhand der Wortbildungsprodukte *entfernen – endlos, hoffentlich* (im Gegensatz zu *hoffend), todmüde – totschießen, der/die Jugendliche, die Bläue (des Himmels), das Befahren (der Straße),* welches Wortbildungswissen bei der Wortschreibung einzubringen ist. Welches orthographische Prinzip regelt jeweils die Schreibung?

Aufgabe 76

Stellen Sie, ausgehend von dem Kernwort *alt*, ein Wortbildungsnest zusammen. Welche Wortbildungsarten sind darin vertreten? Welche orthographischen Prinzipien regeln die Schreibung? Warum wird das zur Wortfamilie von *alt* gehörende Wort *Eltern* nicht mit *Ä* geschrieben (vgl. Aufgabe 108.3)?

Aufgabenkomplex 77

Zu den wichtigsten Merkmalen des deutschen Schriftsystems gehört das morphologische Prinzip, auch Stammprinzip, Prinzip der Morphem- oder Schemakonstanz genannt. Die Stärkung dieses Prinzips – ein besonderes Anliegen der Rechtschreibreform – unterstützt den Orthographieerwerb nach Strukturen und nicht nach Einzelschreibungen (BLÜML 1997, 19). Am Grad der Beherrschung dieses Prinzips zeigt sich die im Schriftspracherwerb erreichte Entwicklungsstufe.

Aufgabe 77.1

Zeigen Sie an desubstantivischen substantivischen bzw. adjektivischen Wortbildungsprodukten mit den Suffixen *-chen, -lein, -in; -isch, -lich, -ig* sowie an desubstantivischen bzw. deadjektivischen substantivischen Wortbildungsprodukten mit *-ling, -e*, wie und in welchen Fällen das morphologische Prinzip bei der Schreibung von Derivaten wirksam wird.

Aufgabe 77.2

Die Neuregelung der Rechtschreibung hat dem morphologischen Prinzip zu konsequenterer Geltung verholfen. Wie äußert sich das in den Wörtern *aufwendig, Stengel, Schenke, potentiell, Justitiar, plazieren/placieren, numerieren, Stammorphem*, die hier noch nach der alten Rechtschreibung angeführt sind? Gehen Sie dabei auch auf die jeweiligen Wortbildungsvorgänge ein.

Aufgabe 77.3

Das morphologische Prinzip gilt auch für die Schreibung von Wortbildungsmorphemen. Vervollständigen Sie das Suffix: *Referen_, Rehabilitan_, Diploman_, Promoven_, Informan_, Summan_, Subtrahen_*. Worin unterscheiden sich die Bedeutungen von *-ant/-ent* und *-and/-end*? Ziehen Sie zur Lösung FLEISCHER/BARZ 1995, 189 heran.

Aufgabe 77.4

Welches Prinzip regelt die Schreibung, wenn infolge von Wortbildungsprozessen drei gleiche Vokale oder Konsonanten zusammentreffen? Stellen Sie zur Illustration jeweils fünf adjektivische und substantivische Wortbildungsprodukte zusammen. Welche alternative Möglichkeit hat der Schreiber und bei welcher Wortart ergeben sich dabei orthographische Besonderheiten?

Aufgabe 78

(a) Bestimmen Sie den Status der Fremdelemente *graph, phot, phil, ortho, thek, therm* als Wort, Affix oder Konfix. Bei welchen Elementen besteht aufgrund der eindeutschenden Schreibung Allographie?

(b) Bilden Sie ein Wortbildungsnest mit dem Kernelement *graph*. Welche Wortbildungsarten sind darin vertreten?

Wortbildung in den einzelnen Rechtschreibbereichen

Aufgabenkomplex 79

Im Bereich der Getrennt- und Zusammenschreibung sind von der Neuregelung am stärksten die Wortbildung des Verbs und die des Adjektivs betroffen. (Zu Bedingungen der Trennbarkeit von Verben vgl. Aufgaben 27, 42.2.)

Aufgabe 79.1

Begründen Sie an *getrennt schreiben – großschreiben, Staub saugen – staubsaugen, halb geöffnet – halbamtlich*, warum sich bei der Getrennt- und Zusammenschreibung besonders bei Verben sowie bei Adjektiven mit Partizip I und II als Zweitglied Ermessensentscheidungen ergeben, während die Schreibung von substantivischen Komposita (z. B. *Blumentopf, Hochhaus, Schreibtisch)* im Allgemeinen unproblematisch ist. (Vgl. Aufgabe 10, 33.)

Aufgabe 79.2

Kompositum oder syntaktische Fügung? Begründen Sie Ihre Entscheidung mit der entsprechenden Rechtschreibregel. Gibt es Ausnahmen von der Grundregel? Welches formale Mittel signalisiert immer Zusammenschreibung (vgl. § 36 (1) der „Amtlichen Regelung")?

eine (Fleisch fressende) Pflanze
die (Metall verarbeitende) Industrie
eine (durch einen Computer gesteuerte) Maschine
die (die Umwelt schädigenden) Substanzen
eine (das Geschäft schädigende) Entscheidung

der (durch den Beruf bedingte) Umzug
ein (zum Gebrauch fertiges) Produkt
die (Besitz anzeigenden) Fürwörter
die (Reihen bildenden) Kompositionsglieder

Aufgabe 79.3

Übertragen Sie die adjektivischen Komposita aus dem folgenden Text in die neue Rechtschreibung. Nach welchen Regeln erfolgt die Schreibung der adjektivischen Komposita mit Partizip I als Zweitglied?

Natürliche Fruchtsäfte und ihre Wirkung

Apfelsaft trägt zur Entspannung und Beruhigung bei und wirkt bei Erkrankungen des Zentralnervensystems positiv. Apfelsüßmost wirkt sehr erfolgreich gegen Verstopfung. Himbeersaft wirkt bei Kranken, die Fieber haben, nicht nur durststillend, sondern auch fiebersenkend. Heidelbeersaft hat eine bakterientötende Wirkung und ist bei Durchfällen ein schnelles und wirksames Heilmittel. Brombeersaft besitzt entzündungshemmende Eigenschaften und wirkt wohltuend bei Erkältungskrankheiten. Schwarzer Johannisbeersaft eignet sich besonders zur Ankurbelung der Zellfunktionen, vor allem der empfindlichen, hormonbildenden Drüsen, und zur Infektionsverhütung. Der schwarze Holunderbeersaft mit seinem hohen Vitamin-B-Gehalt wird erfolgreich bei Nierenentzündungen verwendet, da die Beeren einen blutreinigenden Effekt auf alle inneren Organe haben.

(Kalenderblatt 1994)

Aufgabe 79.4

Bei der Komposition mit Partizipien folgten nach der Darstellung in der 5. Auflage der Duden-Grammatik (WELLMANN 1995, 516f.) noch zwei Drittel der mit Partizip I gebildeten Komposita dem Muster, dass das substantivische Erstglied einem valenzabhängigen Akkusativ entspricht (z. B. *erdölproduzierend*). Welche Konsequenzen ergeben sich aus der Neuregelung der Rechtschreibung für diesen Wortbildungstyp (vgl. dazu WELLMANN 1998, 533)? Begründen Sie in diesem Zusammenhang die Auffassung Eisenbergs, dass die Neuregelung einen klaren Systemverstoß bedeute (EISENBERG 1998a, 320).

Aufgabe 79.5

Einen produktiven Wortbildungstyp innerhalb der Adjektivkomposition stellen bei WELLMANN (1995, 517f.) Bildungen mit einem adjektivischen Erstglied dar, das in adverbialer Beziehung zum Partizip I oder II steht (z. B. *wildwachsend, hartgekocht*). Was ist aus diesem Strukturtyp nach der Neuregelung geworden? Überprüfen Sie Ihre Überlegungen in WELLMANN 1998, 533f.

Aufgabe 79.6

Inwiefern spielt die Wortbildungsbedeutung bei der Zusammenschreibung von Adjektiven mit *bitter, halb, ganz, dunkel, super* als Erstglied eine Rolle (z. B. *es ist bitterkalt* 'sehr kalt'? Bilden Sie jeweils adjektivische Komposita mit diesen Elementen als Erstglied. Beachten Sie auch den Wortakzent.

Aufgabenkomplex 80

Der „Schreibung mit Bindestrich" ist angesichts der verschiedenen Funktionen des Bindestrichs und veränderter Normen in der neuen amtlichen Regelung ein eigener Abschnitt gewidmet (der Ergänzungsstrich wird innerhalb der Zeichensetzung behandelt). Bei der Schreibung von Wortbildungsprodukten mit Bindestrich ist wichtig zu wissen, dass in bestimmten Fällen obligatorische Regeln befolgt werden müssen, dem Schreibenden aber auch mehr Spielräume für eigene Entscheidungen eingeräumt worden sind.

Aufgabe 80.1

Nennen Sie die wichtigsten Wortbildungstypen, in denen nach der amtlichen Regelung ein Bindestrich gesetzt werden muss.

Aufgabe 80.2

Bilden Sie aus den syntaktischen Fügungen Komposita.

> *eine Bahn, die über Berg und Tal führt; ein Vertrag, der über 5 Jahre abgeschlossen wird; das Foyer, das nach Max Klinger benannt ist; der Arzt für Hals, Nase und Ohren; die Beatmung von Mund zu Mund*

Welche morphologische Struktur hat jeweils das Erstglied? Welche Konsequenzen ergeben sich daraus für die Schreibung?

Aufgabe 80.3

In „unübersichtlichen Zusammensetzungen" (DUDEN 2000, K 22) kann ein Bindestrich gesetzt werden. So ist bei folgenden Wortbildungsprodukten auch die Schreibung mit Bindestrich möglich.

> *Leichtathletikländerkampf, Haushaltfreiarmnähmaschine, Kinderspielzeugartikel, Weltfrauenkonferenz, Lohnsteuerermäßigungsantrag, Flüssigwasserstofftank*

Welche Rolle spielt die UK-Struktur bei der Bindestrichschreibung?

Aufgabe 80.4

Kürzen Sie folgende Wortgruppen, indem Sie identische Wortbestandteile durch einen Ergänzungsstrich ersetzen.

> *Beladung und Entladung, Ausfuhr und Einfuhr, saftlos und kraftlos, Lederherstellung und Ledervertrieb, Feldfrüchte und Gartenfrüchte, Kreuzung Kantstraße/Karl-Liebknecht-Straße, Ecke Karl-Heine-Straße und Weißenfelser Straße*

Welchen Morphemstatus haben die eingesparten Wortteile? Überprüfen Sie, ob die Einsparungen immer UK darstellen müssen oder ob es sich auch um andere Segmente handeln kann.

Aufgabe 80.5

Bestimmen Sie in dem folgenden Text die Bindestrichschreibungen nach der Wortbildungsart und begründen Sie die Schreibungen mit den entsprechenden Rechtschreibregeln. Sammeln Sie in Pressetexten weitere Belege für Bindestrichschreibungen in Wortbildungsprodukten. Geben Sie zusammenfassend an, welche strukturellen und/oder funktionalen Gründe für die Schreibung mit Bindestrich von Bedeutung sind.

> Hohn und Spott für „DFB-Alterchen"
>
> Pressestimmen zum Niedergang des entthronten EM-Champions
>
> Kübelweise Hohn und Spott, in die sich aber auch eine Prise Mitleid für eine sterbende Fußball-Nation mischte, ergoss sich am Tag nach dem sang- und klanglosen Vorrunden-Aus bei der EURO 2000 im In- und Ausland über der deutschen Nationalelf. „Die Reserve schlägt die Alterchen", spottete die niederländische Zeitung „Trouw" am Mittwoch nach der peinlichen 0:3-Pleite gegen Portugals B-Auswahl. Auch in der Heimat rechnete die Presse mit den enttäuschenden DFB-Kickern gnadenlos ab.
>
> (Nach: LVZ, 22.6.2000)

Aufgabe 80.6

Welche Funktion hat der Bindestrich in den folgenden Beispielen: *ein Land erfahren, Wörter-Buch* (im Buchtitel von HERBERG/STEFFENS/TELLENBACH 1997), *Sind Sie pausen-los fit?* (Hinweisschild an der Autobahn), *Tat-Orte-Wettbewerb* (der Deutschen Bundesstiftung Umwelt und des Deutschen Instituts für Urbanistik)?

Aufgabenkomplex 81

Wortbildungsprozesse haben nicht selten Konsequenzen für die Groß- und Kleinschreibung. Einsichten in Wortbildungsstrukturen helfen in der Rechtschreibpraxis bei der Entscheidung über Groß- oder Kleinschreibung.

Aufgabe 81.1

Erläutern Sie am Rechtschreibbereich Groß- und Kleinschreibung den Zusammenhang zwischen Wortbildung, Grammatik und Orthographie. Ziehen Sie dazu DUDEN 2000, 49ff. heran.

Aufgabe 81.2

In der „Amtlichen Regelung" ist im Zusammenhang mit der Groß- und Kleinschreibung von „Substantivierung" und „Desubstantivierung" die Rede. Welche Wortbildungsart ist damit gemeint? Zeigen Sie an Beispielen aus dem Text in Aufgabe 15 sowie an weiteren selbst gewählten Beispielen, welche morphologischen Strukturen dabei im Einzelnen vorliegen können. Welche Typen sind besonders produktiv (vgl. dazu FLEISCHER/BARZ 1995, 291ff.)?

Aufgabe 81.3

Welche Eigenschaft von Suffixen können sich Schreibende bei der Entscheidung über Groß- oder Kleinschreibung von Wortbildungsprodukten zunutze machen? Überprüfen Sie, ob das auch für Wortbildungsprodukte mit Präfixen gilt.

Aufgabenkomplex 82

Für die Worttrennung am Zeilenende gilt als Grundregel, dass nach Sprechsilben, die sich beim langsamen Sprechen von selbst ergeben, zu trennen ist. Aus der Sicht der Wortbildung ist die Silbe als phonetisch-phonologische Einheit ohne Morphemstatus nur von untergeordnetem Interesse. In bestimmten Fällen spielen bei der Worttrennung aber auch Wortbildungsstrukturen eine Rolle.

Aufgabe 82.1

Welchem orthographischen Prinzip folgt die bei den Adverbien *hinauf, hinüber, darin, warum, worin* usw. mögliche Worttrennung *hin-auf, hin-über, dar-in, war-um, wor-in*? Welche Wortbildungsart lässt sich hier bei diachroner Betrachtung erkennen? Welches orthographische Prinzip liegt der neuen Trennungsvariante *hi-nauf, hi-nüber, da-rin, wa-rum, wo-rin* zugrunde?

Aufgabe 82.2

Inwiefern bedeutet die neu geregelte Worttrennung der Fremdwörter *Abi-tur, Chi-rurg, Päda-goge, Syno-nym, Vita-min* gegenüber der früheren Trennung *Ab-itur, Chir-urg, Päd-agoge, Syn-onym, Vit-amin* eine Erleichterung für den Schreibenden?

Aufgabe 82.3

Warum sollten Worttrennungen am Zeilenende wie *Altbauer-haltung, Spargel-der, bein-halten, Drucker-zeugnis, Musiker-leben* vermieden werden? Vgl. dazu die Hinweise unter dem Stichwort „Worttrennung“ im Abschnitt „Rechtschreibung und Zeichensetzung“, Duden 2000.

Orthographische Besonderheiten ausgewählter Wortbildungserscheinungen

Aufgabenkomplex 83

Sowohl mit der Wortkürzung als auch mit der Bildung von Wörtern, in denen Kurzwörter eine UK darstellen (Kurzwort-Wortbildung), sind bestimmte rechtschreibliche Besonderheiten, vielfach auch Unsicherheiten verbunden. Zu grammatischen Besonderheiten vgl. Aufgabe 36.4.

Aufgabe 83.1

Führen Sie folgende Kurzwörter auf ihre Vollform zurück: *ABM, ADAC, BAföG/Bafög, DIHT, IHK, TÜV*. Was ist bei der Schreibung der Vollformen zu beachten? Welche Bedeutungsentwicklung hat *Bafög* genommen?

Aufgabe 83.2

Wie lassen sich die Kürzung und die Mischung von Groß- und Kleinschreibung innerhalb von Kurzwörtern wie *BStMdI < Bayerisches Staatsministerium des Innern, BVerfG < Bundesverfassungsgericht, BAföG < Bundesausbildungsförderungsgesetz, LadschlG < Ladenschlussgesetz, StGB < Strafgesetzbuch,*

StPO < *Strafprozessordnung, StVZO* < *Straßenverkehrs-Zulassungs-Ordnung* erklären? Ziehen Sie dazu die Erklärungen in Duden 2000, 21f., 49 heran.

Aufgabe 83.3

Informieren Sie sich in Kobler-Trill 1994, 62ff., 88 über die verschiedenen Typen von Kurzwörtern. Zeigen Sie an Kurzwörtern wie *Abi, Abo, Akku, Auto, Bus, Dia, Foto, Labor, Lok, Uni; Kfz, ÖTV, UKW, WM*, dass für die verschiedenen Typen auch bei der Kurzwort-Wortbildung unterschiedliche orthographische Festlegungen gelten. Ziehen Sie dazu die entsprechenden Kennziffern im Abschnitt „Rechtschreibung und Zeichensetzung“ in Duden 2000 heran. Welche Schreibung entspricht der amtlichen Regelung: *EDV-mäßig* oder *EDVmäßig*?

Aufgabe 83.4

Mit oder ohne Bindestrich? Bilden Sie substantivische Komposita und (wenn möglich) Derivate mit folgenden Kurzwörtern: *EDV, Profi, Trafo, Akku, ÖTV, FKK, U-Bahn, Aids, Radar.* Nutzen Sie dazu auch die Möglichkeit der Recherche in elektronischen Wörterverzeichnissen (vgl. Abschnitt 2.5).

Aufgabe 83.5

Bilden Sie Komposita mit den Kurzwörtern *Tbc, EDV, FCKW, TÜV* als Erstglied und den Adjektiven *krank, gerecht, frei, geprüft* als Zweitglied. Was ist bei der Schreibung zu beachten? Wie sind substantivische Komposita mit Abkürzungen wie *km, cm* und Einzelbuchstaben wie *i, n, T, x* als Erstglied zu schreiben?

Aufgabenkomplex 84

Die Schreibung onymischer und deonymischer Wortbildungsprodukte richtet sich z. T. nach den allgemeinen Rechtschreibregeln, folgt z. T. aber auch besonderen Regelungen oder Empfehlungen (vgl. auch die Schreibung von Familiennamen wie *Becker*, von Ortsnamen wie *Lindenthal,* die von appellativischen Benennungen stammen). Für Eigennamen gilt grundsätzlich, dass sie immer so geschrieben werden müssen, wie sie amtlich festgelegt sind.

Aufgabe 84.1

Für die Schreibung der Namen von öffentlichen Straßen, Plätzen u. Ä. gelten im Allgemeinen dieselben Regeln wie für sonstige Namen (Duden 2000, 84). Bilden Sie aus den syntaktischen Fügungen Straßennamen.

> *Straße, die nach Berlin führt; Straße, die nach Gabelsberger benannt ist; Damm, der nach den Wikingern benannt ist; Straße, die nach Johann Sebastian Bach benannt ist; Straße, die nach Eduard von Hartmann benannt ist; Straße, die nach E. T. A. Hoffmann benannt ist; Markt, der als neu charakterisiert wird*

Begründen Sie die Schreibung. Gehen Sie dabei auch auf die Wortbildungsart und auf formale und semantische Eigenschaften von UK ein.

Aufgabe 84.2

Wie sind aus der Sicht der allgemeinen Rechtschreibregeln folgende Schreibungen zu bewerten: *Max Niemeyer Verlag, Stam Verlag, Johann Wolfgang Goethe-Universität; StudentInnenrat, LernSprache Deutsch* (Name einer Zeitschrift), *TechnikCenter Leipzig* (Name eines Vereins), *WortEnde* (Titel einer Veranstaltung), *KapitalBrief, InternetBanking* (Angebote der Sparkasse)? Welche spezielle Benennungsfunktion haben die genannten Wortbildungsprodukte?

Aufgabe 84.3

Suchen Sie aus einer Tageszeitung Komposita mit Eigennamen als UK heraus. Wird die Schreibung mit oder ohne Bindestrich in der Praxis bevorzugt? Welche Gründe sind dabei bestimmend? Ziehen Sie dazu die entsprechenden Kennziffern in DUDEN 2000 heran.

Aufgabe 84.4

Bilden Sie auf der Grundlage folgender syntaktischer Fügungen deonymische Wortbildungsprodukte. Begründen Sie deren Schreibung. Wo sind Schreib- bzw. Strukturvarianten möglich?

> *ein Motor, der nach seinem Erfinder Diesel benannt ist; Dramen von Schiller; das Jahr, in dem Goethe besonders geehrt wird; eine Entscheidung, die Moskau gegenüber freundlich ist; Sehenswürdigkeiten von Leipzig; Urlaubsziele in Italien; Romane von Heinrich Mann*

Normunsicherheiten bei der Schreibung von Wortbildungsprodukten

Aufgabenkomplex 85

Die Schwierigkeiten bei der Anwendung der Rechtschreibregeln auf Wortbildungsprodukte bestehen für den Schreibenden vor allem darin, dass er die allgemeinen Regeln auf den konkreten Einzelfall beziehen muss und dass textgebundene, okkasionell gebildete Wörter in keinem (orthographischen) Wörterbuch zu finden sind (wie in dem Satz *Im Idealfall wird die Analyse als ein Aufeinander-zu-Arbeiten beider Disziplinen realisiert.).*

Aufgabe 85.1

Wählen Sie in folgendem Text die Schreibung aus, die der neuen amtlichen Regelung entspricht. Welche Schreibung entspricht der alten Regelung und gilt damit als überholt? Welche Schreibungen sind falsch? Bedenken Sie, dass in bestimmten Fällen auch Varianten möglich sind. Begründen Sie die Schreibung der Wortbildungsprodukte mit der Wortbildungsart und der morphologischen Struktur.

> Erneuter Angriff – Kampfhund beißt Radfahrerin ins Gesicht
>
> Erneut hat ein Kampfhund einen Menschen angefallen und (*schwer verletzt/schwerverletzt*): In Rostock biss ein Pitbull eine (*26jährige/26-jährige*)

Radfahrerin (*Krankenhaus reif/krankenhausreif*), wie die Polizei mitteilte. Beim Angriff des Hundes sei die Frau vom Fahrrad gefallen, und der Pitbull habe sich auf sie gestürzt. Das Tier sei zwar an einer (*so genannten/sogenannten*) (*Rolleine/Rollleine/Roll-Leine*) ausgeführt worden, habe aber vom Hundehalter offenbar nicht gestoppt werden können.
Unterdessen muss in Berlin ein Hundebesitzer die Drohung mit seinem Pitbull mit 18 Monaten Haft büßen. Der (*24jährige/24Jährige/24-jährige/24-Jährige*) hatte im vergangenen Sommer eine (*Schuhverkäuferin/Schuh-Verkäuferin*) einschüchtern wollen, die seine Freundin beim Diebstahl von einem Paar Herrenschuhe ertappt hatte.

(Nach einer Zeitungsmeldung)

Aufgabe 85.2

Entscheidungen über Getrennt- oder Zusammenschreibung sind oft in Verbindung mit Entscheidungen über Groß- oder Kleinschreibung und Bindestrichschreibung zu treffen, so z. B. bei der substantivischen Konversion komplexer syntaktischer Fügungen (nach § 43 „substantivisch gebrauchte Infinitive mit mehreren Bestandteilen"). Da diese Konversionen meist textgebunden erfolgen, ist der Schreibende hier in besonderem Maße auf die Anwendung der entsprechenden Rechtschreibregel angewiesen.
Bilden Sie aus den folgenden verbalen Wortgruppen substantivische Konversionsprodukte *(aufeinander zu arbeiten > das Aufeinander-zu-Arbeiten).*

infrage stellen/in Frage stellen, zustande/zu Stande kommen, sich gehen lassen, in den Tag hinein leben, in Kraft treten, etwas auf die lange Bank schieben

Begründen Sie die Schreibung mit der „Amtlichen Regelung" oder mit den entsprechenden Kennziffern im Abschnitt „Rechtschreibung und Zeichensetzung" (DUDEN 2000).

Aufgabe 85.3

In der Anwendung der Rechtschreibregeln zeigen mitunter auch professionell Schreibende Unsicherheiten. Suchen Sie in den folgenden Beispielen aus Tageszeitungen und Aushängen die Schreibungen heraus, die nicht den Regeln der neuen Rechtschreibung entsprechen. Beziehen Sie in die Begründung der normgerechten Schreibung Wortbildungsregularitäten ein.

(a) *Kenntnisse in der Anwendung Arbeitsplatz bezogener PC-Technik; eine Ursachen bezogene Frühdiagnostik*
(b) *bei einem erfolgversprechenden Mix aus Kultur ...*
(c) *Die Schützengesellschaft besitzt aufgrund der nahen Wohnbebauung nur einen weniger Schall intensiven Kugelschießstand.*
(d) *die Voraussetzungen für einen ehrlichen und Tabu freien Dialog ...*
(e) *die 29jährige Pianistin, zum 100jährigen Bestehen*
(f) *Der heute 60jährige designte für so bedeutende Manufakturen ...*

(g) *Das Pflegeheim wird 80 älteren Menschen ein neues zu Hause bieten.*
(h) *u-bahnblau und s-bahngrün*
(i) N*utzen Sie unser Angebot zum Kennen lernen der 1. Klasse!*
(j) *... höhere Aufwändungen für den Straßenbau ...*
(k) *Es wäre technologisch möglich gewesen, die Schützenhofbrücke so zu sanieren, dass der Verkehr halb seitig an der Baustelle vorbeigeführt werden kann.*

Aufgabe 86

Wie sind nach der amtlichen Rechtschreibung folgende graphische Varianten zu bewerten: *InterCityExpress, TouristikZug, BahnCard, Boden Service, Opel Händler, Tomaten Ketchup?*
Welche Gründe könnten zu diesen Schreibungen geführt haben? Diskutieren Sie in diesem Zusammenhang den Einwort-Status der Gefüge und die Wortbildungsart. Sammeln Sie weitere Belege zu diesen Mustern der Gegenwartssprache. Vgl. ausführlicher dazu BARZ 1999; EWALD 1997; STEIN 1999; zur Schreibung komplexer Anglizismen vgl. AUGST 1992.

2.5 Wortbildung und Lexikographie

Über das didaktische Prinzip des Nachschlagens im Wörterbuch hinaus, das für zahlreiche Übungen und Aufgaben in allen Abschnitten gilt, werden in diesem Abschnitt Zusammenhänge zwischen Phänomenen der Wortbildung und lexikographischen Prinzipien thematisiert. Es soll deutlich werden, wie Lexikographen Wortbildungserscheinungen systematisch erfassen und wie sie sie dem Wörterbuchbenutzer bewusst und abrufbar machen (vgl. dazu auch REICHMANN 2001, 3.3.5.10., 3.3.7.5; BARZ/SCHRÖDER 2001, 4.7.). Wörterbücher kondensieren Wortbildungswissen, und zwar innerhalb ihrer Makrostruktur (Lemmainventar und Anordnungsprinzipien), ihrer Mikrostruktur (Information über die Lemmata) und ihrer Mediostruktur (Verweissystem).
In allgemeinen einsprachigen Bedeutungswörterbüchern und in den ihnen nahe stehenden Lernerwörterbüchern sind Wortbildungsphänomene in die lexikographische Gesamtkonzeption integriert. Lemmafähig sind lexikalisierte Wortbildungsprodukte aller Wortbildungstypen als Haupt- und ggf. als Untereinträge. Aber auch Kombineme und besonders aktive Kompositionsglieder können als sog. Strichlemmata erscheinen, wie *be-* und *-intensiv* im LWB. Lexikographisch relevant sind Strukturiertheit und Motiviertheit von Wortbildungsprodukten, Eigenschaften, die Simplizia nicht aufweisen:
Beispielsweise besitzen im LWB die Haupteinträge zu *Kanne* oder *krönen* Untereinträge wie *Gieß-; Kaffee- ...; Blech- ...* bzw. *Krönung*, die auf regelmäßigen Kompositions- und Derivationsstrukturen und semantischer Erschließbarkeit beruhen. Zu Anordnungsprinzipien in Lernerwörterbüchern vgl. ZÖFGEN 1985, 32ff.

In Wortbildungswörterbüchern bilden Wortbildungsphänomene die Basis für die lexikographische Gesamtkonzeption. Morphem- und Abkürzungswörterbücher haben Wortbildungsmittel bzw. Wortbildungsprodukte einer besonderen Wortbildungsart als spezielle Lemmatypen. Ein Wortfamilienwörterbuch stellt Wortbildungsprodukte nach ihrer etymologischen Verwandtschaft zusammen. Zu etymologischen Wörterbüchern vgl. Abschnitt 2.6.
Wortbildungsprodukte und Wortbildungsmittel werden zunehmend auch elektronisch gespeichert. Auffällig groß ist die Anzahl von Akronymverzeichnissen im Internet, deren lexikographische Information zu einzelnen Akronymen allerdings meistens auf die Angabe der Vollformen beschränkt ist (SCHRÖDER 2000a, 98f.). Sowohl in elektronischen Korpora wie auch in CD-ROM-Versionen von Printwörterbüchern bieten die entsprechenden Recherchesysteme vielfältige Möglichkeiten, Suchfragen zur Wortbildung unabhängig von der alphabetischen Anordnung gezielt nachzugehen. Auch die Frage, ob z. B. *Umwelt* häufiger als erste, seltener als zweite UK vorkommt, ist sicherer mit Hilfe eines Recherchesystems wie COSMAS (www.ids-mannheim.de) zu beantworten. In der CD-ROM-Version des GWDS kann man den lemmatisierten Kürzungsprodukten per Mausklick rascher auf die Spur kommen und über Verweise auf die Vollformen die Mediostruktur des Wörterbuchs nutzen. Da die offenen elektronischen Korpora ständig aktualisierbar sind, bieten sie für den lexikographischen Umgang mit Wortneubildungen und ihrer Beschreibung in der Wortbildungslehre eine nützliche und effektive Datenquelle. In diesem Zusammenhang warnt Reichmann zwar zu Recht vor der „durch den Computer ermöglichte/n/ Flucht in die Quantität" (REICHMANN 2001, 3.3.7.4.). Aber unbestritten liefern elektronisch abrufbare Häufigkeitsangaben willkommene Entscheidungskriterien für die Inventarisierung von Wortbildungsprodukten und Kombinemen. Und der erweiterte Zugriff auf Korpustexte hilft bei der lexikographischen Dokumentation von Lesarten und beim Gebrauch der zu lemmatisierenden Wortbildungsprodukte.

Wortbildung in allgemeinen einsprachigen Wörterbüchern

Aufgabenkomplex 87

In allgemeinen einsprachigen Wörterbüchern werden in zunehmendem Maße neben Wortbildungsprodukten auch produktive Wortbildungsmittel und -muster berücksichtigt. Für die folgenden Aufgaben wurden das GWDS und DUDEN 10 als Beispiele ausgewählt. Die Aufgabenstellung lässt sich auch auf andere allgemeine einsprachige Wörterbücher (z. B. WDG, HDG, DUW) übertragen.

Aufgabe 87.1

Informieren Sie sich im Vorwort bzw. in den Benutzungshinweisen des GWDS und des DUDEN 10 über die Prinzipien bei der Aufnahme von Wortbildungsprodukten und Wortbildungselementen.

Aufgabe 87.2

Erörtern Sie in diesem Zusammenhang die Grenzen der „Wortbildung im Wörterbuch“ (z. B. in Bezug auf Wortbildungsparadigmen, Bildungsrestriktionen, Angabe der Wortbildungsart). Vgl. dazu auch Aufgabenkomplexe 90 und 91.

Aufgabenkomplex 88

Die folgenden Aufgaben beziehen sich auf „Duden. Das große Wörterbuch der deutschen Sprache in zehn Bänden“ (GWDS), das in seiner „dritten, vollständig überarbeiteten und aktualisierten Auflage“ mit mehr als 200.000 Stichwörtern und mit über 300.000 Bedeutungserklärungen eine „umfassende und authentische Dokumentation der deutschen Sprache vor dem Übergang ins neue Jahrtausend“ darstellt (Vorwort). Dieses Wörterbuch liegt auch als CD-ROM vor und erlaubt damit spezielle Recherchen zur Wortbildung (vgl. Aufgabe 96).
Sein besonderer Wert für die Wortbildungsforschung besteht darin, dass es auf authentischem Quellenmaterial basiert. Die Belege stammen aus der Sprachkartei der Dudenredaktion sowie aus umfangreichen elektronischen Textkorpora, zusätzlich wurden die allgemeinen Recherchemöglichkeiten des Internets genutzt.

Aufgabe 88.1

Zeigen Sie am Beispiel der Wörterbuchartikel *-bar, -heit* und *-er*, welches Wortbildungswissen hier lexikographisch dokumentiert ist. Was stellen Sie fest, wenn Sie sich über das Suffix *-ung* informieren wollen?

Aufgabe 88.2

Im GWDS werden verschiedene Möglichkeiten genutzt, die lexikalische Bedeutung von Wortbildungsprodukten anzugeben. Vor allem bei typgerechten Derivaten werden auch Wortbildungserscheinungen zur Bedeutungsbeschreibung herangezogen, so bei *Erbauer* die Wortbildungsbedeutung ‘jmd., der etw. tut’ in der Paraphrase <jmd., der etw. erbaut (hat)>.
Beschreiben Sie an den Stichwörtern *Ablehnung, Abdichtung, Ablocher, Ableser*, *Mürbheit, Täterin*, *entblättern, missbehagen*, welche Wortbildungserscheinungen (z. B. Wortbildungssynonymie, Paraphrasierung) jeweils zur Bedeutungsbeschreibung dienen.

Aufgabenkomplex 89

Die folgenden Aufgaben beziehen sich auf das „Bedeutungswörterbuch“ der Duden-Reihe (DUDEN 10). Auf dem Bucheinband wird es mit dem Untertitel „Wortbildung und Wortschatz. Ein Lernwörterbuch mit Bedeutungsangaben, Anwendungsbeispielen und Abbildungen, mit sinn- und sachverwandten Wörtern und den Bausteinen des Wortschatzes“ vorgestellt. Alle in den Artikeln aufgeführten Beispiele stammen aus der umfangreichen Wortschatzkartei der Dudenredaktion, sind also belegte Wortbildungsprodukte, darunter viele (noch) nicht lexikalisierte.

(Das Wörterbuch liegt noch in der alten Rechtschreibung vor und wird gegenwärtig für eine Neuauflage überarbeitet.)

Aufgabe 89.1

In einer gesonderten Liste (DUDEN 10, 16ff.) sind die insgesamt 419 „produktiven Wortbildungsmittel" zusammengestellt, die im Wörterverzeichnis auch alphabetisch als Strichlemma erscheinen. Bestimmen Sie den Status der Wortbildungsmittel von *a-* bis *Eintags-* (z. B. Fremdpräfix, reihenbildendes Kompositionsglied). Ziehen Sie dazu auch das „Vorwort des Herausgebers" heran. Welche Entwicklungstendenzen der deutschen Gegenwartssprache spiegeln sich wider?

Aufgabe 89.2

Problematisieren Sie den Status der sog. Affixoide (vgl. dazu FLEISCHER/BARZ 1995, 27f., 227ff.).

Aufgabe 89.3

Beschreiben Sie am Beispiel der folgenden Wortbildungsprodukte den Bedeutungswandel bei reihenbildenden Kompositionsgliedern.

Bilderbuchautor vs. Bilderbuchfamilie, -karriere, -landung, -sommer, -wetter
Hobbyraum vs. Hobbyfotograf, -gärtner, -koch
Problembewusstein vs. Problemgeburt, -haar, -haut, -kind, -familie, -patient
frühjahrsmüde vs. ehe-, pillen-, zivilisationsmüde

Vergleichen Sie DUDEN 10 und die Lernerwörterbücher LWB und WDF daraufhin, wie sie mit *Bilderbuch-, Hobby-, Problem-, -müde* und anderen reihenbildenden Kompositionsgliedern lexikographisch umgehen. Welche Gründe kann es für unterschiedliche lexikographische Entscheidungen geben?

Aufgabe 89.4

Die gesondert aufgelisteten Wortbildungsmittel (vgl. Aufgabe 89.1) erscheinen in DUDEN 10 auch als Lemmata. Welche Wortbildungsinformationen werden beim Lemma *-bar* gegeben? Informieren Sie sich über weitere Wortbildungsmittel (z. B. *-heit, -keit, -igkeit, un-, Un-*).

Wortbildung in Lernerwörterbüchern

Aufgabenkomplex 90

Die folgenden Aufgaben beziehen sich auf „Langenscheidts Großwörterbuch Deutsch als Fremdsprache" (LWB). Dieses 1993 erstmals erschienene und inzwischen auch in neuer Rechtschreibung und als CD-ROM vorliegende Wörterbuch wurde innerhalb eines Forschungsprojekts an der Universität Augsburg entwickelt und baut auf Erfahrungen auf, „die schon für das Englische und Französische mit dieser Art Wörterbuch gemacht worden waren" (aus dem Vorwort). Ein „speziell für Deutsch Lernende konzipierte/s/ Nachschlagewerk" fehlte bis dahin für die deutsche Sprache. Zur Wortbildung im LWB vgl. auch POETHE 1996.

Aufgabe 90.1

Das LWB versteht sich als „Nachschlagewerk, Leitfaden für den richtigen produktiven wie rezeptiven Sprachgebrauch“ (Lexikographische Vorbemerkungen, S. VII). Inwiefern dienen die Angaben zu „Wortbildungselementen“ und Wortbildungsprozessen diesem Anliegen? Wo liegen die Grenzen vor allem in Bezug auf den „produktiven“ Aspekt?

Aufgabe 90.2

Informieren Sie sich im LWB in den „Hinweisen für den Benutzer“ über die Prinzipien bei der Aufnahme von Wortbildungsprodukten und Wortbildungselementen. Belegen Sie die Hinweise an dem Wörterbuchausschnitt von *Kunde*[1] bis *kundtun*. Was bedeutet das Zeichen (s. „Übersicht über die verwendeten Abkürzungen und Bezeichnungen“ im LWB)?

Aufgabe 90.3

Wie inventarisiert das LWB Kombineme? Suchen Sie dazu unter Buchstabe *M, m* Beispiele für Suffixe, Präfixe und Konfixe. Inwiefern spiegeln sich in dieser (gegenüber inventarisierten Wörtern) erweiterten Makrostruktur Erscheinungsweisen der Wortbildungsaktivität wider? Wie sind die Kombineme metasprachlich gekennzeichnet?

Aufgabe 90.4

Im LWB sind u. a. als „Wortbildungselemente“ aufgenommen: *Haupt-, miss-*[1]*/ miss-*[2]*/Miss-, -park, -schaft, -wesen, -zeug, -werk, -haft, -los, -mäßig, -bar, bio- /Bio-, Öko-, Kriminal-, Thermo-, -ähnlich, -bedingt, -fest, -frei, -reich, -spezifisch, -würdig, -anlage, -bank, Riesen-, Traum-*. Bestimmen Sie den Status dieser Elemente als Präfix, Suffix, Konfix oder als reihenbildendes Kompositionsglied. Begründen Sie Ihre Entscheidung mit den bei FLEISCHER/ BARZ 1995, Kap. 1.5.2., beschriebenen Kriterien. Bilden Sie Wörter mit diesen Elementen als UK.

Aufgabe 90.5

Komposita erscheinen im LWB z. T. als selbständige Lemmata (z. B. *Blutalkohol, Blutbank, Blutbild, Blutdruck, Bluterguss, Blutfarbstoff, Blutgefäß, Blutgerinnsel, Blutgruppe, Bluthochdruck, Blutkörperchen, Blutkreislauf, Blutspende, Blutvergiftung, Blutwurst, Blutzucker*), z. T. nur als Untereinträge (z. B. *Blut-, -ader, -blase, -fleck, -gerinnung, -konserve, -lache, -serum, -spur, -transfusion, -untersuchung, -verlust*). Welche Eigenschaften von Wortbildungsprodukten sprechen für eine selbständige Lemmatisierung? Welche Vor- und Nachteile ergeben sich aus der unterschiedlichen Lemmatisierung für die Benutzer? Beziehen Sie in Ihre Überlegungen ein, dass für Nichtmuttersprachler in stärkerem Maße auch grammatische Informationen von Interesse sind.

Aufgabe 90.6

Im LWB wird bei einigen mehrfach zusammengesetzten Wörtern durch einen senkrechten Strich die Hauptfuge markiert. Bestimmen Sie in den folgenden Komposita die UK und vergleichen Sie Ihre Lösung mit der Angabe im LWB.

> *Arbeitsbeschaffungsmaßnahme, Hochdruckgebiet, Hochleistungssport, Holzschutzmittel, Hundertmeterlauf, Rechtsschutzversicherung, Umweltschützerin*

In welchen Fällen ist auch eine Doppelmotivation plausibel? Begründen Sie Ihre Entscheidung.

Zur Links- und Rechtsverzweigung mehrgliedriger Komposita vgl. Aufgabe 16.3.

Aufgabe 90.7

Suchen Sie im Inventar des LWB zum Buchstaben *A, a* jeweils 10 Haupt- und 10 Untereinträge zu Suffixderivaten mit *-ung*. Was spricht für eine Lemmatisierung als Haupteintrag oder als Untereintrag? Was drücken die Verweise „hierzu“ und „zu 1, 2, 3“ usw. aus, welche Schlussfolgerungen kann der Wörterbuchbenutzer aus diesen Einträgen ziehen? Vergleichen Sie Ihre Schlussfolgerungen mit diesbezüglichen Angaben in den „Hinweisen für den Benutzer“, 1.3.2.

Aufgabe 90.8

Was hat die Lexikographen veranlasst, im LWB die Konversionsprodukte *das Schwarz, der, die Schwarze¹, das Schwarze²* gesondert zu lemmatisieren? Überprüfen Sie die Lemmatisierung von Konversionsprodukten mit den Basiswörtern *blau, gelb, grün* und *rot*.

Aufgabe 90.9

Welche Stichwörter des LWB unter dem Buchstaben *C, c* sind Ergebnis eines Kürzungsprozesses? Welche von ihnen sind als Kürzung gekennzeichnet? Setzen Sie Ihren Befund in Beziehung zu dem Abschnitt „1.2. Abkürzungen, Abkürzungswörter“ in den „Hinweisen für den Benutzer“ (LWB, IX). Welche Gründe gibt es dafür, dass die stark differenzierte Typologie von Kurzwörtern (KOBLER-TRILL 1994, 62ff.) im Wörterbuch nur ganz vereinfacht wiedergegeben wird?

Aufgabe 90.10

(a) Bilden Sie nach den lexikographischen Informationen des folgenden Stichwortartikels aus dem LWB entsprechende Wortbildungsprodukte.

> **-bar** *im Adj, sehr produktiv;* **1** *(mit passivischer Bedeutung aus transitiven Verben gebildet)* drückt aus, dass das, was im ersten Wortteil genannt wird, getan werden kann (verneint *mst* mit *un-*) ...; **2** *(mit aktivischer Bedeutung aus intransitiven Verben)* drückt aus, dass das, was im ersten Wortteil genannt wird, leicht passieren kann (verneint mit *un-*) ...

Abb. 5

(b) Vergleichen Sie Ihr Ergebnis mit den Beispielen im LWB. In welcher Weise ist die Markierung “sehr produktiv” einzuschränken?

Aufgabe 90.11

(a) Erarbeiten Sie nach den lexikographischen Angaben im LWB das entsprechende Wortbildungsmodell.

-heit *die; -, -en; im Subst, sehr produktiv;* **1** *nur Sg;* wird einem Adj. oder Partizip hinzugefügt, um daraus ein Subst. zu machen, das den entsprechenden Zustand, die entsprechende Eigenschaft *o.Ä.* bezeichnet; ***Berühmtheit, Besonnenheit, Freiheit, Geborgenheit, Klarheit, Schönheit*** **2** bezeichnet eine Person oder Sache, die die im ersten Wortteil genannte Eigenschaft hat oder die im genannten Zustand ist; ***Berühmtheit, Neuheit, Seltenheit, Unebenheit, Unklarheit*** || NB: *besonders* auf Adjektive, die auf *-bar, -ig, -lich, -sam* enden, folgt *–keit*

-los; im Adj, sehr produktiv; ohne die genannte Sache; arbeitslos, chancenlos, gewissenlos, glücklos, respektlos, sinnlos, verantwortungslos, ziellos, zwecklos || NB: -frei

Abb. 6

(b) Vergleichen Sie die lexikographischen Darstellungen. Auf welche Weise werden dem Lerner die morphologischen und semantischen Informationen gegeben, die für den produktiven Umgang mit dem Wortbildungsmodell notwendig sind? Bilden Sie weitere Wörter mit *-heit* und *-los*.

Aufgabe 90.12

Spezifische Nutzerinteressen können in der lexikographischen Praxis zu Entscheidungen und Darstellungen führen, die von eher theoretisch geprägten Analyseinteressen in der Wortbildungslehre abweichen. So sind z. B. im LWB u. a. als Strichlemmata gesondert lemmatisiert: *-bauer, -fresser, -macher, -teiler, -händig, -türig, -jahrfeier, -markschein, -zimmerwohnung*. Analysieren Sie die folgenden Wortbildungsprodukte nach UK und leiten Sie daraus die Wortbildungsart ab: *Maschinenbauer, Pflanzenfresser, Liedermacher, Dreiteiler, linkshändig, viertürig, Hundertjahrfeier, Zehnmarkschein, Dreizimmerwohnung*. Vergleichen Sie Ihre Wortbildungsanalyse mit den lemmatisierten Elementen. Welche Gründe könnten für die gesonderte Lemmatisierung in dieser Form sprechen?

Aufgabenkomplex 91

Die folgenden Aufgaben beziehen sich auf das „Wörterbuch Deutsch als Fremdsprache“ (WDF). Wie das LWB ist es als benutzerspezifisches Wörterbuch für die Anforderungen des Faches „Deutsch als Fremdsprache“ konzipiert und vor allem als Wörterbuch zur Sprachproduktion gedacht, das aber im Rahmen seines Wortschatzausschnitts auch für die Sprachrezeption verwendet werden kann (aus dem Vorwort; zur Wortbildung im WDF vgl. auch BARZ [i. Druck]).

Aufgabe 91.1

Informieren Sie sich im WDF in den „Erläuterungen zur Konzeption des Wörterbuchs“ und in den „Hinweisen zur Benutzung des Wörterbuchs“ über die Prinzipien für die Aufnahme von Wortbildungsprodukten und Wortbildungsmitteln.

Aufgabe 91.2

In einer Auswahl stellt das WDF „wichtige, heute produktive Wortbildungsmittel“ mit ihrer Bedeutung und ihrer Distribution vor (S. XI, „Wortbildungsmittel“ im Original hervorgehoben; vgl. auch Tafel XV, S. 1320f.: Liste der im Wörterbuch dargestellten Wortbildungsmittel). Beschreiben Sie an ausgewählten Beispielen, welche Elemente vor allem ausgewählt worden sind. Erörtern Sie, wie man den Grad der Produktivität der entsprechenden Modelle ermitteln kann.

Aufgabe 91.3

Im WDF werden innerhalb eines Stichwortartikels im Anschluss an die Bedeutungsbeschreibung Wortfamilien angeführt, deren Elemente „der heutige Sprecher mit seiner gegenwartssprachlichen Kompetenz als zusammengehörig nachvollziehen kann“ (S. XI). Überprüfen Sie kritisch, inwieweit Sie mit Ihrer eigenen Kompetenz diese Zusammengehörigkeit bei der Wortfamilie zu *halten* bestätigen können. Inwiefern vermischen sich in den Wortfamilien synchrone und diachrone Betrachtungsweise? Vgl. dazu auch Aufgabenkomplex 93 sowie Abschnitt 2.6.

Wortbildung in Wortbildungswörterbüchern

Aufgabe 92

Erläutern Sie anhand der Wörterbucheinträge mit *-zeit/zeit-* aus den Wörterbüchern von MUTHMANN (1991), AUGST (1975), KANDLER/WINTER (1992-1995) die unterschiedlichen Anordnungsprinzipien (Makrostruktur). Welchen Nutzen kann die Wortbildungslehre aus diesen Spezialwörterbüchern ziehen? Vgl. dazu BARZ/SCHRÖDER 2001, 4.7.1.

Aufgabenkomplex 93

Die folgenden Aufgaben beziehen sich auf das „Wortfamilienwörterbuch der deutschen Gegenwartssprache“ (AUGST 1998).

Aufgabe 93.1

Informieren Sie sich im Vorwort und in den Benutzungshinweisen über Anliegen und Aufbau dieses Wörterbuchs. Mit welchem Terminus wird bei FLEISCHER/BARZ 1995, 71ff. das Wortbildungsparadigma benannt, das bei Augst als „Wortfamilie“ bezeichnet wird? Welchen Sinn hat die von FLEISCHER/BARZ vorgenommene terminologische Differenzierung?

Aufgabe 93.2

Beschreiben Sie am Beispiel der Wortfamilie von *fallen* bei AUGST 1998 die Wortbildungsaktivität dieses Kernwortes. Was bedeuten die Spalten 1-5? Inwiefern stellt die Wortfamilie ein „offenes" Paradigma dar?

Wortbildung in elektronischen Wörterverzeichnissen

Aufgabenkomplex 94

Elektronische Verzeichnisse lassen besondere Aufgabenstellungen zur Wortbildung zu. Die folgenden drei Aufgaben beziehen sich auf das an der Universität Leipzig entwickelte „Projekt Deutscher Wortschatz" (www.wortschatz.uni-leipzig.de).

Aufgabe 94.1

Informieren Sie sich auf der einleitenden Seite des „Projekts Deutscher Wortschatz" darüber, wie viele Wortformen (Makrostruktur) und wie viel Beispielsätze die Datenbank zum gegenwärtigen Zeitpunkt enthält. Welche „zusätzlichen Angaben" sind in dieser Datenbank abrufbar?

Aufgabe 94.2

Schlagen Sie in der Datenbank das Wort *Spielekonsole* nach. Welche der dort im Inhaltsverzeichnis genannten „zusätzlichen Angaben" sind für das nachgeschlagene Wort vorhanden? Erklären Sie, was sie im Einzelnen aussagen. Machen Sie weitere Stichproben zur Mikrostruktur anderer Einträge.

Aufgabe 94.3

Suchen Sie in der Datenbank die Wortbildungsprodukte, die *ABM* als Bestimmungswort haben (*ABM**), und die Wortbildungsprodukte, die *ABM* als Grundwort haben (**ABM*).

Wie erklären Sie sich das quantitativ unterschiedliche Vorkommen von *ABM* als Erst- bzw. Zweitglied in Komposita?

Aufgabe 95

Als Menzel 1990 die Feststellung traf: „Inzwischen hat jede Fachsprache [...] ihr eigenes Abkürzungslexikon" (MENZEL 1990, 1261), konnte er noch nicht die elektronischen Wörterverzeichnisse als lexikographische Neuheiten der 90er Jahre einbeziehen. Erarbeiten Sie sich einen Überblick über Akronymverzeichnisse im Internet. Vgl. auch SCHRÖDER 2000a, 98f.

Aufgabe 96

Verschaffen Sie sich einen Überblick darüber, wie man mit Hilfe der CD-ROM-Version des GWDS Kurzwörter suchen kann.

(a) Geben Sie im Menü Suchen/Erweiterte Suche/Volltextsuche nacheinander die Suchtexte kurzf, kurzwort, abk ein. Wie viele Treffer ergeben sich für jeden Suchtext?
(b) Welcher Kurzworttyp steht vor allem unter kurzf?
(c) Geben Sie aus der Stichwortliste zu kurzwort fünf Initialkurzwörter an.

(d) Woran liegt es, dass in der Stichwortliste unter abk vor allem Vollformen angeführt sind? Sehen Sie sich dazu auch die Stichwortartikel der betreffenden Vollformen an.

Aufgabe 97

In einem Beitrag der vom Institut für Deutsche Sprache (IDS) Mannheim herausgegebenen Zeitschrift „Sprachreport" wird an einem Beispiel verdeutlicht, „was Textkorpora über ein Wort verraten können" (HAß-ZUMKEHR 2000, 6f.). Erläutern Sie an den Daten zu *online*, *Online-*, was Textkorpora speziell über die Wortbildung verraten können.

2.6 Diachrone Aspekte der Wortbildung

In diesem Abschnitt wird gezeigt, dass die Themen der vorausgehenden Abschnitte auch eine historische Dimension besitzen. Nach ERBEN (2000, 125) bedarf der „synchronische Befund [...] der Ergänzung durch den diachronischen, welcher die Nachteile und Verzeichnungen" einer eher ungeschichtlichen Beschreibung von Bildungstypen und Wortbildungsmitteln ausgleichen soll. Wörter, die heute als idiomatisiert und isoliert gelten, wie *Getreide*, sind historisch motiviert und in eine Wortfamilie integriert (*tragen*). Manche Suffixe haben ihren Ursprung in Segmentierungen, die nicht der Morphemstruktur entsprechen: Das Suffix *-ling* geht auf Derivate (*edel-ing*) zurück, deren Basis auf *-l* auslautete (vgl. FLEISCHER 1975, 155ff.). Die Entwicklung von Fugenelementen und Meinungsunterschiede über ihren Morphemstatus finden vor allem in diachroner Betrachtung plausible Erklärungsansätze.
Diachrone Aspekte der Wortbildung bedürfen unbedingt der integrativen Darstellung, denn wichtige historische Veränderungen im Wortbildungssystem stehen in unmittelbaren Beziehungen zu Erscheinungen in anderen Teilsystemen. Beispielsweise bewirkte die phonetische Abschwächung der Endsilbenvokale den starken Ausbau der verbalen Präfixderivation (ahd. *blintên* > *erblinden*). Akzentunterschiede trugen dazu bei, Flexionsmorpheme und Suffixe mit ursprünglich vollen Vokalen gegeneinander abzugrenzen: die Unbetontheit der Flexionsmorpheme führte bei ihnen zum abgeschwächten *e* (z. B. in *-es*), der Nebenakzent der Suffixe bewahrte dagegen die vollen Vokale *ei, u, i* (z. B. in *-heit, -ung, -nis*). Ursprünglich phonetisch-phonologische Phänomene wurden im Laufe der Zeit morphologisiert und beeinflussten die Wortbildung: der i-Umlaut (*blau* > *bläulich, fallen* > *fällen*), der Ablaut (*fahren/fuhr* > *Fuhre*), die Hebung (*helfen* > *Hilfe*), der grammatische Wechsel (*ziehen* > *Zug, schneiden* > *Schnitt*). Veränderungen im Morpheminventar erwuchsen aus der Entwicklung von Affixen aus Kompositionsgliedern (got. *haidus* 'Art und Weise' > *-heit*). Die Fremdwortbildung integrierte seit den Anfängen des deutschen Schrifttums fremde Sprachelemente in den deutschen Wortschatz (lat. *-arius* > nhd. *-er*).
Für den Satzbau gewann die Nominalisierung zunehmend an Bedeutung (spätmhd. *die nichtheit, die lernung, ein minnen*). Sie verstärkte sich in mystischen Texten und in der Fachprosa des Spätmittelalters, später in der

Wissenschaftssprache der Aufklärungszeit. Zu einer „Entwicklungstendenz" festigte sie sich nach POLENZ (1991, 77) durch die Verwissenschaftlichung der Sprache des öffentlichen Lebens seit Mitte des 19. Jahrhunderts, und zwar in Texten der Massenpresse, der Verwaltungs- und der Politiksprache.

Wortschatzausbau vollzieht sich – außer durch Bedeutungsbildung (Neusemem bei *abstürzen* in der Informatik), Entlehnung (Neulexem wie *online*) und Phraseologisierung (*den Hut aufhaben für etwas*) – vor allem durch Wortbildung. Lexikologisch differenziert werden Wortneubildungen nach Erstbenennungen (*Zwanzigeuroschein*) und Zweitbenennungen (*Werbepreis* für 'veraltend' *Reklamepreis*). In Wörterbüchern sind Wortneubildungen mitunter gekennzeichnet als „Neuprägung" (WDG). Ausgewählte Wortbildungsmittel werden mit lexikographischen Angaben „über die Wahrscheinlichkeit weiterer Verbindungen" diachron graduierend markiert mit „nicht (mehr) produktiv, wenig/begrenzt/sehr produktiv" (LWB, IX). Über die Geschichte der Benennungsmotive heute idiomatisierter Wortbildungsprodukte geben vor allem etymologische, aber auch allgemeine historische Wörterbücher Auskunft.

In der Orthographie hat die Zusammenschreibung als Indiz für komplexe verbale Infinitive (frnhd. *eine state finden* > *stattfinden*) bei Trennbarkeit ihrer finiten Formen (*findet statt*) eine wechselhafte Geschichte, die sich in den aktuellen Debatten über die Rechtschreibreform fortsetzt (vgl. auch EICHINGER 2000, 69f.). Auch Majuskeln innerhalb substantivischer Komposita wie heute in *BahnCard* haben ihre Schreibtradition, beispielsweise in Schottelius' „Lobreden" 1663 über die *HaubtSprache, HaubtGründe, MutterSprache* (vgl. Aufgabenkomplex 99).

Zur Lösung der Aufgaben ist es erforderlich, historische Wörterbücher und solche Wortbildungsdarstellungen zu benutzen, die ganz oder teilweise diachron angelegt sind. Das sind vor allem: HENZEN 1965; Deutsche Wortbildung 1973ff.; ERBEN 2000, 53-55, 125-151; SOLMS 1998; abschnittsweise V. POLENZ 1991,1994, 1999; LERCHNER 2001; PAUL 1998.

Wissenschaftsgeschichtliche Aspekte der Wortbildungslehre

Aufgabenkomplex 98

Aufgabe 98.1

Die Wortbildungslehre war im 19. Jahrhundert und zu Beginn des 20. Jahrhunderts Bestandteil der großen Deutschen Grammatiken von GRIMM (Bd. 2, 1878; Bd. 3, 1890), WILMANNS (1899, 2. Abt.), PAUL (1920, Bd. 5, Teil 4). In jeder Grammatik wurde ihr ein anderer Platz in der Abfolge der Disziplinen gegeben.

Jakob Grimm:	Lautlehre – Flexion – Wortbildungslehre – Syntax
Wilhelm Wilmanns:	Lautlehre – Wortbildungslehre – Flexion
Hermann Paul:	Lautlehre – Flexion – Syntax – Wortbildungslehre

Vergleichen Sie die Anordnung der Wortbildungslehre in Bezug auf die anderen Kapitel der jeweiligen Grammatik. Welche Gründe könnten die Grammatiker für die Einordnung der Wortbildungslehre gehabt haben?
Überprüfen Sie Ihre eigenen Überlegungen mit den Darlegungen von HENZEN 1965, 3; STEPANOWA/FLEISCHER 1985, 28ff.

Aufgabe 98.2

Wie erscheint die Wortbildungslehre in jüngeren Grammatiken? Überprüfen Sie die „Textgrammatik der deutschen Sprache“ von WEINRICH (1993), den „Grundriß der deutschen Grammatik“ von EISENBERG (1998a) und die „Deutsche Grammatik“ von HELBIG/BUSCHA (1999). Erklären Sie die unterschiedliche Einbindung der Wortbildungslehre aus der Grundkonzeption der jeweiligen Grammatik.

Aufgabe 98.3

Welche Gründe erlauben es, die Wortbildungslehre als eine selbständige Disziplin zu betrachten? Beantworten Sie die Frage nach FLEISCHER/BARZ 1995, Abschnitte 1.1., 1.2. und 1.3. Beziehen Sie vergleichend EICHINGER 2000, 56 mit ein.

Aufgabenkomplex 99

Justus Georg Schottelius lobt in der „ersten Lobrede von der Teutschen HaubtSprache“ (Schottelius 1663) die deutsche Sprache wegen ihrer „allerseits kunstmessige[n] Grundrichtigkeit“, die er mit ihrer Fähigkeit zur „Füglichkeit“ begründet. Auf ihr beruht das „Kunstgewächs unserer Haubtsprache [...]“ (Die fünfte Lobrede), die Wortbildung. In der sechsten Lobrede weist Schottelius die Füglichkeit nach, indem er die Bildung von (teilweise selbst ausgedachten, also nicht usuellen) Wortbildungsprodukten vorführt.

> Die fünfte Lobrede von der Teutschen Haubtsprache.
>
> [...]
>
> 5. Das *Kunstgewächs* unserer Haubtsprache vergleichet sich einem ansehnlichen fruchtbaren Baume/ welcher seine saftreiche *Wurtzelen* tief in den Erdboden/ und darin weit und räumig ausgestrekt/ also daß er die Feuchtigkeit und das Mark der Erden/ vermittest seiner äderlein an sich zeucht/ seine Würtzelen durch ein fruchtreiches saftiges naß durchhärtet/ und taurhaft machet/ und sich selbst in die Natur einpropfet: Denn die Wurzelen und saftige Stammwörter unserer Sprache haben nach obgesetztem Beweisthume den Kern und das Mark aus der Vernunft gesogen/ und sich auf die Hauptgründe der Natur gestammet: *jhren Stamm aber lassen sie hoch empor ragen/ ihre Zweige und Reiserlein in unaussäglicher Menge/ in steter Gewisheit/ wundersamer Mannigfaltigkeit und ansehnlicher Pracht heraus wachsen/* also daß die Erlustigung an diesem Wunderstükke künne stets völlig/ und die Geniessung dero süssesten Früchte unendlich seyn. Dafern man gehörige Luft und erforderte Arbeit hinzuträgt/ und der Teutschen Sprache/ zu erfoderung dero vollgültigen Kundigkeit/ das jentge nicht versaget/ was man

bey Erlernung anderer Sprachen/ so ungespartes Fleisses/ durch reume der Zeit/ anwendet.

6. Gleich wie aber unsere Teutsche Letteren und die Teutsche *Stammwörter* einsilbig/festes Grundes/ reines Ursprunges/ und eines lieblichen Geläutes sind: Also sind gleicher weise an diesem Sprachbaume die ausgewachsenen Rieser und *Nebensprösleinl* die durch und durch in dem gantzen Baume von oben bis unten nebenwachsen/nebenstehen/ und durch solchen jhren Neben= oder Beystand/ eine absonderliche schöne Gestalt und Wirkung/ dem/ dabey sie stehen/ geben/ einsilbig oder einlautend. Solche Neben=Spröslein oder Neben=wörter sind entweder in Teutscher Sprache die zufälligen Endungen/ als: e/em/en/es/et [...]

7. Oder aber es sind die Hauptendungen der abgeleiteten: daheraus in der Teutschen Sprache entstehet die Ableitung. An der Zahl sind solche Haubtendungen drey und zwanzig/als: Bar/e/ey/el/er/ern/haft/heit/icht/ig/inn/isch/ keit/lich/ling/lein/niß/sal/sam/schaft/thum/ung/

Bar. Ehrbar/Mannbar/Scheinbar [...]

e. Krümme/Länge/Größe... [...]

Die sechste Lobrede von der Teutschen HaubtSprache

[...]

34. Ferner/ es kan bey ein Stammwort nicht allein nur ein eintziges Vorwort/ sondern zwey/ drey/ ja vier deroselben gesetzet/ und dennoch ein einziges verdoppeltes daraus gemacht werden/ als: Bring/ auf-bringen/ wieder-auf-bring-en/ un-wieder auf-bringlich. [...]

Treib/ ab-treiben/ wieder-ab-treiben/ un wieder-ab treiblich.
Treffen/ hintreffen/ überhintreffen/ dar über hin-treffen.
Setzen/ ersetzen/ wiederersetzen/ un-wieder er-setzlich.
Denken/ gedenken/ eingedenk/ wiedereingedenk/ un-wieder-ein-gedenk.
Schuld/ verschulden/ wiederverschulden/ unwiederverschuldet.
Mund/ Vormund/ bevormunden unbevormundet.
Ding/ Geding/ Leibgeding/ beleibdingen/ unbeleibdinget.
Lös/ Auflösen/ wiederauflösen/ unwiederaufgelöset.
Teihl/Vorteihl/vervorteihlen/unvervorteihlet. [...]

(Aus: Justus Georg Schottelius: Ausführliche Arbeit von der Teutschen HaubtSprache)

Aufgabe 99.1

Stellen Sie zu den Metaphern, die sich im Gleichnis vom *Kunstgewächs* in der fünften Lobrede/5. (*Kunst-* bedeutet hier 'kunstvoll') entfalten, Benennungen mit übertragener Bedeutung für Erscheinungen in der Wortbildung zusammen. Versuchen Sie, die metaphorischen Bedeutungen der Ausdrücke im Sinne der heutigen Wortbildungslehre zu interpretieren, z. B. *saftreiche Wurtzelen* für 'aktive Simplizia'. Zum Gleichnis aus mehreren Metaphern vgl. FLEISCHER/ MICHEL/STARKE 1993, 258.

Aufgabe 99.2

Welche Eigenschaften schreibt Schottelius den *Stammwörtern* zu (Die fünfte Lobrede/6.)? Welche terminologischen Entsprechungen gibt es in der heutigen Wortbildungslehre? Überprüfen Sie die angeführten Eigenschaften exemplarisch an einem der Ausgangswörter in den Wortreihungen der sechsten Lobrede/34.

Aufgabe 99.3

Welche Sprachelemente rechnet Schottelius im 6. und 7. Abschnitt der fünften Lobrede zu den *Neben-Spröslein*? Was haben sie gemeinsam, was unterscheidet sie?

Aufgabe 99.4

Schottelius' Gleichnis vom *Kunstgewächs* steht dem figurativ motivierten Terminus Wortfamilie nahe. Letztere erfasst aber keine Flexionsmorpheme, und Suffixe erscheinen nicht gesondert.
Erklären Sie den (im Beispieltext hervorgehobenen) Satz (Fünfte Lobrede/5.): „[...] jhren Stamm aber lassen sie hoch empor ragen[...]".
Skizzieren Sie ergänzend dazu die Wortfamilie mit *blühen* als Kernwort (idg. Wurzel, verwandte Wörter, Wortbildungsaktivitäten). Nehmen Sie ein etymologisches Wörterbuch zu Hilfe.

Aufgabe 99.5

Im 34. Abschnitt der sechsten Lobrede führt Schottelius die „Füglichkeit" durch Wortbildung an mehreren Stammwörtern vor.
Bestimmen Sie Wortart und Wortbildungsart der einzelnen Wortbildungsprodukte mit jeweils gleichem Stammwort. Beziehen Sie sich bei der Bestimmung der Wortbildungsart (nach Möglichkeit) auf die jeweils vorausgehenden Wörter oder Wortstämme.
Treib: ab-treiben Verb, Präfixderivation; *wieder-ab-treiben* Verb, Komposition; *un wieder-ab treiblich* Adjektiv, Präfix-Suffix-Derivation
Welche Probleme zeigen sich bei der Analyse von Wortbildungsprodukten mit *un-* (*unwiederverschuldet*)? Vgl. FLEISCHER/BARZ 1995, 272, 276.

Wortbildung in älteren Texten

Aufgabenkomplex 100

Personenbezeichnungen bilden geeignete Wortfelder für Untersuchungen in der Wortbildungsforschung. Diachron betrachtet sind besonders ihre Untergruppen der Berufs- und Standesbezeichnungen ununterbrochen in Bewegung – abhängig von Veränderungen im sozialen Gefüge, innerhalb gesellschaftlicher Normen (um 1230 Entwicklung von Rechtsnormen) und in Produktionsprozessen (im 18. Jh. z. B. Ausbau des Bergwerks). Zur Benennung neuer und zur Differenzierung althergebrachter Begriffe bieten Transposition und Modifikation ideale Möglichkeiten.

Die Texte stammen aus dem „Spiegel deutscher Leute“ (um 1230) und aus den „Neuen Versuchen nützlicher Sammlungen zu der Natur=und Kunst= Geschichte, sonderlich in Ober=Sachsen“ (um 1750).

Aufgabe 100.1

Suchen Sie im „Spiegel deutscher Leute“ alle Standesbezeichnungen mit *frî* heraus und ordnen Sie sie nach dem hierarchischen Rechtsstatus der bezeichneten juristischen Personen. Fügen Sie die jeweiligen synonymischen und fremdsprachigen Äquivalente aus dem Text bei.
Bestimmen Sie semantische Grundklasse und Wortbildungsart der Standesbezeichnungen mit *frî*. Welche semantische Grundklasse und welche Wortbildungsart werden für die Standesbezeichnungen mit *frî* besonders genutzt?
(Für die Lösung der Aufgabe empfiehlt sich eine sinngemäße Übertragung des Textes ins Neuhochdeutsche.)

> Von den frîen
> Von frîheit süllen wir reden. Wir zerlegen drîer hande : die eine sint gar frîen, als die *fürsten* und die frîen ze man habent; sô heizent die andern mitterfrîen, daz sint die der frîen man sint; die dritten frîen daz sint die lantsæzen und die *gebûren* die frî sint. der hât iechlicher sunder reht, daz wir hernâch wol gesagen.
> Ez enist nieman garfrî wan des fater und des muoter und der fater und der muoter sentper frîen wârn. die von den mitterfrîen sint geborn, die sint mitterfrîen; und ist halt diu muoter sentper frî und der fater mitterfrî, diu kint werdent mitterfrîen. ingenuus daz sprichet in tiutsche der hoehste frî, libertinus der mitterfrî, liber lantsæzen frîen; der hât ieglicher sunder sîn reht als wir hernâch wol gesagen.
>
> (Aus: Der Spiegel deutscher Leute. Um 1230)

Aufgabe 100.2

Erklären Sie, welche Wortbildungsarten den Standesbezeichnungen *gibûre* und *fürst* im Ahd. zugrunde liegen. Schlagen Sie dazu in KLUGE 1999 nach, und zwar bei *Bauer* und bei *Fürst.*

Aufgabe 100.3

Suchen Sie in den „Nachrichten vom Bergwerk“ alle Standesbezeichnungen heraus. Gruppieren Sie sie in Bezeichnungen für “Bergwerksleute” und für “Bergwerksbeamte”. Weisen Sie Unterschiede in der Komplexität und in den Wortbildungsbedeutungen beider Bezeichnungsgruppen nach? Wie lassen sich die Unterschiede erklären?

> Einige Nachrichten vom Bergwerk aus Obersachßen. §. 2.
> Freyberg hat im Quartal Trinitatis dieses 1753. Jahres verschiedene merckwürdige Einrichtungen und Vorfälle erfahren. No. I. I. Woche, Montags, ist ein Bergknecht, Nahmens Hanns Gottlieb Müller, auf dem Mathusalem, in der Nachmittagsschicht, bey Aushängung des Kübels, den Schacht, 7. Fahrten tief hinein gefallen, und sogleich tod herausgezogen worden. No. II: Woche,

Donnerstags, den 14. Junii, ist Tit. t. Herr Ober=Bergamts=Director, Casper Siegmund von Berbisdorff, nach einer kurzen Niederlage, in einem Alter von 70. Jahren verstorben, und an eben dem Tag wurde, auf ergangenen allergnädigsten Befehl, durch Ihr. Excell. den Herrn Geheimden Cammer=und Berg=Rath von Zanthier, der Hochwohlgebohr. Herr, Herr Peter Nicolaus Neugarten, Edler von Gartenberg, des heil. Röm. Reichs Ritter, Königl. Pohln. Churfürstl. Sächßl. Hochbestallter Berg=Rath, als General=Berg=Commissarius, auf dem Ober=Berg=Amts=Hausse, denen sämmtlichen Berg=und Hütten=Beamten und Bedienten, Schichtmeistern und Steigern solenniter vorgestellt.

(Aus: Neue Versuche nützlicher Sammlungen zu der Natur=und Kunst=Geschichte, sonderlich in Ober=Sachsen)

Aufgabenkomplex 101

Dass historische Veränderungen in der Wortbildung mit Veränderungen im Satzbau einhergehen, lässt sich mit Hilfe diachroner Vergleiche von thematisch ähnlichen, aber zeitlich differierenden Texten gut veranschaulichen.

Die zu vergleichenden Texte sind eine Zeitungsanzeige in der Leipziger Zeitung aus dem Jahr 1777 und ein Beipackzettel aus dem Jahr 2000. Beide Texte machen den Verbraucher mit einem Zahnpflegemittel bekannt, wobei sie informieren, raten und warnen.

Zu diachronen Zusammenhängen zwischen Wortbildung und Syntax vgl. auch v. POLENZ 1994, 280ff.

Zeitungsanzeige

Der Nutzen dieser mit den kostbarsten Oelen versetzten chymischen Tinctur, besteht vorzüglich darinnen, daß sie schwarz, braun oder gelb gewordenen Zähnen, binnen wenig Tagen ihre erste Weiße und Glasur wieder verschafft, in dem Munde derjenigen Person, welche solche früh gebraucht hat, den angenehmsten Geruch auf den ganzen Tag zurückläßt, den Scorbut vertreibt, den übelriechenden Athem benimmt, das Wachsthum des Zahnfleisches befördert und dessen Bluten hindert, die Zähne in ihrem Fleische befestigt, und augenblicklich aufs zuverläßigste alle Arten von Zahnschmerzen stillt, auch bey einem bösen Halse das herrlichste Girgelwasser abgiebt, und den besten Erfolg verschafft, und da diese Tinctur auch innerlich wider alle scorbutischen Zufälle sicherst eingenommen werden kann, so ist dadurch der Beweis klar, daß solche aus nichts ätzendem, oder den Zähnen sonst schädlichem bestehen könne.

(Aus: Leipziger Zeitung 1777)

meridol

Mundspül-Lösung

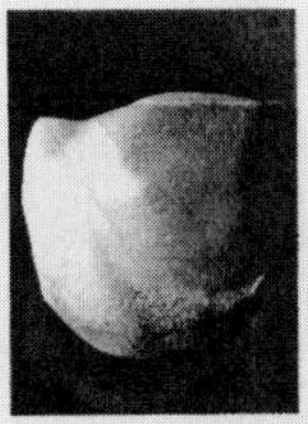

Wie entstehen Zahnfleischprobleme?

Unsere Mundhöhle ist Lebensraum für eine Vielzahl von Mikroorganismen (Bakterien), die sich auf den Zahnoberflächen festsetzen und sich vermehren. Hier bilden sie zusammen mit anderen Substanzen (Polysacchariden) einen klebrigen Zahnbelag (Plaque). Diese Plaque ist die Hauptursachevon Zahnfleischproblemen.

Die Plaquebakterien produzieren toxische Stoffwechselprodukte. Diese dringen in den Zahnfleischsaum ein und verursachen Entzündungen, die das Bindegewebe zwischen Zähnen und Zahnfleisch zerstören.

Bei fortgesetzter Einwirkung schreitet der Entzündungsprozess fort. Aus der Zahnfleischentzündung kann sich eine irreversible Zahnbettentzündung entwickeln. Die Folgen sind bekannt: Die Zähne verlieren ihren Halt, werden locker und fallen aus oder müssen gezogen werden.

Lassen Sie es nicht so weit kommen

Wird die Plaque am Zahnfleischrand nicht regelmässig und gründlich entfernt, kommt es innerhalb weniger Tage zu Reizungen des Zahnfleisches. Bei optimaler Mundhygiene kann sich selbst über längere Zeit gereiztes Zahnfleisch natürlich regenerieren und auf Dauer gesund bleiben.

Die einzigartige Wirkstoffkombination schützt vor Zahnfleischentzündungen, Plaque und Zahnstein

meridol® ist eine gebrauchsfertige Mundspül-Lösung zur Pflege der Zähne und zum Schutz vor Plaque und Zahnstein in Ergänzung zum täglichen Zähneputzen.

meridol® fördert die Entwicklung von nützlichen Mikroorganismen in der Mundhöhle, die schädlichen werden verdrängt. Die Mundflora kann sich wieder normalisieren. Das ökologische Gleichgewicht stellt sich wieder ein. So wird die Neubildung von Zahnbelägen wesentlich gehemmt und die Gesundheit des Zahnfleisches gefördert.

Anwendungsgebiete

- Gingivitis (Zahnfleischentzündung)
- Parodontitis (Entzündung des Zahnbettes)
- Stomatitis (Entzündung der Mundschleimhaut).

meridol® Mundspül-Lösung ergänzt die tägliche Zahnpflege, besonders bei erschwerter Mundhygiene, bei Behinderung und Alter, nach zahnärztlichen Operationen und bei kieferorthopädischer und prothetischer Versorgung.

Zur täglichen Mund- und Zahnpflege:

Spülen Sie Ihren Mund (nach dem Zähneputzen oder zwischendurch) einmal täglich mit 10 ml meridol® (unverdünnt anwenden. Messbecher in der Verschlusskappe) ca. 30 Sek. lang, dann ausspucken, nicht nachspülen.

***meridol* Eine gute Lösung. Fragen Sie Ihren Zahnarzt.**

Abb. 7

Aufgabe 101.1

Welche Veränderungen in Wortbildung und Satzbau zeigen sich im Vergleich zwischen Zeitungsanzeige und Beipackzettel?

Stellen Sie aus den Texten Wortbildungsprodukte mit den Kernwörtern *Zahn* und *Mund* zusammen. Wie verändert sich die Komplexität der substantivischen, adjektivischen und verbalen Wortbildungsprodukte beider Texte? Welche Unterschiede in der Satzgestaltung sind offensichtlich?

Zum historischen Textvergleich vgl. SOMMERFELDT 1988, 188ff.; zu „Komplexionsverfahren im historischen Wandel" und zur „visuellen Strukturierung des Textes" vgl. auch ADAMZIK 2001, 200f.

Aufgabe 101.2

Wie trägt die Wortbildung im Beipackzettel zu einer übersichtlicheren Gestaltung des Textes und zu einer erhöhten Wirkung auf den potentiellen Käufer bei? Entdecken Sie ein Wort(bildungs)spiel.

Diachrone Erklärung gegenwartssprachlicher Wortbildungsphänomene

Aufgabenkomplex 102

Die gegenwärtig unterschiedliche Bestimmung des Fugenelements (vgl. Aufgabenkomplex 18) als semantisch leeres Segment (nach FLEISCHER/BARZ 1995, 32) oder als Affix (EISENBERG 1998a, 227ff.) erklärt sich bis zu einem gewissen Grade aus seiner Genese. Sie ist an zwei Entwicklungsphasen der Kompositabildung gebunden, die in der historischen Wortbildungslehre seit Jakob Grimm mit den Termini „eigentliche Composition" und „uneigentliche Composition" erfasst werden.

Aufgabe 102.1

(a) Was versteht die historische Wortbildungslehre unter „eigentlicher" und unter „uneigentlicher" Komposition? Dazu HENZEN 1965, 52ff.; ERBEN 2000, 133ff.

(b) Warum ist die Unterscheidung zwischen eigentlicher und uneigentlicher Komposition für die Wortbildungslehre der Gegenwartssprache ungeeignet? Vgl. FLEISCHER 1975, 122f.

Aufgabe 102.2

Erklären Sie die Entwicklung des Fugenelements seit ahd. Zeit.
Dazu FLEISCHER 1975, 123ff.

Aufgabenkomplex 103

Bei der Bestimmung von Wortbildungsarten stellt sich die Frage nach der Ableitungsrichtung: Ist *Arbeit* ein deverbales Konversionsprodukt, abgeleitet aus dem einfachen Verb *arbeiten*, oder ist *arbeiten* ein denominales Konversionsprodukt, abgeleitet aus dem Simplex *Arbeit*?
Die Entscheidung über die Ableitungsrichtung kann in diachroner Sicht anders ausfallen als in synchroner – schwierig ist sie in beiden Sichtweisen. Für eine diachrone Entscheidung mangelt es in vielen Fällen an Belegen (HENZEN 1965, 128), etymologische Wörterbücher machen nur unsystematisch und nicht immer übereinstimmende Angaben zur Ableitungsrichtung. Für eine synchrone Erklärung sind die Kriterien in Wortbildungslehren der Gegenwartssprache nicht widerspruchsfrei, so dass die Ableitungsrichtung nicht in jedem Fall bestimmt werden kann Vgl. auch FLEISCHER/BARZ 1995, 210.

Aufgabe 103.1

Überprüfen Sie an sechs Wortpaaren aus Substantiv (im Text hervorgehoben) und Verb (nicht im Text), welche Ableitungsrichtung in den Paaren einerseits aus etymologischen Angaben in KLUGE 1999, andererseits aus Angaben im

GWDS zu erschließen ist (als abgeleitet gilt das Wort mit der geringeren Anzahl von Sememen): *Teil – teilen, Fall – fallen, Buch – buchen, Siegel – siegeln, Zahl – zahlen, Arbeit – arbeiten.*

(a) Suchen Sie in KLUGE 1999 für *Teil, Fall, Buch, Siegel, Zahl, Arbeit* nach Angaben zur Ableitungsrichtung.

(b) Stellen Sie im GWDS fest, wie viele Sememe Substantiv und Verb jeweils haben. Zu semantischen Kriterien vgl. FLEISCHER/BARZ 1995, 210.

(c) Für welche Wortpaare gibt es bei diachroner und synchroner Betrachtung keine Übereinstimmung in der Ableitungsrichtung?

> EDV, BWL und Sprachen
>
> Die Anzahl der Studenten aus dem Bereich der Geisteswissenschaften, die nach ihrem Universitätsabschluß in einem Unternehmen arbeiten werden, steigt. Das an der Universität vermittelte Fachwissen kann dabei nur zum *Teil* eingebracht werden. Nützlich sind in jedem *Fall* die während des Studiums vermittelten Schlüsselqualifikationen wie analytisches Denkvermögen, sprachliche und schriftliche Ausdrucksfähigkeit, selbständiges Arbeiten und schnelles Einarbeiten in fremde Sachgebiete. Erleichtert wird der Einstieg in ein Unternehmen der Wirtschaft, wenn Zusatzqualifikationen vorhanden sind.
>
> Die erforderliche Zusatzqualifikation ist sicher vom Studiengang des Studierenden und der zukünftigen Stelle im Betrieb abhängig. Man kann aber generell von den drei Bereichen Betriebswirtschaft, EDV und Sprachen ausgehen, die einen Einstieg in ein Wirtschaftsunternehmen erleichtern.
>
> Auch sollten die verschiedenen Produktionsfaktoren, die Rechtsformen und die verschiedenen Arten der Unternehmenszusammenschlüsse kein *Buch* mit sieben *Siegeln* sein. Kurzum, es kommt darauf an, daß der Bewerber, der einen Universitätsabschluß vorweisen kann und somit eine verantwortungsvollere Tätigkeit anstrebt, auch die grundlegenden Begriffe und wirtschaftlichen Zusammenhänge eines Unternehmens kennt.
>
> Im Bereich der EDV hat eine zunehmende *Zahl* von Studenten bereits Kenntnisse in Textverarbeitung oder anderen Standardpaketen. Dies ist auch für die *Arbeit* im Betrieb von großer Wichtigkeit, da an immer mehr Arbeitsplätzen Computer eingesetzt werden und der Aufbau der EDV unaufhaltsam voranschreitet.
>
> (Nach: Uni, 6/1992)

Aufgabe 103.2

Suchen Sie aus dem Text „EDV, BWL und Sprachen“ alle Substantive heraus, die synchron aufgrund von Ablaut oder/und Morphemstruktur als deverbale Konversionsprodukte anzusehen sind, und ordnen Sie sie in Konversionsprodukte ohne oder mit Basisänderung.

Erklären Sie diachron die Wortbildung von *Bereich.*

Aufgabenkomplex 104

Als etymologisch motiviert gelten Wörter dann, wenn ihre Wortgeschichte und ihre Wortbildung sprachhistorisch nachweislich erklärt werden können. Diese

Erklärungen umfassen Angaben zu erschlossener Wurzel und einer Grundbedeutung, zur Wortgeschichte, die sich in Veränderungen der Motivationsbedeutung niederschlägt, zu Wortbildungsvorgängen, zur morphosemantischen Verwandtschaft innerhalb der deutschen Sprache (Wortfamilie) und mit fremden Sprachen (vgl. SEEBOLD 1984, 830ff.). Dass etymologische Verwandtschaft stilbildend genutzt werden kann, aber nur begrenzt textkonstitutiv wirksam ist, soll an zwei Textausschnitten verdeutlicht werden.

Aufgabe 104.1

Erläutern Sie anhand des Wörterbuchartikels zu *Lunge* die Bestimmungsstücke für den Nachweis der etymologischen Motivation: indoeuropäische (= ie.) Wurzel, Grundbedeutung, Motivationsbedeutung (Wortgeschichte), etymologisch verwandte Wörter.
Zur etymologischen Motivation vgl. SCHIPPAN 1992, 40f.

> **Lunge** f. 'Atmungsorgan', ahd. *lungun(na)* Plur. (8. Jh.), *lunga* (10./11. Jh.), mhd. mnd. *Lunge*, asächs. *lungannia*, mnl. *longhe*, nl. *long*, aengl. *lungen*, engl. *lung* 'Lungenflügel', *lungs* (Plur.) 'Lunge', anord. *lunga*, meist *lungu* (Plur.), schwed. *lunga* führt als Substantivierung 'die Leichte' (die als Organ von Schlachttieren nach dem Schlachten im Wasser oben schwimmt) auf die nasalierte schwundstufige Wurzelform ie. **lng^{u}h-*, hochstufig **leng^{u}h-* 'leicht in Bewegung und Gewicht' der unter *leicht* (s.d.) genannten Wurzel.
>
> (Aus: Etymologisches Wörterbuch des Deutschen 1993)

Aufgabe 104.2

Überprüfen Sie im etymologischen Wörterbuch, inwieweit die stabreimenden Wörter (in Komposita kombiniert oder in syntaktischen Fügungen aufeinander folgend) in dem folgenden Satz aus Franz Fühmanns Geschichte „Am Schneesee" etymologisch verwandt sind.

> „Die weise Frau, eine *Heckenhexe* mit zwei schrecklichen *Hackenhaxen*, *hockte* grade vor einer *Hucke* Kräutern, als die Fee *gehumpelt* kam."

Welche textuelle Funktion hat hier die Wortbildung?

Aufgabe 104.3

Diskutieren Sie die Annahme, dass morphosemantisch motivierte Wortbildungsprodukte eines Wortbildungsnestes stärker textkonstitutiv wirken als Wortbildungsprodukte einer Wortfamilie, die „nur noch" etymologisch miteinander verwandt sind.
Legen Sie Ihrer Argumentation den Text „Brauen die Kunst" (in Aufgabenkomplex 66) zugrunde.

(a) Stellen Sie aus KLUGE 1999 die Wörter zusammen, die mit *brauen* etymologisch verwandt sind.
(b) Vergleichen Sie die kohäsionsbildenden Potenzen der Wortbildungsprodukte mit dem Kernwort *gären* im Text einerseits mit denen der etymologisch verwandten Wörter zu *brauen* andererseits.

Aufgabenkomplex 105
Volksetymologisch neu geschaffene Motivationsbedeutungen lassen sich nur diachron erklären. Volksetymologie (auch: sekundäre Motivation, Pseudomotivation) erwächst aus einem „Wortbildungsprozess, der auf einer inhaltlichen Umdeutung und formalen Umformung eines archaischen, fremdsprachlichen Wortes nach dem Vorbild eines ähnlich klingenden vertrautem Wortes mit ähnlicher Bedeutung beruht“ (BUßMANN 1990, 839f.): ahd. *mêr* ‘größer’ ist umgedeutet in *Meerrettich*, ind. *hamaca* ist umgeformt zu *Hängematte*.

Aufgabe 105.1
Erklären Sie die „Volksetymologie“ nach KLUGE 1999, Einleitung, XXIV. Vgl. auch SCHIPPAN 1992, 44f.; HENZEN 1965, 256ff.

Aufgabe 105.2
In Hermann Pauls „Deutschem Wörterbuch“ sind im Sachregister unter „Volksetymologie“ 52 Wörter zusammengestellt (PAUL 1992, 1123), die im alphabetischen Teil etymologisch erklärt werden.

(a) Schlagen Sie in Paul 1992 bei [2]*gerade, hantieren, Seehund, Friedhof, Duckmäuser, Sündflut* nach und erklären Sie die sekundäre Motivation dieser Wörter.

(b) Schlagen Sie in AUGST 1998 bei *Friedhof, Sündflut, Seehund* nach. Wie ist die Motiviertheit dieser Wörter gekennzeichnet und auf welche älteren Wörter werden sie zurückgeführt?

Aufgabe 106
Sortieren Sie die Wortbildungsprodukte *Bündel, Büschel, Henkel, Mädel, Sessel, Zügel* aufgrund ihrer Unterschiede in Genus und Wortbildungsbedeutung in zwei Gruppen. Benennen Sie die Unterschiede.

Informieren Sie sich bei FLEISCHER/BARZ (1995, 150f., 181), inwieweit die Suffixderivation auf *-el* noch produktiv ist.

Welche der sechs Wörter sind gegenwärtig morphosemantisch nur noch schwach motiviert? Erklären Sie ihre etymologische Motiviertheit nach KLUGE (1999).

Aufgabenkomplex 107
Im Laufe der Sprachgeschichte haben sich freie Wörter über reihenhaftes Auftreten in Komposita zu Affixen entwickelt, beispielsweise *-schaft, -tum, -haft* und *-sam.*

Aufgabe 107.1
Beschreiben Sie nach ERBEN (2000, 136-139), wie sich *-heit* vom freien Wort über ein Kompositionsglied zum Suffix entwickelt hat.

Aufgabe 107.2
Das Suffix *-mäßig* lässt sich etymologisch auf das freie Wort mhd. *(ge)mæze* ‘gleich, entsprechend’ zurückführen.

(a) Welche Gründe haben zu seiner starken Verbreitung geführt? Welche Wortart dominiert heute als Basis? Vgl. FLEISCHER/BARZ 1995, 265f.
(b) Welche Wortbildungsbedeutungen führt das LWB für Wortbildungsprodukte mit *-mäßig* an? Ordnen Sie die folgenden Adjektive den einzelnen Wortbildungsbedeutungen zu: *schulmäßige Verbesserung, planmäßiger Verlauf, lehrbuchmäßige Konzeption, mengenmäßige Beschränkung.* Vergleichen Sie die Bedeutungsbedeutungen mit denen des Adjektivs *mäßig.*

Aufgabenkomplex 108

Sprachhistorische Lautveränderungen wie der Ablaut, der i-Umlaut, die Hebung und der grammatische Wechsel sind im Laufe der Zeit zu regelmäßigen Erscheinungen in Flexionsparadigmen geworden (*binden/band, Mutter/Mütter, geben/gibst, schneiden/schnitt*) und sie schlagen sich auch in der Wortbildung nieder. Dass die Basismorpheme verändert sind, wird nach Henzen in der Wortbildung im Laufe der Zeit weniger als Störung, sondern eher „geradezu als ein die Ableitung förderndes Moment empfunden" (HENZEN 1965, 113 zum i-Umlaut in *Träger*, *Bäcker* u. a.).

Aufgabe 108.1

Auf welcher sprachhistorischen Lautveränderung beruht der Konsonantenwechsel im Basismorphem von *heben/Hefe*? Erklären Sie ihn und nennen Sie weitere Wortpaare mit diesem Wechsel.
Warum sind im Wortfamilienwörterbuch (AUGST 1998) *heben* und *Hefe* gesondert lemmatisiert?

Aufgabe 108.2

Wie heißen die nhd. Stammformen zu *schneiden*? Erklären Sie die sprachhistorisch bedingten Lautveränderungen im Grundmorphem.
Welche Wortbildungsbedeutung unterscheidet *schnitzen* von *schneiden*? Vgl. HENZEN 1965, 212f.; FLEISCHER/BARZ 1995, 350.

Aufgabe 108.3

Erklären Sie die sprachhistorisch bedingte Lautveränderung in den Wortpaaren.

lang – Länge, gut – Güte, Frau – Fräulein, Bauer – Bäuerchen, Burg – Bürger, Natur – natürlich, Kraft – kräftig, hart – härten, los – lösen

Welche Auswirkungen auf die gegenwärtige Wortbildung hat der paradoxe Befund: „Der i-Umlaut bildet sich ungefähr gleichzeitig aus mit dem Verschwinden seiner angeblichen Ursache!" (LINKE/NUSSBAUMER/PORTMANN 1994, 390)?
Beurteilen Sie aus diachroner Sicht die neue Schreibweise von *Gämse*, *Schänke*, *bläuen* und die unveränderte von *Eltern* (vgl. Aufgabe 76).
Vgl. auch HENZEN 1965, u. a. 220f. (Verben); LERCHNER 2001, 9.3.3.1.1.; PAUL 1998, 64ff.

Aufgabe 108.4

Von welchen Wörtern mit *e* als Stammvokal sind die Wortbildungsprodukte mit *i* im Stamm abgeleitet: *irdisch, Gebirge, Gefilde, Gewitter, Hilfe*? Geben Sie die Wortbildungsbedeutung der abgeleiteten Wortbildungsprodukte an, soweit sie noch auszumachen ist.

Welche Art von sprachhistorischem Lautwechsel liegt diesen Wortbildungen zugrunde? Suchen Sie die ahd. Formen der abgeleiteten Wortbildungsprodukte, um an ihnen den Wechsel von *e/i* erklären zu können. Vgl. PAUL 1998, 57; KLEINE ENZYKLOPÄDIE 1983, 158; in Auswahl HENZEN 1965, 200f., auch 137.

3 Lösungen

Lösung 1

Analysierbar: *erhöhen* motiviert durch *hoch* und *er-*, *Verzögerung* motiviert durch *verzögern* und *-ung*, *applaudieren* motiviert durch *Applaus* und *-ier(en)*, *Vergnügen* motiviert durch *sich vergnügen*, *Beginn* motiviert durch *beginnen*, *ermöglichen* motiviert durch *möglich* und *er-*, *mehrstimmig* motiviert durch *mehrere Stimmen* und *-ig*, *gewöhnlich* motiviert durch *gewöhnen* und *-lich*, *Strohstuhl* motiviert durch *Stroh* und *Stuhl*, *Auftritt* motiviert durch *auftreten*

Bedingt analysierbar: *äußern* nur formal beziehbar auf *außen* oder *äußere*, semantisch allenfalls figurativ motiviert (vgl. *etwas veräußern*); *Taschenspieler* schwach motiviert durch die Bedeutungen von *Tasche* und *Spieler* (etymologisch ein Derivat aus veraltetem Phraseologismus *aus der Tasche spielen* mit der Bedeutung 'aus einer scheinbar leeren Tasche allerhand Dinge hervorziehen', PAUL 1992, 878); *Vordergrund* teilmotiviert (motiviert durch *vorder-*, nicht eindeutig durch *Grund)*

Nicht analysierbar: *Publikum* entlehntes Wort, im Deutschen nicht motiviert; *Beifall* nicht motiviert, das Verb *beifallen* ist veraltet; *Zeit* Simplex

Gründe für unterschiedliche Lösungen: graduell abgestufte Ausprägung des Sprachbewusstseins und der Fremdsprachenkenntnisse

Lösung 2

Sinn, Manier, Grenze, Uhr, Publikum, Form, Kind, Beifall, Gardine, Podium, Sekunde, Zeit, Utensilien, Auge, Haus, Cavaliere, Cipolla

lassen, warten, haben, beginnen, bringen, gehören, mögen, gehen, stehen, sein, sehen, fassen; lange, leicht, schwarz, gelb, weit

Grenzfall: *klatschen* (könnte als phonetisch-phonologisch motiviert angesehen werden)

Lösung 3

Die Wörter haben eine metaphorische Bedeutung und wären insofern figurativ motiviert. Bei den Verben ist die Metaphorik allerdings weitgehend verdunkelt, in wörtlicher Bedeutung kommt nur *anspornen* 'dem Pferd die Sporen geben' vor; es kann in dieser Bedeutung als morphosemantisch teilmotiviert gelten. *Erfahren* ist morphosemantisch demotiviert. *Erfassen* lässt sich auf *fassen* 'verstehen' beziehen und kann als motiviert angesehen werden.

Morphosemantisch motiviert sind auch die jeweiligen wörtlichen Bedeutungen der Substantive, allerdings ist nur *Sprungbrett* in wörtlicher Bedeutung (im Sport) gebräuchlich. *Wermutstropfen* ist im GWDS nur in der einen metaphorischen Bedeutung gebucht; *Fuchsschwanz* auch als Bezeichnung für ein Kleidungsstück aus Pelz und für eine Pflanze.

Lösung 4

Motiviert: *medienversiert* durch *Medien* + *versiert*, *Provinzialität* durch *provinziell (*mit Ersatz von *-ell* durch *-al)* + *-ität*, *Cellist* durch *Cell(o)* + *-ist*, *enthusiastisch* durch *Enthusias(mus)* + *-(t)isch*, *Irritation* durch *irrit(ieren)* + *-(at)ion*, *musikalisch* durch *Musik* + *-(al)isch*, *psychologisch* durch *Psycholog(e/ie)* + *-isch*, *Pianist* durch *Pian(o)* + *-ist*, *Harmonie* durch *harmon(isch)* und *-ie*

Grenzfälle: *sensibel* Die Beurteilung der Motiviertheit hängt davon ab, ob man *sens* eine lexikalische Bedeutung geben kann, d. h. ob *sens* im Deutschen als Konfix anzusehen ist (vgl. *sensitiv, Sensor, sensuell*), *lancieren* teilmotiviert durch *-ieren, lanc* trägt im Deutschen im Allgemeinwortschatz keine Bedeutung.
Nicht motiviert: *Publicity, Publikum, Happening*

Lösung 5

Motiviert: *länglich, einlegen, benutzen, Taschentuch, Schwäche, Erscheinung, Alterslizenz, Nachlässigkeit, Betagtheit, bewußt, jovialerweise, ehrwürdig, Unbewußtheit, kindlich, Scharfblick, (der) Siebenjährige, Erinnerung, (der) Herangewachsene, alltäglich, Erscheinung, Wirklichkeit, gewöhnlich, Gemälde, lebensgroß, Bildnis, elterlich, Wohnzimmer, übersiedeln, rotseiden, Empfangszimmer*
Nicht oder teilweise motiviert: *Schildpattdose, handhaben, Zipfel, Gehrock, gestatten, einzig, Großvater, gewahren, eigentlich, wirklich, richtig, nämlich, erscheinen, erhalten*

Lösung 6

Atombombe, Antibiotikum, Autobahn, Automatisierung, Blockwart, Bolschewismus, Demokratisierung, Demonstration, Demoskopie, Deportation, Emanzipation, Energiekrise, Entsorgung, Faschismus, Fernsehen, Fließband, Flugzeug, Freizeit, Friedensbewegung, Führer, Fundamentalismus, Globalisierung, Information, Jugendstil, Kaugummi, Klimakatastrophe, Kommunikation, Konzentrationslager, Kreditkarte, Kugelschreiber, Luftkrieg, Manipulation, Massenmedien, Molotow-Cocktail, Mondlandung, Oktoberrevolution, Planwirtschaft, Psychoanalyse, Reißverschluss, Relativitätstheorie, Säuberung, Schauprozess, Schreibtischtäter, Schwarzarbeit, Selbstverwirklichung, Stau, Sterbehilfe, Terrorismus, U-Boot, Umweltschutz, Urknall, Verdrängung, Völkerbund, Völkermord, Volkswagen, Währungsreform, Weltkrieg, Wende, Werbung, Wiedervereinigung, Wolkenkratzer
Problemfälle:

- Entlehnungen, die in der Fremdsprache als Kurzwörter aus längeren Vollformen entstanden sind: *Aids, Radar*; sie könnten auch im Deutschen für denjenigen, dem die Vollformen geläufig sind, als Kurzwörter, d. h. als WBP gelten.
- Fremdwörter, deren semantisch angemessene Segmentierung sicheres Fremdwortwissen voraussetzt, wie z. B. *Deportation, Demoskopie*
- Polyseme WBP, bei denen bestimmte (die in dem Zusammenhang 'Jahrhundertwörter' gemeinten) Lesarten durch Bedeutungsbildung entstanden sind, wie bei *Säuberung* 'Vertreibung ethnischer Gruppen' oder *Wende* 'Umbruch des Jahres 1989 in der DDR'

Lösung 7

Wortbildung: Es entstehen neue Wörter, Wortbildungsmorpheme treten links und rechts an den Stamm, Bildungsregeln sind nicht auf alle denkbaren Fälle anwendbar, sondern geprägt durch systembedingte und pragmatische Restriktionen.
Flexion: Es entstehen Wortformen ein und desselben Wortes (Identität der lexikalischen Bedeutung), Flexionsmorpheme nur rechts am Stamm nach den Wortbildungsaffixen (Ausnahme *ge-*); Regeln mit hohem Allgemeinheitsgrad.

Lösung 8

Wortbildungsmorphem mit 1, Flexionsmorphem mit 2 gekennzeichnet:
Handel mit gold/en^{1}*/en*^{2} *Ring/en*^{2}*, alt/e*^{2} *Freund/e*^{2}*, durch Höh/e*^{1}*/n*^{2} *und Tief/e*^{1}*/n*^{2}*, ein Bus mit Lehr/er*^{1}*/n*^{2}*, Be*^{1}*/treu/er*^{1}*/n*^{2} *und Kind/er*^{2}*/n*^{2}
Nicht gekennzeichnete Morpheme sind Grundmorpheme bzw. Allomorphe von Grundmorphemen.
Besonderheit: Homonymie der Morpheme *-en, -e, -er*

Lösung 9

Argumente für die Betrachtung der Komparation als Flexion: Regelmäßigkeit, Anwendbarkeit auf sämtliche Adjektive (auch die logisch-semantisch nicht graduierbaren lassen die Komparativ- und Superlativformen morphologisch zu, vgl. *rot – röter – am rötesten, nass – nässer*), keine Demotivierungstendenzen der komplexen Formen
Argumente für die Betrachtung der Komparation als Wortbildungsprozess: Durch Komparation entstehen Stämme, an die die Flexionsmorpheme angefügt werden (*der schöner-e, schönst-e Sieg)*, wie das auch bei WBP geschieht (*die salzig-e, salzigst-e Suppe*), Komparativ- und Superlativformen sind – wie WBP – UK von Komposita und von Produkten der Präfixkonversion (*Höherentwicklung, Höchstgeschwindigkeit, vergrößern, verkleinern*).

Lösung 10

Es handelt sich um Entlehnungen, zum einen in integrierter, zum anderen in englischer Schreibung. Nach der Grammatik des Deutschen sind sie unabhängig von der Schreibung als Komposita zu bestimmen, da ein Adjektiv im Syntagma nicht unflektiert vor seinem Bezugswort stehen kann. Über den Wortstatus kann auch mit Hilfe des Akzents entschieden werden. Komposita tragen den Wortakzent auf dem Erstglied.

Lösung 11

WBP und entsprechende syntaktische Fügung unterscheiden sich bei substantivischem Erstglied im Kompositum durch die Reihenfolge der Bestandteile, so dass die Identifizierung der WBP eindeutig möglich ist. Das subordinierte Glied wird in der syntaktischen Fügung in Postposition präpositional oder genitivisch angeschlossen. Verbale Formen müssen im freien Gebrauch stets morphologisch als solche markiert sein. Das Konfix *elektro-* wird adjektiviert und als adjektivisches Attribut links vom Bezugswort flektiert. In keinem der Fälle besteht zwischen syntaktischer Fügung und WBP Formengleichheit.
Das Konfixkompositum *Stiefbruder* verfügt nicht über eine syntaktische Entsprechung mit den gleichen Konstituenten, weil *stief-* ein Konfix ist und Konfixe nicht wortfähig sind.

Lösung 12

Die Syntagmen entsprechen in der morphologischen Form und in der Reihenfolge ihrer Glieder den Komposita, so dass der Wortstatus der Komposita nicht am Formativ zu erkennen ist. Es bestehen allerdings Akzentunterschiede. Im Kompositum trägt die erste UK den Akzent (FLEISCHER/BARZ 1995, 87f.), in der syntaktischen Fügung im unmarkierten Fall das zweite Wort. Die Schreibung ist amtlich geregelt; wenn Varianten zugelassen sind, bleibt dem Schreiber die Entscheidung über Einwort- oder Mehrwortschreibung überlassen.

Lösung 14.1

Binär: *Sprachvermögen* (Kompositum), *Vorstellung* (Suffixderivat), *G-Faktor* (Kompositum), *Lebenserfolg* (Kompositum), *Wahrscheinlichkeit* (Suffixderivat)
Nicht binär: *Kopfrechnen, Befund, Bewältigen, Schwachsinnige, Durchfallen, Unterschied* (Konversionsprodukte)
Bei *G-Faktor* ist die erste UK weder wortfähig, noch ist sie ein Präfix, wie auch in *U-Bahn, U-Haft, H-Milch.* Sie steht aber für eine selbständige Vollform, daher ist das Wort ein Kompositum. Komposita dieses Strukturtyps werden auch partielles Kurzwort genannt.

Lösung 14.2

Komposita: *Atombombe, Autobahn, Blockwart, Energiekrise, Fließband, Flugzeug, Freizeit, Friedensbewegung, Jugendstil, Kaugummi, Klimakatastrophe, Konzentrationslager, Kreditkarte, Luftkrieg, Massenmedien, Molotow-Cocktail, Mondlandung, Oktoberrevolution, Planwirtschaft, Psychoanalyse, Reißverschluss, Relativitätstheorie, Schauprozess, Schreibtischtäter, Schwarzarbeit, Sterbehilfe, U-Boot, Umweltschutz, Völkerbund, Völkermord, Volkswagen, Währungsreform, Weltkrieg*
Derivate: *Antibiotikum, Automatisierung, Bolschewismus, Demokratisierung, Demonstration, Deportation, Emanzipation, Entsorgung, Faschismus, Führer, Fundamentalismus, Globalisierung, Information, Kommunikation, Manipulation, Säuberung, Terrorismus, Urknall, Verdrängung, Wende, Werbung*
Konversionsprodukte: *Fernsehen, Stau*
Komposita oder Derivate (doppelt motiviert): *Kugelschreiber, Selbstverwirklichung, Wiedervereinigung, Wolkenkratzer* (Lehnbildung), *Demoskopie*
Zu Problemfällen vgl. Lösung 6

Lösung 14.3

unglücklich als Präfixderivat Modifikation, als Suffixderivat Transposition
drogensüchtig als Kompositum Modifikation, als Suffixderivat Transposition
Grundsteinlegung Suffixderivat, Transposition
Unterrichtsvertretung als Kompositum Modifikation, als Suffixderivat Transposition
übersichtlich Suffixderivat, Transposition
Handlungsfähigkeit als Kompositum Modifikation, als Suffixderivat Transposition
deutschsprachig Suffixderivat, Transposition
Sprachaufzeichnung als Kompositum Modifikation, als Suffixderivat Transposition
Ergebnisspeicherung als Kompositum Modifikation, als Suffixderivat Transposition
Produktherstellung als Kompositum Modifikation, als Suffixderivat Transposition
Frischkostanbieter als Kompositum Modifikation, als Suffixderivat Transposition

Lösung 15 (exemplarisch)

Kompositum: *Weltstunde* S + S, Wortbildungsbedeutung ist vage, kann nicht ermittelt werden, sie entspricht keinem üblichen Typ.
Derivat: *Dichterin* S + *-in* ‘Movierung’ (metaphorisch gebraucht)
Konversionsprodukt: *(alles) Wesentliche* A > S ‘Nomen qualitatis’
Relativ häufig Suffixderivate und Konversionsprodukte; selten Komposita; nicht vertreten Präfixderivate.

Ergebnis verweist auf Gebrauchsbesonderheiten in der Belletristik (weniger Komposita, deadjektivische Konversionsprodukte zum Ausdruck des Unbestimmten) und auch darauf, dass Präfixderivation beim Substantiv grundsätzlich wenig entwickelt ist.

Lösung 16.1

(a) *Kinderbuch*: S, F + S 'Adressat'; *Kochbuch* V + S 'Thema' usw. (Inventar weiterer Wortbildungsbedeutungen bei FANDRYCH/THURMAIR 1994; BARZ/SCHRÖDER 2001).
Nur Komposita, die den gleichen Wortbildungstyp repräsentieren, können als eine Wortbildungsreihe bezeichnet werden, z. B. *Lese-, Hörbuch* V + S 'final'.

(b) Akzeptabilitätsbedingung für *Papierbuch*: gebildet, um das traditionelle, "normale" Buch von *Hörbuch* abgrenzen zu können (Benennungsbedarf); *Lesebuch* ist wegen seiner spezifischen lexikalischen Bedeutung dafür nicht geeignet ('Schulbuch für den Deutschunterricht mit literarischen Texten').
Papierbuch ist akzeptabel (und nur scheinbar tautologisch), da sich mit der Entwicklung der elektronischen Speicherung von Texten auch die lexikalische Bedeutung von *Buch* so verändert, dass sie nicht mehr zwingend das Merkmal 'aus Papier gefertigt/auf Papier gedruckt' impliziert.

Lösung 16.2

Determinativkompositum: Determinans-Determinatum-Struktur, Erstglied kann ein Wort einer beliebigen Wortart oder eine syntaktische Fügung sein; Zweitglied ist der grammatische Kopf und semantisch ein Hyperonym zum Kompositum. Reihenfolge der UK ist fest.

Kopulativkompositum: koordinierende Bedeutungbeziehung, beide UK sind Substantive, semantisch ist ihre Reihenfolge im Prinzip vertauschbar. Zweitglied ist ebenfalls grammatischer Kopf; mitunter sind Kopulativkomposita auch determinativ interpretierbar.

Lösung 16.3

Betriebsverfassungs/gesetz: linksverzweigt
Bundestags/abgeordneter: linksverzweigt
Bundes/wirtschaftsminister: rechtsverzweigt
Entwicklungshilfe/ministerium: linksverzweigt
Ernährungs/gewohnheit: nicht verzweigt
Hochwasserkatastrophen/hilfsdienst oder *Hochwasser/katastrophenhilfsdienst:*
beidseitig verzweigt
Jahres/wirtschaftsbericht: rechtsverzweigt
Klimaschutz/programm: linksverzweigt
Kosten/bewusstsein (des Unternehmens): rechtsverzweigt
Länder/finanzausgleich: rechtsverzweigt
Landtags/wahlkampf: beidseitig verzweigt
Meinungsforschungs/institut: linksverzweigt
Nahrungsmittel/hilfe: linksverzweigt
Rücktritts/bereitschaft (des Ministers): linksverzweigt
Treibhausgas/emission: linksverzweigt

Lösung 17

(Vorzugssegmentierung mit Doppelstrich // gekennzeichnet)
5-Gang-//Schalt/getriebe, Einzel//rad/aufhängung, Benzin-/Direkteinspritz//er, Sprit/spar//potenzial, elektronische Kraft//verteil/ung und Wegfahr//sperre, Leichtmetall//felgen, elektrische Scheiben/heb//er mit Einklemm//schutz, Cockpit//verkleid/ung, Holz-Leder-//Lenkrad, Multi-Info-//Display, Leder/ausstattung mit Sitz//heizung, Heckleuchten//einfassung in Wagenfarbe, Zweifarb-//Lackierung
Kriterien: Geläufigkeit der UK als Lexikoneinheiten oder Kollokationen (*Sprit sparen, Potenzial*; Gerät (*-er*) zum Scheibenheben); semantische Nähe zwischen dem WBP und der entsprechenden Paraphrase (<Felgen aus Leichtmetall>, nicht <leichte Metallfelgen>); Fachwissen, z. B. darüber, dass Teile im Innern eines Autos *Verkleidung* genannt werden wie in *Cockpitverkleidung*.

Lösung 18.2

Das Fugenelement kann varietätenspezifisch auftreten: zur Unterscheidung fach- und gemeinsprachlichen Wortgebrauchs (*Schaden/s/ersatz, Halt/e/verbot*) oder von nationalsprachlicher Zugehörigkeit (*Gelenk/s/entzündung, Aufnahmeprüfung – Aufnahmsprüfung* – dt./österr.).
Bei formal identischem Erstglied können verschiedene Fugenelemente sowohl ohne semantische Differenz vorkommen (*Rinderbraten – Rindfleisch*) als auch Homonymie der Erstglieder oder deren verschiedene Wortarten kennzeichnen (*Gutshof – Güterabfertigung, Stabhochsprung – Stabsoffizier, Badfenster – Badeschuh, Landesfarben – Landebahn*).
Schließlich unterscheiden Fugenelemente bei identischen Erst- und Zweitgliedern auch Wortbedeutungen (denotativ: *Geschichtenbuch – Geschichtsbuch, Sonntag – Sonnentag;* konnotativ: *Mondschein – Mondenschein*).
Aufgrund der Konvention dürfen Fugenelemente, auch wenn sie keine der genannten Funktionen erfüllen, nicht willkürlich weggelassen werden: **Arbeitanzug – Arbeitsanzug, *Arztkammer – Ärztekammer.*

Lösung 18.3

Bei Bestimmungswörtern auf *-ling* tritt im Allgemeinen ein Fugen-*s* auf (*Lehrlingswohnheim, Pfifferlingsweg*). Folgt man der Empfehlung unter R 34, findet man im Wörterverzeichnis des Dudens als Beispiele mit dem gleichen Bestimmungswort *Schmetterlingsblüte, ...blütler, ...kasten, ...netz, ...sammlung, ...stil,* d. h., alle weisen ein Fugenelement auf. (Während in den „Richtlinien" im DUDEN 1996 dem „Fugenzeichen" noch eine eigene Richtlinie gewidmet ist, fehlt im Abschnitt „Rechtschreibung und Zeichensetzung" im DUDEN 2000 eine entsprechende Kennziffer.)

Lösung 18.4

Vgl. DUDEN 9, 281ff.: Nach substantivierten Infinitiven als Erstglied steht regelmäßig das Fugen-*s* (daher allgemeinsprachlich *Einkommenssteuer, Vermögenssteuer*).
Bestimmungswörter mit Suffixen wie *-schaft, -ung* haben im Allgemeinen das Fugen-*s* (daher allgemeinsprachlich *Erbschaftssteuer, Versicherungssteuer*).

Lösung 19.1

Die Zuordnung zu einer der beiden Klassen hängt davon ab, welche UK angenommen werden und ob sich die Bedeutung des gesamten Gefüges jeweils plausibel aus der rekonstruierten Motivationsbedeutung ergibt.

Modifikation: *Hirn/forscher* (und nicht *am Hirn forschen + -er), Hirn/schrittmacher, Bio/ ingenieur, Computer/tüftler, Super/rechner, Medizingeräte/hersteller, EU/-Finanzminister, Werbeträger/in*

Transposition: *Ratgeb/er, Landesbank/er*

Modifikation/Transposition (Mehrfachmotivation): *Biophysiker, Neurowissenschaftler, Neuroinformatiker, Augenmediziner, Tennisspielerin, Doppelspielerin, Grand-Slam-Gewinnerin, Branchenkenner, Firmengründer, Software-Erfinder, Kundenberater, Firmenkäufer, Meilenjäger*

Lösung 19.2

Modifikation: *Bewährungshelfer, Gesprächspartner, Geschäftsleiter, Fachgruppenleiter* alle Komposition

Transposition: *Betreuer, Mitarbeiter, Straftäter, Helfer* Suffixderivation; *Verurteilte, Ehrenamtliche* Konversion

Straftat > Straftäter Suffixderivat, Suffix *-er* ist Wortbildungsmorphem, ist fester Bestandteil aller Wortformen in einem Flexionsparadigma (gehört als Wortbildungsmorphem zum Wortstamm des Substantivs) und prägt eine Wortbildungsbedeutung aus.

straffällig > der Straffällige, ein Straffälliger Konversionen, *-er* ist Flexionsmorphem aus der starken Adjektivflexion, ist in einem Flexionsparadigma positionsabhängig und hat grammatische Bedeutung.

Professional > Profi: Kombination von Reduktion und Suffixderivation. Da weder Wortartwechsel noch semantische Veränderung eintreten, passt das WBP *Profi* in keine der beiden Klassen (vgl. Lösung 36.4.).

Lösung 19.3

Die Antwort ist falsch, denn die angegebene Bedeutung ist nicht die Wortbildungsbedeutung, sondern die lexikalische Bedeutung des Wortes. Zum Terminus Wortbildungsbedeutung (hier: 'Nomen actionis') vgl. Kleines Glossar.

Lösung 20.1

Synt + *-er* 'Personenbezeichnung'

Lösung 20.2

analog-holistisch: *Liebewicht*

kompositionell-regulär: die übrigen Bildungen; Muster sind die Derivationstypen V + *-er* (*Klauer*), Synt + *-er* (*Lass-mal-Sager, Gernerumtrampler, Brötchenfresser, Gemütlichmacher*), S + *-er* (*Briller, Ofner*), Synt + *-er/-in* (*Immernichspazierengehenwollerin, Trickfilmausdenkerin*) sowie Komposita aus V + S (*Rett-, Besuch-, Guckmann*);

kaum Lexikalisierungschancen wegen fehlender Benennungsbedürfnisse (Begriffe sind nicht relevant oder bereits mit anderen Benennungen im Lexikon fixiert); hinderlich sind auch „unhandliche" Strukturen.

Lösung 20.3

Vereinigung: V + *-ung* 'Nomen actionis' oder 'Nomen acti'; Argumentstelle hier nicht besetzt, im vorangehenden Satz durch *Deutschland* genannt; mögliches Kompositum: *Deutschlandvereinigung*

Sanierung: V + *-ung* 'Nomen actionis'; Argumentstelle (Patiens), mit Gen.attr. *Ostdeutschlands* gesättigt; mögliches Kompositum: *Ostdeutschlandsanierung*

Einschätzung: V + *-ung* 'Nomen actionis; Argumentstelle (Patiens), mit Gen.attr. *seiner Relevanz* gesättigt; fak. Besetzung der Agensstelle mit *durch Bildungspolitiker*; mögliche Komposita: *Relevanzeinschätzung, Bildungspolitikereinschätzung*

Darstellung kann zweifach interpretiert werden:

- V + *-ung* 'Nomen actionis'; Argumentstelle (Patiens) nicht besetzt. Das Argument kann hier fehlen, weil der vorangegangene Text die entsprechende Information enthält. Besetzung wäre aber möglich und evtl. auch der Strukturierung des Satzinhaltes dienlich: *eine ausführliche Darstellung des Problems/der Situation findet sich in ...*; mögliches Kompositum: *Problemdarstellung*;
- Bei Interpretation von *Darstellung* als 'etwas in beschreibenden, schildernden Worten Dargestelltes' (GWDS) entfällt die Notwendigkeit einer Argumentsättigung, Argument ist in lexikalische Bedeutung impliziert (vgl. OLSEN 1986, 84 zu Derivaten auf *-er* wie *Pfleger*).

Zur Akzeptanz der gebildeten Komposita: Die meisten sind wegen ihrer Komplexität kaum akzeptabel; Ausnahme: *Problemdarstellung.* In Komposita mit dem Zweitglied *Einschätzung* und einer Personenbezeichnung als Erstglied lässt sich das Erstglied als Agens- oder Patiensstellenbesetzung interpretieren.

Lösung 20.4

Derivate

auf *-heit:* Partizip II als Basis: *Abgemagertheit*, *Enttäuschtheit*; Simplex als Basis: *Coolheit*

auf *-igkeit*: Basis auf *-los*: *Gewissenlosigkeit*

auf *-keit:* Basis auf *-bar*: *Ordenbarkeit*

Komposita: *Herz-Lungen-Krankheit*: *Krankheit* ist Determinatum des Kompositums; als Derivat hat *Krankheit* eine simplizische Basis und ist regulär mit *-heit* verbunden.

Luftfeuchtigkeit: *Feuchtigkeit* ist Determinatum des Kompositums; einsilbige Basis *feucht* + Suffix *-igkeit,* Bildung entspricht den Angaben in FLEISCHER/BARZ 1995.

Doppelmotivation bei *Amtsmüdigkeit*: Derivat *amtsmüde* + *-igkeit* oder Kompositum *Amt* + *Müdigkeit; Unklarheit*: *unklar* + *-heit* (keine Angaben zur bevorzugten Variante bei Präfixderivaten mit *un-* in der Übersicht) oder *un-* + *Klarheit*

Lösung 21.1

Alle Konversionsprodukte sind untypische Substantive in dem erläuterten Sinne.

Zähneknirschen, Knirschen, Bewältigen, Tragen sind 'Nomina actionis'. Sie bilden keinen Plural.

Betroffene ist eine Personenbezeichnung mit variablem Genus und adjektivischer Flexion (stark/schwach).

Lösung 21.2

(a) untypische Substantive

(alles) Wesentliche, Dauernde, (viel) Gleichgültiges, Alltägliches sind 'Nomina qualitatis'. Sie bilden keinen Plural.

Zufrüh, Zuspät sind 'Nomina qualitatis'. Sie bilden keinen Plural.

(b) typische Substantive

Leben ist lexikalisiert, alle grammatischen Substantivmerkmale sind ausgeprägt (festes Genus, substantivische Flexion, Plural möglich).

Ja, Nein sind abstrakte Substantive (mit der Bedeutung 'zustimmende bzw. ablehnende Äußerung'), alle grammatischen Substantivmerkmale sind ausgeprägt.

Lösung 21.3

Konversionsprodukte (keine UK-Struktur, Wortartwechsel): *Zerfall, Erwerb, Besuch*
Suffixderivate (erste UK selbständig, zweite UK Suffix): *Zerstörung, Ordnung, Berechtigung*
Präfixderivate (erste UK Präfix, zweite UK selbständig) *Unlust, Uraufführung*
Kompositum (zwei selbständige UK) *Vordach*

Lösung 22

Kurzwörter: *USA, BRD, VL, DM, Emnid* (< *Erforschung der öffentlichen Meinung/Marktforschung/Nachrichten/Informationen/Dienstleistungen*), *Telekom* (< *Telekommunikation*)
Kurzwort-Komposita mit Kurzwort als Erstglied: *VL-Anleger, Euro-Zone, TMT-Aktien, US-Wirtschaft, Euroland, VL-Sparen*
unisegmental *Euro*, *Telekom* (Anfangssegment); multisegmental die übrigen
Alle multisegmentalen sind Initialkurzwörter; *Emnid* wird phonetisch gebunden, die anderen Initialwörter werden in Buchstabierweise gesprochen.
Sonderfall: *DM* – meist nur geschrieben; gesprochen in der Form [*De-Mark*]

Lösung 23

Kompositum: *mittelgroß*
Derivate: *erstaunlich, schmierig, mißgelaunt, frostig*
Doppelt motiviert: *tintenfleckig (Tinte, n + fleckig* oder *Tintenfleck + -ig), hufeisenförmig (*zu *-förmig* vgl. auch Aufgaben 24.4 und 25.1).
teilweise motiviert: *schäbig* (strukturell-morphologisch zu erkennen als Derivat von veraltet *Schabe, Schäbe* 'Krätze, Räude', gehört zur Wortfamilie *schaben*, vgl. GWDS).
Zu diskutierende Grenzfälle (Konversionsprodukt oder Verbform) sind die Partizipien I und II *vorrückend, bedeckt*: beide werden attributiv gebraucht, haben aber sonst keine Adjektivmerkmale. *Vorrückend* ist nicht komparierbar, nicht mit *un-* präfigierbar und nicht mit *sehr* verbindbar. *Bedeckt* ist in der Lesart im Text ebenfalls nicht komparierbar und nicht mit *sehr* verbindbar, allenfalls mit *un-* präfigierbar. In anderen Lesarten *(bedeckter Himmel, sich bedeckt halten*) ist der Adjektivstatus eindeutiger ausgeprägt.

Lösung 24.1

(a) In Komposita mit substantivischen Erstgliedern ist die Wortbildungsbedeutung 'komparativ', in denen mit adjektivischen Erstgliedern 'graduierend'.

(b) Nach dem morphologischen Status des Zweitgliedes handelt es sich bei Adjektiven auf *-farben* (mit der Bedeutung 'aussehend nach') um Konfixkomposita, bei denen auf *-farbig* um adjektivische Komposita, denn *farbig* ist ein frei vorkommendes Adjektiv. Allerdings unterscheidet sich die lexikalische Bedeutung des frei gebrauchten Adjektivs *farbig* von der Bedeutung, die es in den Komposita hat. Das Adjektiv *farbig* bedeutet 'verschiedene Farben aufweisend' oder 'eine andere Farbe als Weiß oder Schwarz aufweisend', *-farbig* dagegen 'eine bestimmte Farbe, mehrere bestimmte oder unbestimmte Farben aufweisend' (GWDS).

(c) Erstglieder sind nicht oder nur bedingt flektierbar.

Lösung 24.2

Alle Adjektive sind Komposita.
kirschgroß: S + A 'komparativ'
klassisch-elegant: A + A 'kopulativ' ('additiv') oder Determinativkompositum
knitterarm: V + A 'Geltungsbereich'
knöchelhoch: S + A 'lokal' ('bis zu')
kupfergelb: S + A 'komparativ'
kuschelsamtig: V + A 'geeignet für'; auch: 'komparativ' (*wie zum Kuscheln*)
lackierfähiges: V + A 'modal-passivisch'
lässig-bequem: A + A 'kopulativ'
mahagonifarbig: S + A 'komparativ'
mehltauresistent: S + A (Rektionskompositum: 'gegen')
maschinenwaschbar: S + A 'lokal' oder 'instrumental'
lösungsmittelbeständig: S + A (Rektionskompositum: 'gegen')
modisch-breit: A + A 'kopulativ' oder Determinativkompositum

Lösung 24.3

determinativ: *hellrot, wasserklar, rotbraun*
kopulativ: *weißrot, grün-gelb, deutsch-israelisch, deutsch-deutsch*
zweifach interpretierbar: *blauschwarz*

Lösung 24.4

Ursachen für die Produktivität der Kompositionsmodelle: prägen deutlichere Wortbildungsbedeutung aus als Derivate mit dem polyfunktionalen Suffix *-ig*; aus morphologischer Sicht: Erstglieder gehen unverändert in die Komposita ein. Als Derivationsbasen hingegen unterliegen sie meist der Allomorphie (*Bart – bärtig*).

Komposita mit *-artig, -förmig* sind auch deshalb so stark reihenbildend, weil der Ausdruck einer Vergleichsrelation typisch ist für die adjektivische Wortbildung. In manchen Fällen ist das Derivat auf *-ig* nicht synonymisch, d. h. die Wortbildungsbedeutung stimmt nicht mit der eines Kompositums überein, vgl. *bärtig* 'ornativ'.

Schließlich setzt die Bildung von Adjektiven auf *-ig* eine deutlich markante Eigenschaft des durch das Substantiv Bezeichneten voraus, die zum Vergleich herausfordert, so dass Derivate auf *-ig* auch nur in solchen Fällen gebildet werden können, vgl. *affig* 'Verhalten wie das eines Affen', **gansig* – kein typisches Verhalten.

Lösung 25.1

Motsch nimmt für die genannten komplexen Zweitglieder Suffixstatus an, weil „die Mehrzahl aller Bildungen mit diesen Einheiten nicht auf lexikalisierte Komposita" (wie *flaschenförmig* auf *Flaschenform*) zurückgeführt werden kann (MOTSCH 1999, 12). Bei Adjektiven auf *-mäßig* ist eine solche Herleitung grundsätzlich ausgeschlossen (*fahrplanmäßige Ankunft – Ankunft nach *Fahrplanmaß*). Zwischen *mäßig* (Wort) und *-mäßig* (Suffix) ist Homonymie anzunehmen.

Lösung 25.2

Suffixderivation; die Basen sind syntaktische Fügungen, wie Paraphrasen verdeutlichen: *(ein Kleeblatt) <mit vier Blättern>, (ein Auto) <mit fünf Türen>* usw.

Lösung 25.3

Die gemeinsame Wortbildungsbedeutung ist 'Vergleich'.
samtig, samtweich; riesig, riesengroß; kugelig, kugelrund; eisig, eiskalt; strohig, strohtrocken
Der Derivationsbasis entspricht im Kompositum die 1. UK. Die 2. UK des Kompositums bezeichnet explizit das Vergleichsmerkmal, das im Derivat durch den Wortbildungstyp implizit (mit)verstanden wird.

Lösung 25.4

Wortbildungstyp: S (Stoffbezeichnung) + *-en/-n/-ern/* 'Material'/'bestehen aus'
seiden – seidig, silbern – silbrig: Unterschiede in der Wortbildungsbedeutung, die Adjektive auf *-ig seidig, silbrig* haben die Wortbildungsbedeutung 'komparativ';
golden – goldig: nur noch formal in Beziehung, *goldig* bedeutet 'niedlich' und ist demotiviert
steinern – steinig: Unterschiede in der Wortbildungsbedeutung: *steinig* 'ornativ' ('versehen mit')

Lösung 25.5

Morphologie der Basis: *-bar* tritt additiv an heimische und an fremde Basen, letztere v. a. auf *-ieren, -isieren, -ifizieren*; *-abel/-ibel* nur an fremde verbale Basen auf *-ieren*, wobei das adjektivbildende Suffix das verbale *-ieren* substituiert.
Wortbildungsbedeutung: meist 'modal-passivisch'
Verben aus dem Englischen verbinden sich wie nicht entlehnte Verben mit dem Suffix *-bar*: *scannbar, leasbar, recycelbar*, vgl. *essbar, lesbar.* Für die Distribution der Suffixe *-bar* vs. *-abel/-ibel* ist offensichtlich der Wortakzent mitverantwortlich. Verben auf *-ieren* sind suffixbetont (*transportíeren – transportábel)*, Derivate auf *-abel/-ibel* ebenso.

Lösung 25.6

Der Adjektivcharakter der Derivate auf *-er* wie *Mecklenburger* (*Regiolekt*) ergibt sich aus der Möglichkeit, sie als (vorangestellte) Attribute zu verwenden (wie *mecklenburgischer Regiolekt*). Sie werden – abweichend vom Normalfall des adjektivischen Attributs – nicht flektiert. Konkurrierende Adjektive auf *-isch* stellen meist Synonyme dar.

Lösung 25.7

belastbar, greifbar, hörbar, lesbar: V + *-bar* 'modal-passivisch'; Suffixderivation
unaussprechlich, unvermeidlich, unzertrennlich: V + *un- ... -lich* 'modal-passivisch', Zirkumfigierung/ Präfix-Suffix-Derivation

Lösung 25.8

Präfixbildung: *ununterbrochen, unwiderruflich* (*widerruflich* 'bis auf Widerruf'), *unwandelbar*

Zirkumfigierung/ Präfix-Suffix-Derivation: *unermesslich*; Sonderfall: *unvergesslich* (ist semantisch nicht die Negation von *vergesslich*, vgl. *vergesslicher Mensch* 'Mensch, der viel vergisst' vs. *unvergessliches Ereignis* 'Ereignis, das man nicht so leicht/gar nicht vergessen kann'; deshalb Interpretation als Zirkumfigierung mit der verbalen Basis *vergessen*)

demotiviert: *unablässig*

Lösung 26

Zur Wortbildungsbedeutung bei verbalen WBP vgl. BARZ/SCHRÖDER 2001.

verdüstern Präfixkonversion, *ver-* + A > V 'faktitiv'
erhellen Präfixkonversion, *er-* + A > V 'faktitiv'
verdrängen Präfixderivation, *ver-* + V 'perfektiv'
verdichten Präfixkonversion, *ver-* + A > V 'inchoativ/mutativ'
versammeln Präfixderivation, *ver-* + V 'perfektiv'
erfüllen Präfixderivation, *er-* + V 'perfektiv'
erschallen Präfixderivation, *er-* + V 'Beginn der Handlung/ ingressiv'
weitere Präfixe (unbetont): *be-, ent-, zer-, miss-, durch-, um-, über-, unter-*

Lösung 27

Alle Verben sind Präfixderivate ([Präfix] + V); sie haben folgende Wortbildungsbedeutungen:

abreisen 'räumlich: von etwas weg', *abändern* 'intensivierend'

anschmiegen 'räumlich: auf etwas zu', *anfahren* 'Beginn der Handlung', *andiskutieren* 'Handlung nur teilweise vollziehen'

nachwiegen, nachstellen 'etwas nach einem bestimmten Zeitpunkt noch einmal tun', *nachwirken* 'nach einem bestimmten Zeitpunkt weiter andauernd'

Grammatische Merkmale: Präfixe tragen Wortakzent, Trennung des Präfixes von der Basis in den synthetischen finiten Formen des Verberst- und Verbzweitsatzes; bei Partizip II bzw. Infinitiv mit *zu* tritt partizipbildendes *ge-* bzw. Infinitivpartikel *zu* zwischen Präfix und Basis. Ausnahme: Verben auf *-ieren* bilden Partizip II ohne *ge-*: *andiskutiert.*

Lösung 29

Die Verben sind um so eher akzeptabel, je stärker das mit dem Basissubstantiv bezeichnete Tier durch eine als charakteristisch geltende Verhaltensweise auffällt: die Elster stiehlt glänzende Gegenstände, die Schnecke bewegt sich extrem langsam, die Nachtigall ist ein typischer Singvogel.

Weniger akzeptabel sind die Verben dann, wenn die durch die Basis bezeichneten Tiere nicht über eine als markant empfundene Eigenschaft verfügen, Letzteres trifft insbesondere auf Haustiere zu.

Die pragmatisch bedingten Beschränkungen werden überlagert von Textsortenbedingungen, Akzeptabilitätsgrenzen verschieben sich in Abhängigkeit von Textfunktionen.

Lösung 30

(a) Das Präfix dient der Verdeutlichung der lexikalischen Bedeutung des Verbs, es ist – streng genommen – semantisch redundant. Mit dem Präfixderivat *verleasen* 'vermieten' ist wohl entsprechend den Möglichkeiten des Deutschen beabsichtigt, einen Bedeutungsunterschied zu *leasen* 'mieten' als dem konversen Verb auszudrücken. Daneben wird *leasen* aber auch in beiden Bedeutungen gebraucht.

(b) Das Präfix modifiziert die Basisbedeutung nach einem im Deutschen üblichen Wortbildungstyp oder dient (bei *aufgagen*) zusammen mit der Konversion der Bildung eines Verbs aus einer anderen Wortart.
umstylen: 'die Handlung noch einmal, aber anders durchführen' (vgl. *den Roman umschreiben, die Bäume umpflanzen*). Der Akzent liegt jeweils auf dem Präfix.
durchdesignen 'vollständig von Anfang bis Ende' (vgl. *die Nacht durcharbeiten*)
zumailen: metaphorisch 'jmdn. mit E-Mails zudecken, völlig bedecken' (vgl. *die Einfahrt zuparken*)

Lösung 31

Doppelförmige Verben sind solche, bei denen nicht die Art des Präfixes zusammen mit dem Wortakzent, sondern der Wortakzent allein anzeigt, wie die morphologischen Formen der Verben gebildet werden. Weiteres zur Morphologie der Verben im Einzelnen bei EISENBERG 1998a, 244ff.; vgl. auch Lösung zu Aufgabe 27.
überleben, überführen, übertragen: untrennbar, Präfix unbetont
umdrehen, unterziehen, durchhalten, umsetzen: trennbar, Präfix betont

Lösung 32

FLEISCHER/BARZ: Verben als Komposita bestimmt; begründet mit Semantik und morphosyntaktischer Selbständigkeit der ersten UK
EICHINGER: Inkorporation markiert einen „Übergangsbereich zwischen usualisierter Syntax und mehr oder minder locker inkorporierender Wortbildung" (105). Kriterium dieser Kategorisierung ist die graduell ausgeprägte Möglichkeit der „adverbialen Auflösbarkeit" der komplexen Verben.
MOTSCH: Ausschluss dieser Verben aus der Wortbildung mit der Auffassung, es seien „lexikalisierte syntaktische Fügungen" (51); orthographische Konsequenz bei Motsch ist Getrenntschreibung der Verbkomplexe.

Lösung 33

Objektsbezug oder (nach Eichinger) kausatives Adjektivprädikat: *Dem Schüler eine Stunde freigeben* (<die Stunde ist frei> oder <machen, dass die Stunde frei ist>), ebenso *den Samstag freihaben, die Geiseln freikaufen/freibekommen, die Knochenreste freilegen, den Brief mit der Briefmarke freimachen, dem Studenten die Entscheidung freistellen*
Subjektsbezug: *freikommen*

Lösung 34.1

bausparen Entstehung: *das Sparen für den Bau/das Bauen* > *das Bausparen* > *bausparen*, finite Formen sind vereinzelt untrennbar belegt, vgl. *wer bauspart* [...] (GWDS)
brustschwimmen Entstehung: *das Schwimmen in Brustlage* > *das Brustschwimmen* > *brustschwimmen*, nur im Infinitiv gebräuchlich, finite Formen sind lt. GWDS nicht üblich.
staubsaugen Entstehung: *den Staub saugen* > *Staubsauger* oder *das Staubsaugen* > *staubsaugen*; Formenparadigma vollständig ausgeprägt, Verb ist morphologisch und syntaktisch untrennbar, die syntaktische Fügung *Staub saugen* wird trennbar verwendet.

zwangsversteigern Entstehung: *die Versteigerung aus/unter Zwang > Zwangsversteigerung > zwangsversteigern*; nur in Infinitiv und Partizip II gebräuchlich; Partizipbildung wie bei *versteigern* ohne *ge-*

Lösung 34.2

Die Basen sind komplexe Substantive: *Zwangsadoption, -ausbürgerung, -beurlaubung, -einweisung, -ernährung, -evakuierung, -test, -umsiedelung, -versetzung.* Das in der verbalen Wortbildung ungewöhnliche Fugenelement (*zwangsversteigern*) signalisiert die substantivische Herkunft der Verben.
Die Zweitglieder der Basen sind deverbale Derivate, vgl. *adoptieren > Adoption, ausbürgern > Ausbürgerung* (außer *Test*, das entlehnt ist, jedoch semantisch wie die heimischen Derivate ein Nomen actionis darstellt). Der Terminus Rückbildung ist motiviert durch 'gebildet zu dem Verb, auf das dieses neue Verb in zwei Wortbildungsschritten zurückgeführt werden kann'.

Lösung 35.1

Teesortiment S + S 'konstitutiv', *Teemischung* S + S 'konstitutiv' oder Rektionskompositum 'patiens', *Teesorte* S + S 'konstitutiv', *Teearoma* S + S 'kausal'
Tees ist regulärer Plural, *Tee* gehört zu den Stoffsubstantiven, die in der Regel keinen Plural bilden, es entwickelt sich aber dieser „Sorten-Plural" (EISENBERG 1994, 179; z. B. auch *Hölzer, Weine*), *Teesortiment* und *Teesorten* sind alternative Ausdrucksformen dafür.

Lösung 35.2

Die Substantive sind Stoffbezeichnungen und Abstrakta. Sie können häufig keinen Plural bilden.
Mögliche WBP für fehlende Pluralformen: *die Buttersorten, die Fleischsorten, die Getreidearten, die Schmuckwaren, die Verkehrsarten, die Bewusstseinsformen.*
Genutzte Wortbildungsart: Komposition

Lösung 36.1

Mögliche Komposita (vgl. GWDS):
der Morgentau, das Schiffstau
das Jahresgehalt, der Eisengehalt
der Fahnenmast, die Schweinemast
der Hitzeschild, (auch: *der Schutzschild*), *das Verkehrsschild*
der Klassenleiter, die Tonleiter
Die substantivischen Grundwörter haben die gleiche Form, verschiedene Genera und verschiedene Bedeutungen. Sie sind Homonyme.

Lösung 36.2

Maskulinum: *-ling, -er, -ismus, -ist, -s, -eur, -ent* (bei *Dirigent*)
Femininum: *-heit, -schaft, -ung, -age, -ik, -ion*
Neutrum: *-chen, -icht* (auch: *der Kehricht*), *-tel* (schweizerisch: *der Drittel, der Viertel,* Musik: *die Viertel*), *-tum,* (außer *der Reichtum*) *-ent* (bei *Argument, Instrument*)
Da das Suffix genuszuweisend ist, bestimmt es auch den Flexionstyp, aber es besteht keine 1:1-Relation zwischen Genus und Flexionstyp: Typ 1: Maskulina und Neutra, stark

(*Schmetterling*), Typ 2: Maskulina schwach (*Anarchist*), Typ 3: Maskulina und Neutra, gemischt (ohne Beispiel), Typ 4: Feminina (*Krankheit*)

Lösung 36.3

Das Bangen, das Aufbegehren sind Infinitivkonversionen. Infinitivkonversionen sind Neutra. *Das Erwartete, das Gehaltene, die Bewaffneten* sind Partizipkonversionen. Partizipkonversionen sind als Abstrakta Neutra (*das Erwartete, das Gehaltene*),
als Personenbezeichnung Maskulina oder Feminina (*die Bewaffneten* – hier im Plural)
das Gewissen: Lehnübersetzung von lat. *cōnscientia* 'Mitwissen, Bewusstheit, Gewissen', Zusammensetzung aus lat. *com-* 'gemeinsam' und *scientia* 'Wissen' (vgl. PAUL 1992, 353f.)

Lösung 36.4

Wortbildungprodukte als Vollformen
Komposita
die ABM < Arbeitsbeschaffungsmaßnahme
das BAföG/Bafög < Bundesausbildungsförderungsgesetz
die IHK < Industrie- und Handelskammer
das BVerfG < Bundesverfassungsgericht
das LadschlG < Ladenschlussgesetz
das StGB < Strafgesetzbuch
die StPO < Strafprozessordnung
die StVZO < Straßenverkehrs-Zulassungs-Ordnung
die FKK < Freikörperkultur
die U-Bahn < Untergrundbahn
Derivate
der Trafo < Transformator
der Akku < Akkumulator
die Tbc < die Tuberkulose
Nominalgruppen als Vollformen
der ADAC < Allgemeiner Deutscher Automobilclub
der DIHT < Deutscher Industrie- und Handelstag
der TÜV < Technischer Überwachungsverein
das BStMdI < Bayrisches Staatsministerium des Innern
die EDV < elektronische Datenverarbeitung
Schwierigkeiten: bei fremdsprachiger Vollform: *das Aids* aus engl. *acquired immune deficiency syndrome*; *das Radar* (nichtfachsprachlich auch *der*) aus engl. *radio detecting and ranging*; bei fehlendem Bezugswort *die ÖTV = (Gewerkschaft) Öffentliche Dienste, Transport und Verkehr*; bei gleichzeitigem Auftreten von Derivation und Reduktion: *der Profi* = gekürzt aus *Professional*, simultan suffigiert mit *-i*.
abweichend: *das FCKW*, aber *der Fluorchlorkohlenwasserstoff*; meist artikelloser Gebrauch: *FKK*

Lösung 36.5

Das Bangen, das Aufbegehren sind Infinitivkonversionen.
Morphologisch: *Bangen* und *Aufbegehren* können keinen Plural bilden, sie flektieren wie ein starkes Substantiv im Neutrum.
Syntaktisch: *Bangen* ist Substantiv in einer attributiv verwendeten Präpositionalgruppe, *Aufbegehren* ist Substantiv in einer als Objekt verwendeten Präpositionalgruppe.

Lösung 36.6

ihres Denkens Genitiv Singular, starke Substantivdeklination
die Gebildeten, die Kultivierten, die Zivilisierten Nominativ Plural, schwache Adjektivdeklination
das Chaotische, das Bestialische Nominativ Singular, schwache Adjektivdeklination
des Zivilisatorischen Genitiv Singular, schwache Adjektivdeklination

Lösung 37.1

das Warten auf ..., der Beginn/das Beginnen mit, von, der ..., das Anfangen mit/der Anfang von ..., das Befreien/die Befreiung von ..., das Entwickeln/die Entwicklung zu ..., das Verbinden/die Verbindung mit ...
warten auf ..., beginnen mit ... usw.: syntaktische Funktion Präpositionalobjekt, Struktur Präpositionalgruppe
das Warten auf ..., der Beginn mit, von ... usw.: syntaktische Funktion Attribut, Struktur Präpositionalgruppe
der Beginn der ...: syntaktische Funktion Attribut, Struktur Substantivgruppe Präpositionalgruppen, die als Verbkomplemente Präpositionalobjekte sind, werden durch die Substantivierung des Verbs zu Attributen. Die Struktur kann sich ändern, aus Präpositionalgruppen können Nominalgruppen werden, die Präpositionen können aber auch übernommen werden.
„Präpositionalgruppen, die zu mehrwertigen Verben gehören, erscheinen bei deren Substantivierung als Attribute mit der gleichen Präposition" (WELLMANN 1998, 426). „Reguläre Nominalisierungen können auch präpositionale Komplemente der Verben übernehmen" (MOTSCH 1999, 323).

Lösung 37.2

den Diamanten schleifen (Akkusativobjekt) > *das Diamantschleifen*
die Kugel stoßen (Akkusativobjekt) > *das Kugelstoßen*
auf dem Rücken schwimmen (Adverbial) > *das Rückenschwimmen*
im Wald laufen (Adverbial) > *der Waldlauf*
nach Hause gehen (Adverbial) > *das Nachhausegehen*
Es handelt sich um Konversionen aus syntaktischen Fügungen (Verb und Nominal-/Präpositionalgruppe). Durch Tilgung von Präpositionen, Determinatoren und Flexionsmorphemen erscheinen die Verbergänzungen im WBP wie Bestimmungswörter (*Rückenschwimmen, Waldlauf, Kugelstoßen, Diamantschleifen*). Werden die Präpositionalgruppen beibehalten (*Auf-dem-Rücken-Schwimmen, Nachhausegehen*), bleibt der Bezug zur syntaktischen Fügung deutlicher. (Zur Bindestrichschreibung vgl. Aufgabe 80.1.)

Lösung 37.3

Verkehrsplanung < den Verkehr planen
syntaktische Funktion: Akkusativobjekt, vererbtes Argument: Patiens
Zugabfahrt < der Zug fährt ab
syntaktische Funktion: Subjekt, vererbtes Argument: Agens
Kinderzeichnung < die Kinder zeichnen
syntaktische Funktion: Subjekt oder Akkusativobjekt, vererbtes Argument: Agens oder Patiens
Gehaltskürzung < das Gehalt kürzen
syntaktische Funktion: Akkusativobjekt, vererbtes Argument: Patiens
Tutorenschulung < Tutoren schulen
syntaktische Funktion: Subjekt oder Akkusativobjekt, vererbtes Argument: Agens oder Patiens
Expertentagung < Experten tagen
syntaktische Funktion: Subjekt, vererbtes Argument: Agens
Arzthelfer < dem Arzt helfen
syntaktische Funktion: Dativobjekt, vererbtes Argument: Rezipient/Adressat
Monatsplanung < den Monat planen
syntaktische Funktion: Akkusativobjekt, vererbtes Argument: Patiens
Tabellenkalkulation < mit einer Tabelle kalkulieren
syntaktische Funktion: Adverbial, vererbtes Argument: Instrumental

Lösung 37.4

(a) Nomina actionis mit Nominalgruppe und Präpositionalgruppe als Attribute

Basisverben: *übermitteln, überreichen*

Er übermittelt den Kollegen den Gruß.
Er überreicht dem Minister die Auszeichnung.

Indirektes Objekt wird zur Präpositionalgruppe (Attr.), ist weglassbar.
Direktes Objekt wird zur Nominalgruppe (Attr.), ist nur bedingt weglassbar.

(b) Nomina actionis mit attributivem Adjektiv und Nominalgruppe als Attribut

Basisverben: *schweigen, besuchen*

Der Angeklagte schweigt hartnäckig.
Der Sohn besuchte gestern ...

Adverbial wird zum attributiven Adjektiv, ist weglassbar.
Subjekt wird zur Nominalgruppe (Attr.), ist nur bedingt weglassbar.

(c) Nomina actionis mit Nominalgruppe als Attribut

Basisverben: *schweigen, aussagen, wählen*

Die Lämmer schweigen.
Die Zeugen sagen aus.
Der Kandidat wählt, oder ... *wählt den Kandidaten.*

Subjekt oder Objekt wird zur Nominalgruppe (Attr.), ist nur bedingt weglassbar.

Attribute können in einem wohlgeformten Satz u. U. weggelassen werden. Es scheint aber in Abhängigkeit von semantischen Rollen Unterschiede im Grad der Weglassbarkeit zu geben. Agens, Patiens und Rezipient/Adressat erscheinen nur bedingt weglassbar.

Lösung 37.5

(a) Zweitgliedbezug:

der schnelle Ortswechsel <der schnelle Wechsel des Ortes>

die Agentenflucht nach Berlin <die Flucht nach Berlin>

die Personenüberwachung durch den Verfassungsschutz <die Überwachung durch den Verfassungsschutz>

die Ölverschmutzung des Grundwassers <die Verschmutzung des Grundwassers>

die Aufnahmebedingungen der Studenten <die Bedingungen, die Studenten stellen>

(b) Erstgliedbezug:

das kleine Kindergeschrei <das Geschrei kleiner Kinder>

die schwarze Johannisbeermarmelade <die Marmelade aus schwarzen Johannisbeeren>

die zahnärztliche Praxisauflösung <die Auflösung der zahnärztlichen Praxis>

die deutsche Sprachwissenschaft <die Wissenschaft von der deutschen Sprache>

der atlantische Störungsausläufer <der Ausläufer einer atlantischen Störung>

die deutsche Literaturgeschichte <die Geschichte der deutschen Literatur>

die Absturzursache des Flugzeugs <der Absturz des Flugzeugs>

die Aufnahmebedingungen der Studenten <die Aufnahme der Studenten>

der Informationsstand der Bevölkerung über Aids <die Information der Bevölkerung>

(c) Doppelbezug:

das exotische Kunsthandwerk <das Handwerk exotischer Kunst> oder <das exotische Handwerk der Kunst>

die Gewinnerwartungen der Vermieter <die Gewinne der Vermieter, die Erwartungen der Vermieter>

die Selbstzerstörungsfähigkeit des Menschen <die Selbstzerstörung des Menschen, die Fähigkeit des Menschen>

Lösung 38.1

Wortbildungstypen z. B.: S + A 'Vergleich', A + A 'graduierend', *super-* + A 'graduierend', *ur-* + A 'graduierend'

z. B. *urgemütlich*: Präfixderivation *ur-* + A 'graduierend', *supergünstig*: Präfixderivation *super-* + A 'graduierend', *blitzschnell*: Komposition S + A 'Vergleich', *brandaktuell*: Komposition S + A 'graduierend', *bombensicher*: Komposition S + A 'Vergleich', *topmodisch*: Präfixderivation *top-* + A 'graduierend', *hochinteressant*: Komposition A + A 'graduierend', *giftgrün*: Komposition S + A 'Vergleich', *kreisrund*: Komposition S + A 'Vergleich'

Lösung 38.2

Es kann nicht erklärt werden, wie es zu dem Unfall kommen konnte.

Der Wagen konnte nicht mehr gelenkt werden.

Die Anschuldigung der fahrlässigen Herbeiführung des Unfalls kann nicht widerlegt werden.

Der Bremsweg konnte gemessen werden.

Wortbildungstyp: V + *-bar* 'modal-passivisch'

erklären, lenken, widerlegen, messen sind transitive Verben.

Dieser Wortbildungstyp ist Ausdrucksalternative zum Vorgangspassiv mit modaler Komponente.

Lösung 39.1

Desubstantivische Farbadjektive sind meist nicht deklinierbar. Sie werden deshalb mit *-farben*, seltener *-farbig* oder Farbadjektiv kombiniert, z. B. *fliederfarbenes Kleid, sandfarbenes Kostüm, bordeuauxroter Hut, cognacfarbige Schuhe.*
Flexionsmöglichkeit durch Kombination (Komposition)

Lösung 39.2

wirtschaftlich, vertraglich: S + *-lich* 'Relation zu'
usbekisch, zentralasiatisch, sächsisch: S + *-isch* 'Relation zu', deonymisch
Chemnitzer: S + *-er* 'Relation zu', deonymisch
nichtmetallisch: S + *-isch* 'material' (auch als Kompositum interpretierbar)
marktfähig: S + A 'final'
Die Adjektive sind nicht oder eingeschränkt (*marktfähig*) komparierbar, da es relationale Adjektive sind.

Lösung 40.1

Die Adjektive können nicht alle adjektivischen syntaktischen Funktionen (attributiv, prädikativ, adverbial) übernehmen. Sie sind in der Regel nur attributiv verwendbar, da es sich um relationale (z. T. deonymische) Adjektive handelt (aber: *Betriebe sind staatlich*).

Lösung 40.2

Die Adjektive (bzw. bestimmte Sememe) regieren meist ein Präpositionalobjekt: z. B. *arm an Schadstoffen, frei von Beiträgen, sicher vor Diebstahl* (auch mit Genitiv: *seiner Sache sicher*), *fähig zu Leistungen, fähig für den Wettbewerb* (auch mit Genitiv: *großer Leistungen fähig*), *voll von Gefahren, voll mit Erdbeeren* (auch mit Genitiv: *voll des Lobes*), *süchtig nach, fern von* (auch mit Genitiv: *fern der Heimat*)
Adjektive als Zweitglieder in Komposita: *schadstoffarm, beitragsfrei, diebstahlsicher, wettbewerbsfähig, gefahrvoll, profitsüchtig, körperfern*
Die Argumente der frei gebrauchten Adjektive können Erstglieder in Komposita werden. Die WBP sind Rektionskomposita.

Lösung 40.3

kleckerweise bezahlen: adverbial
kleckerweise Erledigung: attributiv
abschnittsweise lesen: adverbial
abschnittsweises Lesen : attributiv
stundenweise Betreuung: attributiv
dankenswerterweise übernehmen: adverbial
auszugsweises Lesen: attributiv
scharenweise anreisen: adverbial
vorzugsweise einstellen: adverbial
idealerweise verfügen: adverbial
massenweise Austritte: attributiv

andeutungsweise Verbeugung: attributiv
Adverbien sind normalerweise nicht flektierbar. Diese Eigenschaft kann bei attributiver Verwendung neutralisiert werden, wobei durch Flexion Kongruenz zum Bezugswort hergestellt wird. Die Bezugswörter sind Nomina actionis (Verbalsubstantive).

Lösung 41.1

Merkmale für Konversion von Pt I: Neben attributivem ist auch prädikativer Gebrauch möglich. Konversionen sind in der Regel komparierbar.
Konversionen: prädikativ verwendbar, meist auch komparierbar: *Fragen sind entscheidend (entscheidender), Männer sind bedeutend (bedeutender), Wände sind tragend (? tragender)*
Partizipien: nicht prädikativ verwendbar, nicht komparierbar: **Hunde sind streunend. *Der Film ist laufend.*
Es existiert eine breiter Übergangsbereich zwischen Partizip und Konversion, daher kann nicht in jedem Fall eindeutig zugeordnet werden: mit Einschränkung prädikativ verwendbar, eingeschränkt komparierbar: *Augen sind fragend (fragender), Preise sind steigend, Temperaturen sind sinkend*

Lösung 41.2

*lesen: gelesen, ungelesenes Buch, *sehr gelesenes Buch, *geleseneres Buch*
*taugen: getaugt, *ungetaugtes Argument, *sehr getaugtes Argument, *getaugteres Argument*
schminken: geschminkt, ungeschminktes Gesicht, sehr geschminktes Gesicht, ein geschminkteres Gesicht
*hören: gehört, ungehörte Frage, *sehr gehörte Frage, *eine gehörtere Frage*
loben: gelobt, ein ungelobtes Land, ein sehr gelobtes Land, ein gelobteres Land
heizen: geheizt, ein ungeheiztes Zimmer, ein sehr geheiztes Zimmer, ein geheizteres Zimmer
hemmen: gehemmt, ein ungehemmtes Auftreten, ein sehr gehemmtes Auftreten, ein gehemmteres Auftreten
Der Adjektivcharakter ist unterschiedlich ausgeprägt, am stärksten bei *geschminkt, geheizt, gehemmt.*
Im GWDS ist nur *gehemmt* als Adjektiv lemmatisiert, *gelesen* mit Verweis auf Infinitiv *lesen.*

Lösung 42.1

stark: *bevorstehen, erwägen, unterbringen, aufbringen, anbieten, vergehen, beziehen*
schwach: *umstrukturieren, abschaffen, stilllegen, verkaufen, verfügen, erläutern, überzeugen, umschauen, umbauen, weiterarbeiten*
Bei deverbalen Verben beeinflusst die Wortbildung den Flexionstyp nicht (von den heute unproduktiven kausativen Verben wie *fällen < fallen* abgesehen).
Desubstantivische und deadjektivische Verben (*umarmen, verbreiten*) flektieren schwach.

Lösung 42.2

Präfixverben sind syntaktisch und morphologisch nicht trennbar. Das Pt II wird ohne *-ge* gebildet. Präfixe sind gebundene Morpheme mit homonymem freiem Morphem oder ohne homonymes freies Morphem. Sie modifizieren die Basis.
untergraben: er untergräbt, er hat untergraben, untergraben – Präfixverb
erarbeiten: er erarbeitet, er hat erarbeitet, erarbeitet – Präfixverb
entgiften: er entgiftet, er hat entgiftet, entgiftet – Präfixverb

besprechen: er bespricht, er hat besprochen, besprochen – Präfixverb
aufessen: er isst auf, er hat aufgegessen, aufgegessen – Partikelverb
aussteigen: er steigt aus, er ist ausgestiegen, ausgestiegen – Partikelverb
abisolieren: er isoliert ab, er hat abisoliert, abisoliert – Partikelverb
hinausgehen: er geht hinaus, er ist hinausgegangen, hinausgegangen – Partikelverb (Doppelpartikelverb)

Partikelverben sind morphologisch und syntaktisch trennbar (bei Verben auf *-ieren* keine morphologische Trennung, da das Partizip ohne *-ge* gebildet wird). Partikeln sind Verbzusätze, die sich wie freie Einheiten verhalten. Sie modifizieren die Basis.

Morphologische Trennbarkeit: Trennung der Partikel von der Basis innerhalb einer Form (*aufzuessen, aufzuessende Speisen, aufgegessene Speisen*)

Syntaktische Trennbarkeit: Trennung der Partikel von der Basis bei bestimmten finiten Formen (*Er isst auf. Iss auf!*). Syntaktische Trennung tritt bei synthetischen Verbformen im Verberstsatz und im Verbzweitsatz auf.

Lösung 42.3

Präfixverben (keine syntaktische und morphologische Trennung, Partizip ohne *ge-*): *erwägen, verkaufen, verfügen, überzeugen, beziehen*

Partikelverben (syntaktische und morphologische Trennung): *bevorstehen, abschaffen, unterbringen, stilllegen, aufbringen, anbieten, umschauen, umbauen, weiterarbeiten*

Partikelverb (syntaktische, aber keine morphologische Trennung im Partizip II): *umstrukturieren*

Lösung 43.1

Erstmals seit 10 Jahren dürfen Besucher den Schiefen Turm von Pisa *besteigen*. Der Turm wurde von polnischen Experten *abgesichert*. Sie *bearbeiteten* das Erdreich unter dem Turm und setzten tonnenschwere Gewichte zum Geradeziehen. Um fast 15 Zentimeter hat sich die Schräglage verringert. Schon 1174, ein Jahr nach dem Baubeginn, begann der Turm *abzusinken*, man musste nun unbedingt handeln, um das Bauwerk zu retten.

steigen > besteigen; steigen mit Adverbial, intransitiv, *besteigen* transitiv
sichern > absichern; sichern transitiv, *absichern* transitiv
arbeiten > bearbeiten; arbeiten mit Präpositionalobjekt, *bearbeiten* transitiv
sinken > absinken; sinken ohne Ergänzung, *absinken* ohne Ergänzung

Lösung 43.2

über das Wasser, um den Platz, durch die Wand: Präpositionen werden Verbbestandteile, Nomen werden zu Komplementen des Verbs.

Die Präpositionen aus den Präpositionalgruppen werden inkorporiert. Zusammen mit der Inkorporation erfolgt der Übergang des Nomens in die syntaktische Funktion des direkten Objekts.

Beispiel: *gießen über das Fleisch > das Fleisch übergießen*: *über das Fleisch* ist Präpositionalgruppe: Präposition wird inkorporiert *gießen > übergießen*, Nomen *das Fleisch* wird zum direkten Objekt des Verbs *übergießen*.

Lösung 43.3

kleben: mit Adverbial *an die Tür*
sprechen: mit Präpositionalobjekt *über das Problem*
pflanzen: mit Adverbial *auf das Beet*
Sie bekleben die Tür mit Tapete.
Sie besprechen das Problem.
Sie bepflanzen das Beet mit Blumen.
Das Substantiv aus der Präpositionalgruppe wird zum Akkusativobjekt.
Die Verben unterscheiden sich von den Verben der Aufgabe 43.2 dadurch, dass das Präfix *be-* keine homonyme Präposition hat (nach EISENBERG findet keine Inkorporation statt). Daher korrespondiert das Präfix mit verschiedenen Präpositionen (*an, über, auf*).

Lösung 44

Die Motivationsbedeutung enthält meist ein wichtiges Merkmal des Begriffs (*Taschenbuch* 'Buch, das so klein ist, dass man es in der Tasche bei sich tragen kann'), umfasst aber nicht die gesamte lexikalische Bedeutung 'ein relativ billiges Buch in einem kleinen Format und ohne festen Einband'). Die Wortbildungsbedeutung ist eine starke Verallgemeinerung der Bedeutungsbeziehungen zwischen den UK ('Zweck/Eignung'). *Heidelbeere* und *Blaubeere* unterscheiden sich nicht in der lexikalischen Bedeutung ('ein niedriger Strauch, an dem kleine dunkelblaue bis schwarze Beeren wachsen'), aber in der Motivationsbedeutung ('Beere, die bes. in der Heide wächst'; 'Beere ist blau') und in der Wortbildungsbedeutung ('Ort'; 'Farbe'); *Sprechstunde* Motivationsbedeutung 'Stunde, in der etwas besprochen wird/werden kann', Wortbildungsbedeutung 'Zweck', lexikalische Bedeutung 'Zeit, in der jmd. für Gespräche zur Verfügung steht oder in der ein Arzt o. Ä. zur Konsultation oder Behandlung aufgesucht werden kann'; *Geldautomat* Motivationsbedeutung 'Automat, der Geld ausgibt', Wortbildungsbedeutung 'Zweck', lexikalische Bedeutung 'Automat, der nach Auswertung einer eingeführten Scheckkarte, Kreditkarte o. Ä. Geld abgibt'.

Lösung 45

Löwenanteil: usuell in der metaphorischen Bedeutung 'der größte und beste Anteil von etwas', hier okkasionell morphosemantisch motiviert als 'Anteil für die Löwen'
Sparbücher: usuell in der Bedeutung 'Heft, das für ein Sparguthaben angelegt wird', hier okkasionell für 'Bücher, bei deren Kauf man Geld sparen kann', d. h. Umdeutung des Zweitgliedes und der Wortbildungsbedeutung
Kopfhörer: usuelle Bedeutung 'Gerät, mit dem man etwas hören kann', hier okkasionell für 'Person, die mit dem Kopf, d. h. mit Verstand hört'; damit wird eine andere Bedeutung von *-er* realisiert, zugleich wird aber auch die usuelle Bedeutung mit aktiviert
In allen Beispielen wird mit Mehrdeutigkeit und Ummotivierung sowie mit der Spannung zwischen usueller und okkasioneller Bedeutung gespielt.

Lösung 46.1

das Singen: 'Nomen actionis'; *der Gesang*: 'Nomen actionis/resultatis'; *das Gesinge*: auch 'Nomen actionis', aber Präfix-Suffix-Kombination *Ge-* ... *–e* + V ist pejorativ konnotiert; *die Singerei*: ebenfalls 'Nomen actionis' mit pejorativer Konnotation durch *-erei*

Lösung 46.2

In der Bildung *Substantivitis* nach dem Muster für die Bildung von Krankheitsbezeichnungen in der Medizin (*-itis* ist fachlich konnotiert) drückt sich eine ablehnende, abwertende Haltung (Pejoration, 'krankhaft') oder auch Ironie aus. Desubstantivische Personenbezeichnungen auf *-ling* sind häufig pejorativ konnotiert. Suffix *-i*, hier in Kombination mit Reduktion, vermittelt ebenfalls eine evaluative, emotionale Bedeutung ('vertraulich').

Lösung 47.1

Mark^1, *Mark*^{2} und *Mark*^{3} werden im LWB als homonyme Wörter dargestellt, bei *Mark*^{2} besteht Polysemie; in Komposita mit *Mark* als Erst- oder Zweitglied wird jeweils eine Lesart/ein Semem realisiert. In der lexikalischen Bedeutung des jeweiligen Semems ist bereits angelegt, mit welchen Kompositionsgliedern es sich prototypisch verbindet (z. B. 'Brei aus Früchten und Gemüsearten' – *Erdbeer-, Himbeer-, Tomaten-*); die lexikalische Bedeutung des einen Kompositionsgliedes wiederum hebt die Mehrdeutigkeit des anderen Gliedes auf.

Lösung 47.2

Z. B. *Raum* 'Teil eines Gebäudes, Zimmer': *Wohnraum, Schlafraum* ...; 'Platz': *Raummangel, Raumersparnis*; 'Gebiet': *Ballungsraum, Sprachraum, Wirtschaftsraum*; 'Kosmos': *Weltraum, Raumfahrt, Raumstation*

Lösung 47.3

Schulsystem 'Institution', *Schulhof* 'Gebäude', *Schulbuch* 'Unterricht', *Schulausflug* 'Angehörige der Einrichtung'

Häkelarbeit 'Ergebnis einer planvollen Tätigkeit', *Gartenarbeit* 'Tätigkeit, bei der man geistige oder körperliche Kräfte einsetzt und mit der man einen bestimmten Zweck verfolgt', *Schichtarbeit* 'beruflich ausgeübte Tätigkeit', *Mathematikarbeit* 'Prüfung, Test'

Lösung 47.4

Bei *Schülerkonzert* und *Holzschuppen* sind verschiedene Paraphrasierungen und damit unterschiedliche semantische Beziehungen (Wortbildungsbedeutungen) möglich: <Konzert von Schülern> 'Urheber', <Konzert für Schüler> 'Zweck'; <Schuppen aus Holz> 'Material', <Schuppen für Holz> 'Zweck'; bei *verlaufen* führt die Mehrdeutigkeit sowohl des Präfixes als auch des Basisverbs zur Mehrdeutigkeit des WBP (z. B. 'falsch gehen' in *sich im Wald verlaufen*; 'auseinander fließen' in *die Tusche verläuft*; 'durativ' 'vonstatten gehen' in *die Verhandlungen verlaufen erfolgreich*).

Lösung 48.1

Uhr 'Gegenstand dient einem bestimmten Zweck': *Stoppuhr, Eieruhr, Schachuhr*; 'besteht aus einem bestimmten Material': *Silberuhr, Titanuhr*; 'hat einen bestimmten Antrieb bzw. ein Mittel zur Zeitmessung/-anzeige': *Funkuhr, Quarzuhr, Sonnenuhr, Sanduhr*; 'zeigt in bestimmter Weise die Zeit an': *Digitaluhr*; 'ist vorgesehen für einen bestimmten Ort': *Küchenuhr, Stubenuhr, Bahnhofsuhr, Taschenuhr, Kirchenuhr, Armbanduhr*; auch in allgemeinerer Bedeutung als 'Gerät, mit dem etwas gemessen wird': *Wasseruhr, Gasuhr*

Tisch 'Gegenstand dient einem bestimmten Zweck': *Arbeitstisch, Schreibtisch, Esstisch, Nähtisch, Verkaufstisch*; 'besteht aus einem bestimmten Material': *Holztisch, Eichentisch, Marmortisch*; 'kann besondere Eigenschaften/Ausstattung haben': *Ausziehtisch, Klapptisch*;

'ist vorgesehen für einen bestimmten Ort': *Wohnzimmertisch, Küchentisch, Gartentisch, Balkontisch*

Arbeit 'Tätigkeit, bei der geistige oder körperliche Kräfte eingesetzt werden': *Kopfarbeit, Beinarbeit, Handarbeit, Muskelarbeit*; 'wird von bestimmten Personen ausgeübt': *Kinderarbeit, Männerarbeit*; 'wird an einem bestimmten Ort verrichtet': *Gartenarbeit, Hausarbeit, Schreibtischarbeit, Büroarbeit, Feldarbeit*; 'wird mit einem bestimmten Ziel/ Ergebnis verrichtet': *Qualifikationsarbeit, Prüfungsarbeit*; 'hat eine bestimmte Qualität': *Qualitätsarbeit, Wertarbeit, Stümperarbeit*; in metonymischer Übertragung auch für das konkrete Ergebnis gebraucht: *Lederarbeit* 'aus einem bestimmten Material'; *Bastelarbeit, Häkelarbeit* 'nach bestimmtem Verfahren hergestellt'; *Goldschmiedearbeit, Klempnerarbeit* 'Ergebnis einer beruflichen Tätigkeit'; *Abschlussarbeit* 'zu einem bestimmten Zeitpunkt und Zweck'

Lösung 48.2

blutrot, himmelblau, zitronengelb, dottergelb, grasgrün, schokoladenbraun, nachtschwarz, schneeweiß; S + A 'komparativ'; als prototypische Farbträger könnten in einigen Fällen auch andere gewählt werden, z. B. *kaffeebraun, pechschwarz*

Das LWB gibt folgende Bedeutungsbeschreibungen:

rot: 'von der Farbe des Blutes und reifer Tomaten'
blau: 'von der Farbe des Himmels bei sonnigem Wetter'
gelb: 'von der Farbe einer Zitrone, eines Eidotters'
grün: 'von der Farbe des Grases und der Blätter'
braun: 'von der Farbe, die Schokolade und Erde haben'
schwarz: 'von der Farbe der Nacht, wenn es überhaupt kein Licht gibt'
weiß: 'von der Farbe von Schnee, Milch usw.'

Lösung 49.1

Allgemeinsprache: v. a. Erstglieder mit einfacher morphologischer Struktur (aber auch Bildungen wie *Billigangebot, Fertiggericht*)

Fachsprache: wie in den Beispielen belegt, häufiger komplexe Struktur und Semantik

Lösung 49.2

Rationalisierung der fachsprachlichen Kommunikation, leichtere Bildung komplexer syntagmatischer Einheiten (*Früherkennung von HKK, Kranke mit HKK*) und komplexer Wörter (*HK-Leiden, HK-verdächtig*) und damit auch Vereinfachung der syntaktischen Struktur des Satzes, euphemistische Funktion (*MS < Multiple Sklerose, LSR < Lese- und Rechtschreibschwäche*), systematischer Ausbau begrifflicher Felder (*CAD, CAM, CIM*)

ARE: multisegmental, Wortgruppe als Vollform
ADS: multisegmental, Kompositum als Vollform
MS: multisegmental, Wortgruppe als Vollform
LRS: multisegmental, als Vollform zwei koordinierte Komposita, eines davon mit Ergänzungsbindestrich
HKK/HK: multisegmental, Kompositum mit Durchkopplungsbindestrich als Vollform, weitere Kürzung, wenn „Krankheit" nicht ausdrücklich benannt werden muss

CAD, CAM, CIM: multisegmental, englischsprachige Wortgruppen als Vollformen, d. h. Entlehnung englischer Kurzwörter

Lösung 49.3

Neben der grammatisch-textuellen Funktion wird fachsprachlich in stärkerem Maße die nominative Funktion genutzt: Bildung substantivischer Begriffe für fachliche Vorgänge, Verfahren u. Ä., wie *Bremsen, Nachbremsen, Schleudern, Gegenlenken, Gasgeben* in der Sprache des Verkehrswesens; begriffliche Subklassifizierung u. a. durch Attribuierung möglich: *degressives, progressives Bremsen* (als fachsprachliche Benennungen ebenfalls eindeutiger und prägnanter als die entsprechende verbale syntaktische Fügung)
Bezeichnungen für Sportarten: *Rudern, Boxen, Ringen, Gehen* usw.
Weitere Beispiele: textlinguistische Begriffe wie *Informieren, Appellieren, Originalisieren*; in der Fachsprache des Verkehrswesens weitere: z. B. *Halten, Parken, Abblenden, Abbiegen*

Lösung 50.1

Chromstahl 'Teil/Inhaltliches/Zugehöriges', *Drehkondensator* 'Bewegung/Ablauf' *Einzelaggregat* 'Quantität', *Grundrahmen* 'Lokales', *Nebenschneide* 'Graduierendes/Wertendes/Stufendes', *Reineisen* 'innere Form', *Schaumglas* 'Kausales', *Sternrad* 'äußere Form', *Zwischenspeicher* 'Temporales'

Lösung 50.2

Zwerg-Enzian 'Größe/Ausmaß/Höhe', *Bart-Nelke* 'Gestalt/auffälliges Aussehen', *Schwarznessel* 'Farbe', *Süßklee* 'Geschmack', *Frühlings-Täschelkraut* 'Blütezeit', *Vogel-Wicke* 'Nutznießer', *Gift-Hahnenfuß* 'besondere Substanz', *Gletscher-Hahnenfuß* 'Standort/Fundort', *Apenninen-Veilchen* 'geographische Verbreitung', *Arznei-Thymian* 'Verwendungszweck/Wirkung', *Clusius-Primel* 'Entdecker/Beschreiber/Geehrter'; als fachsprachenspezifische Benennungsmotive können 'geographische Verbreitung', 'Entdecker/Beschreiber/Geehrter' angesehen werden.

Lösung 50.3

Alkoholhepatitis, Virushepatitis 'Ätiologie/Ursache', *Fettleberhepatitis* 'Lokalisation, d. h. gehäuft dort auftretend', *Andersen-Syndrom* 'Ehrung des Entdeckers/Beschreibers', *Aufmerksamkeitsdefizitsyndrom* 'Symptom', *Marseille-Fieber* 'typisches Vorkommensgebiet oder Ort der erstmaligen Beobachtung'

Lösung 51

In Bildungen mit *Lehn-* wird mit dem gemeinsamen Erstglied ein allen gemeinsames begriffliches Merkmal ('entlehnt') genannt; mit Ausnahme von *Lehnwort* stellen die Termini Kohyponyme dar.
Das gemeinsame Fremdelement *sem* verbindet über ein gemeinsames Bedeutungsmerkmal ('Bedeutung') die Glieder eines begrifflichen Netzes/eines fachlichen Wissensrahmens. Diese gehören verschiedenen Wortarten an und können semantisch auch in etwas weiteren Beziehungen stehen.
-em: Wortbildungsreihe mit einem fachsprachlich konnotierten Fremdsuffix „zur Bezeichnung funktionaler (= distinktiver) "Einheiten" auf der Ebene der Langue" (BUßMANN 1990, 208)

Allo-: Wortbildungsreihe mit einem fachsprachlich konnotierten Fremdelement „zur Bezeichnung von Varianten linguistischer Einheiten auf der Ebene der Parole" (BUßMANN 1990, 70) Bei *Textualität, Inter-/Intratextualität* Subklassifikation bzw. spezielle Aspekte durch Fremdpräfixe ('zwischen'/'innerhalb') ausgedrückt; Ausbau des terminologischen Feldes „Textualität".

-lekt: Wortbildungsreihe mit einem fachsprachlichen Konfix „zur Bezeichnung von regionalen, sozialen u. a. Sprachvarietäten" (BUßMANN 1990, 445)

-fix: Wortbildungsreihe mit einem fachsprachlich konnotierten Postkonfix; die 1. UK modifiziert nach Position bzw. Funktion

Innerhalb der Wortart „Präposition" mögliche Subklassifikation/Modifikation nach der Stellung und damit kohyponymische Beziehungen durch Fremdelemente *Prä-* ('vor'), *Post-* ('nach'), *Zirkum-* ('um ... herum').

Adjektivische und substantivische Eigenschaftsbezeichnung mit formal identischer Basis sichern auch explizit den begrifflichen Zusammenhang (*transitiv/Transitivität*).

-em zur Bezeichnung der Einheit und *-ik* (auch *-atik*) zur Bezeichnung der entsprechenden wissenschaftlichen Disziplin stehen in relativ regelmäßig ausgeprägter begrifflicher Beziehung, vgl. auch *Morphem – Morphemik/Morphematik, Graphem – Graphemik/ Graphematik* u. a.

Nicht- drückt das Nichtvorhandensein eines relevanten Merkmals aus, signalisiert also einen begrifflichen Gegensatz.

Lösung 52.2

sahne: Konversion, Transposition S > A

kultig, spacig, stylisch: Suffixderivate, Transposition S > A, bei *spacig* evtl. noch wortspielerisch

rattenschlecht: adjektivisches Determinativkompositum, Modifikation 'Augmentation'

uncool: Präfixderivat, Modifikation 'Negation'; *endcool*: jugendsprachlich als Kompositum mit reihenbildendem Erstglied, Modifikation 'Augmentation'

Szenetempel, Kultlabel: substantivische Determinativkomposita, Modifikation (semantische Subklassifikation), bei *Tempel* auch Verwendung als reihenbildendes Kompositionsglied 'Einrichtung' denkbar

ablachen: Präfixderivation, Modifikation 'Intensivierung'

Lösung 53

etw. in Angriff nehmen 'beginnen, anfangen' Suffixderivat phraseologisches Synt + *-e* 'Nomen actionis'

Gespräch unter vier Augen 'persönlich, zu zweit' Determinativkompositum phraseologisches Synt + S 'Art und Weise'

bei Nacht und Nebel 'ganz heimlich' Determinativkompositum phraseologisches Synt + S 'Zeitpunkt'

das Brett an der dünnsten Stelle bohren 'sich eine Aufgabe bequem machen' Suffixderivat phraseologisches Synt + *-er* 'Nomen agentis'

ein dickes Fell haben 'unempfindlich sein' Suffixderivat A + *-keit* 'Nomen qualitatis' (das Adjektiv *dickfellig* ist ein dephraseologisches Suffixderivat, Synt + *-ig*)

sich den Hals brechen 'verunglücken, sich zugrunde richten' Suffixderivat vermittelt über Substantiv **Halsbrecher* (als dephraseologisches Suffixderivat, Synt + *-er*) + *-isch* 'in der Art von'
eintrichtern durch den Phraseologismus motiviert, wenn *Nürnberger Trichter* 'rein gedächtnismäßige Lehrmethode ohne geistige Mitarbeit des Lernenden' bekannt ist; Präfixkonversion 'jmdm. etwas mit dem Trichter einflößen'

Lösung 54.1

Determinativkomposita
Wortbildungsbedeutungen: *Elbsandsteingebirge* 'charakteristisches Material', *Erzgebirge* 'charakteristischer Bestandteil', *Niederrhein* 'geographische Lage', *Friedrich-Schiller-Universität* 'zu ehrende Person', *Eigenheimstraße* 'charakteristisches Merkmal/Bebauung', *Elfenbeinküste* 'charakteristische Erscheinung', *Südtirol* 'geogr. Lage', *Eisenhüttenstadt* 'charakteristisches Merkmal, Ausstattung'

Lösung 54.2

Schröder-Reise S + S 'Agens', *Thomas-Mann-Biographie* Synt + S 'Thema', *röntgen* S > V 'nach x benanntes Verfahren', *gaucken* S > V 'nach x benannter Vorgang', *pasteurisieren* S + *-isier-* 'nach x benanntes Verfahren', *kneippen* S > V 'nach x benanntes Verfahren', *Kneippkur* S + S 'in der Art von x'

Lösung 54.3

lospilchern: Präfixkonversion *los-* + S > V 'inchoativ' + 'etw. in der Art von x machen' 'einen Stoff im Stil von Rosamunde Pilcher verfilmen'
verbrandauern: Präfixkonversion *ver-* + S > V 'zu etw. werden', gemeint sein könnte, dass das Theater nicht zu sehr von der Persönlichkeit Rainer Maria Brandauers geprägt werden soll; gemeint war, dass nicht an einen Schauspieler als Direktor gedacht war (nach DONALIES 2000, 24).

Lösung 55.1

Prüfer und der *Prüfende*/ein *Prüfender* synonymisch (Suffixderivat und Konversion), zu beiden antonymisch *Prüfling* (Suffixderivat), Derivationsbasis bzw. ein Grundmorphem der Basis identisch
Fernseher (Suffixderivat), *Fernsehgerät*, *Fernsehapparat* (beides Determinativkomposita) synonymisch; Derivationsbasis und Kompositionsglied identisch
Flugzeug (Kompositum mit reihenbildendem Zweitglied), *Flieger* (Suffixderivat) synonymisch, Kompositionsglied und Derivationsbasis identisch (allomorph)
Lastkraftwagen (Determinativkompositum), *LKW* (entsprechendes multisegmentales Kurzwort), *Laster* (Reduktion der Vollform und Suffix *-er*, 'Nomen instrumenti'; Zweitglied des Kompositums durch Suffix ersetzt) synonymisch, identisches Grundmorphem in voller oder gekürzter Form
verschließen, zuschließen, abschließen (verschiedene Präfixderivate mit älterem oder jüngerem Präfix) synonymisch (geringfügige semantische Unterschiede, Unterschiede in der Valenz und in der Trennbarkeit), identische Basis

Fahrrad, Rad synonymisch (Determinativkompositum und elliptischer Gebrauch des Grundwortes, mitunter auch als Reduktion einer Vollform interpretiert), ein identisches Grundmorphem
Regenschirm, Schirm (desgl.)
Gipfelkonferenz, Gipfel synonymisch (Determinativkompositum und elliptischer Gebrauch des Erstgliedes, was seltener vorkommt als elliptisch gebrauchte Zweitglieder)
fehlerlos, fehlerfrei synonymisch (Suffixderivat und Kompositum mit reihenbildendem Zweitglied), *fehlerhaft* dazu antonymisch (Suffixderivat), identische Basis bzw. Kompositionsglied
erblühen, verblühen antonymisch (Präfixderivate mit antonymischen Präfixen), identische Basis
Bandsäge, Kettensäge, Gittersäge, Handsäge, Kreissäge kohyponymisch (durch Erstglied des Determinativkompositums erfolgt jeweils eine begriffliche Subklassifizierung, das allen gemeinsame Zweitglied ist das Hyperonym)
Nadeldrucker, Tintenstrahldrucker, Laserdrucker (desgl.)

Lösung 55.2

-los, -haft, -ig sind Suffixe, *be- ... -t* ist Zirkumfix, *-reich, -voll* sind reihenbildende Kompositionsglieder, *-haltig* ist Quasi-Kompositionsglied (vgl. Aufgabe 24.4)
behaart, stimmhaft, merkmalhaft/merkmalhaltig, bärtig, erfolgreich, rücksichtsvoll
'Nichtvorhandensein eines Merkmals' – 'Vorhandensein eines Merkmals'

Lösung 55.3

paradigmatische semantische Beziehung der Antonymie, speziell Komplementarität
Käufer – Verkäufer: beides Suffixderivation V + *-er*, Bedeutung der Basisverben komplementär
Kläger – der Beklagte/ein Beklagter: Suffixderivation V + *-er*; Konversion Pt II > S verschiedene Wortbildungsarten, Verbstamm des einfachen Verbs und passivische Verbform des Präfixverbs komplementär
Prüfer – Prüfling: beides Suffixderivation V + *-er* und *-ling*, Bedeutung der Wortbildungstypen komplementär ('Nomen agentis' und 'Nomen patientis')
der Lehrende/ein Lehrender – der Lernende/ein Lernender: beides Konversion Pt I > S, Bedeutung der Basisverben komplementär

Lösung 56.1

(a) Wortbildungsnest, gemeinsames Kernwort (Grundmorphem) paradigmenbildend
(b) Wortbildungsreihe, Wortbildungstyp paradigmenbildend
(c) Wortbildungsgruppe, gemeinsame Wortbildungsbedeutung 'Personenbezeichnung' paradigmenbildend

Lösung 56.2

'Nomina actionis': *Sitzung* (Suffixderivat), *Inkrafttreten* (Konversion), *Diskussion* (Suffixderivat), *Aussprache* (Suffixderivat)
'Nomina acti': *Entwurf* (Konversion), *Anregung* (Suffixderivat), *Vorschlag* (Konversion)
In allen Fällen liegt Transposition vor. Wortbildungsparadigma: Wortbildungsgruppe

Lösung 56.3

Wortbildungsparadigma: Wortbildungsgruppe

produktive Wortbildungstypen: V + *-er* 'Nomen agentis' (*Raser, Versager, Absteiger*), Synt + *-er* 'Nomen agentis' (*Autofahrer, Eisläufer*), S + *-er* 'Bewohnerbezeichnung' (*der Kerpener, der Leimener*), seltener S + *-er* 'jmd., der mit etw./bei etw. beschäftigt ist' (*Eisenbahner, Stahlwerker, Gewerkschafter, Musiker, Wasserballer*), A > S 'Person mit bestimmtem Merkmal' (*der/die Unbekannte, Fremde, Jugendliche, Grüne)*, Pt I > S 'Nomen agentis' (*der/die Studierende, Unterzeichnende*), Pt II > S 'Nomen patientis' (*der/die Angeklagte, Verletzte*)

Derivate und Konversionsprodukte wiederum werden vielfach modifiziert und gehen als Zweitglied in Komposita ein (*Marinetaucher, Grünen-Politiker, Chef-Ankläger, Topverdiener, SPD-Vorsitzender*).

Lösung 56.4

Zur Wortfamilie von *fahren* gehören auch Wörter, die in der Gegenwartssprache (synchron) formal und semantisch nicht mehr an das Kernwort anzuschließen und auch untereinander nur noch bei diachroner Betrachtung als verwandt erkennbar sind (FLEISCHER/BARZ 1995, 72): *fertig, fertigen, Ferge, Furt, Förde* u. a.

Im Umfang des Wortbildungsnestes spiegelt sich die Wortbildungsaktivität des Kernwortes wider. Vor allem in Wortbildungsnestern aus Gliedern, die jeweils nur einen Wortbildungsschritt von ihrem Kernwort entfernt sind, wird deutlich, an welchen Wortbildungstypen das Kernwort beteiligt oder nicht beteiligt ist (ebd.).

Die Wortbildungsaktivität ist z. B. abhängig von der Formativstruktur (komplexe Kernwörter sind stärker kompositions- als derivationsaktiv), von der Bedeutung und der sich daraus ergebenden Position im Wortfeld, von der Wortart, vom Benennungsbedarf der Sprecher.

Das Wortbildungsnest ist gewissermaßen lückenhaft, da ein Kernwort nicht alle für seine Wortart möglichen Typen realisiert, z. B. **Fahrung, *Fahrling, *Fahrerling.*

Lösung 57

Komposition (z. T. mit Entlehnung verbunden): *Chip-Karte, EC-Karte, Kartenlesegerät, PIN-Code, Internet-Einkauf, Internet-Geschäftsverkehr, Internet-Strolch*; als Fremdwortbildungen: *Homebanking, Online-Shop*

Reduktion: *PC*; Kurzwörter als UK: *EC, PIN*

Bedeutungsbildung bei *Lesegerät* (Bedeutungsumfang von *lesen* zumindest erweitert), Bedeutungserweiterung auch bei *Shop*

Phraseologisierung kommt insgesamt viel seltener vor, an halbfesten Verbindungen aus attributivem Adjektiv + Substantiv sind oft adjektivische WBP beteiligt: *elektronische Unterschrift, elektronische Signatur, elektronischer Geschäftsverkehr, privater Schlüssel, öffentlicher Schlüssel*

Lösung 58

Komposition: *Datenautobahn, Elchtest, Mobilnetz, Bungeespringen* (Hybridbildung), *Bezahlfernsehen, Jobticket* (Fremdwortbildung), *Outdoorjacke* (Hybridbildung), *Wegfahrsperre, Rinderwahn, Partydroge, Hörbuch, Audiobuch* (mit Konfix als Erstglied), *herunterladen*

(Lehnübersetzung), *Genbank, Versicherungspaket* (bei *-bank* und *-paket* zusätzlich Bedeutungsbildung)
Analogiebildung: *Compuskript* (Fremdwortbildung)
Kontamination: *Infotainment* (Fremdwortbildung), *Mechatroniker*
Präfixderivation: *anklicken*
Präfixkonversion: *verlinken* (Entlehnung als Basis)
nicht eindeutig zu entscheiden: *Telelearning, Audiobook, e-mailen* können im Deutschen gebildet (Komposition bzw. Konversion) oder komplett entlehnt sein; *piercen* und *scannen* als lexikalische Entlehnung oder als Rückbildung zu entlehnten Substantiven (*Piercing, Scanner*)

Lösung 59.1

Komposition: alle Komposita mit reihenbildendem Kompositionsglied bzw. Quasi-Kompositionsglied: *dschungelfest, hochaktuell, hochwertig, farbenfroh, nasenfreundlich, spülmaschinengeeignet*
Suffixderivation: *modisch, praktisch, ärmellos, nützlich, sportiv, abnehmbar, eckig, kuschelig, lässig* (demotiviert)
Präfixderivation: *superbequem*
Zu typischen Wortbildungserscheinungen in der Werbesprache vgl. auch JANICH 1999, 4.3.

Lösung 59.2

Überwiegend Komposition; Modifikation, weil typische Kleidungsstücke, Accessoires und Eigenschaften immer wieder anders subklassifiziert werden.
S + S ‘Situation’: *Seitentasche, Halsausschnitt* (auch ‘Zweck’ möglich)
S + S ‘Konstitution/hat’: *Kapuzenweste, Streifenshirt, Blumendruck, Blumenkleid*
S + S ‘Konstitution/besteht aus’: *Kordelzug, Gummizug, Perlmuttknopf, Strohkappe, Strohtasche, Nylonhose, Kunststoffgriff*
S + S ‘Konstitution/Form’: *V-Ausschnitt* (hier Einzelbuchstabe mit ikonischer Bedeutung), *Dreieck-Kopftuch*
S + S ‘Konstitution/in der Art von’: *Safari-Kappe, Tunnelzug, Shirt-Stil, Gras-Aroma, Zedernöl-Aroma*
V + S ‘Konstitution/in der Art von’: *Häkel-Look*
S + S ‘Zweck’: *Damenkleid, Schulterriemen, Nackenschutz, Teen-Kleid, Nachthemd, Strandkleid, Damen-Söckchen, Herren-Duftsocke, Geschenkkarton*
V + S ‘Zweck/dient zu’: *Wickelrock, Druckknopf, Wende-Bettwäsche*
S + *-chen* ‘Diminution’: *Bändchen*
Super- + S ‘Augmentation’: *Supersitz*
Synt + S ‘Augmentation’: *Kaum-zu-glauben-Preis*

Lösung 60.1

Wolkenkratzer: Suffixderivation, Synt + *-er* ‘Gegenstandsbezeichnung’ (u. U. auch S + S, Rektionskompositum)
Geburtenkontrolle: Komposition, S, F + S ‘Patiens’ (Rektionskompositum)
Langspielplatte: Komposition, Synt + S ‘charakteristische Eigenschaft’
Schwarzmarkt: Komposition, A + S ‘metaphorisch benanntes Merkmal’
Einwegflasche: Komposition, Synt + S ‘Zweck’

Entwicklungsland: Komposition, S, F + S 'Situation'
Körpersprache: Komposition, S + S 'Agens'
Froschmann: Komposition, S + S 'Vergleich'

Lösung 60.2

recyceln: Suffixderivat mit heimischem Suffix: *recycelbar*; Determinativkompositum mit reihenbildendem heimischem Kompositionsglied: *recycelfähig, recyclingfähig*
Container: v. a. substantivische Determinativkomposita aus fremden und heimischen Wörtern: *Müllcontainer, Glascontainer, Containerschiff, Containerplatz*
Computer: v. a. substantivische und adjektivische Determinativkomposita aus fremden und heimischen Wörtern: *Computerausdruck, Computerbefehl, Computerfehler, computergestützt, computergesteuert, computerlesbar*
Internet: v. a. substantivische Determinativkomposita: *Internetnutzer, Internetzugang, Internet-Einkauf, Internet-Strolch* (im Text zu Aufgabe 57)

Lösung 60.4

Überwiegend Determinativkomposita mit *Online-* als Erstglied, häufig Schreibung mit Bindestrich; *online* kommt frei als unflektiertes Adjektiv/Adverb vor, es kann aufgrund einer inzwischen stärker verallgemeinerten Bedeutung 'direkt über Internet verbunden' und der hohen Frequenz als reihenbildendes Kompositionsglied betrachtet werden; die starke Reihenbildung wird strukturell offensichtlich begünstigt durch die Beschränkung von *online* auf adverbialen und prädikativen Gebrauch, bedingt durch fehlende Flektierbarkeit (vgl. dazu Aufgabe 97).

Lösung 61

Wörter des Jahres:
Rasterfahndung S + S 'Art und Weise', *Nulllösung* S + S 'Quantität', *Ellenbogengesellschaft* S + S 'Art und Weise', *Umweltauto* S + S 'Zweck', *Aids* multisegmentales Kurzwort aus engl. Wortgruppe; Entlehnung, *Gesundheitsreform* S, F + S 'Thema', *Reisefreiheit* S + S 'Thema', *Besserwessi* Kontamination aus *Besserwisser* + *Wessi*, *Politikverdrossenheit* Doppelmotivation: S + S 'Ursache', evtl. auch 'Thema' oder A + *-heit* 'Zustand', *Sozialabbau* A + S 'Thema', *Superwahljahr super-* + S 'Augmentation', *Sparpaket* V + S 'Zweck', *Reformstau* S + S 'Thema'
problematisch: *Rot-Grün* A > S
Unwörter des Jahres:
ausländerfrei S + reihenbildendes adjektivisches Kompositionsglied 'Nichtvorhandensein', *Überfremdung* V + *-ung* 'Nomen actionis/acti', *Diätenanpassung* Doppelmotivation: S + S 'Patiens'/Rektionskompositum oder Synt + *-ung* 'Nomen actionis', *Rentnerschwemme* S + reihenbildendes subst. Kompositionsglied 'Augmentation', *Wohlstandsmüll* S, F + S 'Urheber', *Kollateralschaden* A + S 'Art und Weise'
Die meisten Bildungen stammen aus dem Bereich Politik/Gesellschaft.

Lösung 62.1

Ichling: Suffixderivat, in gewissem semantischem Kontrast zur usuellen Bildung *Egoist* stehend, Systemgerechtheit schwer zu beurteilen, da Pronomen relativ geringe Wortbildungsaktivität haben, *-ling* tritt im Allgemeinen an verbale, adjektivische oder substantivische Basis (*Prüfling, Jüngling, Dichterling)*

Stehler: kindersprachliche Bildungen erfolgen meist nach den auch in der "Erwachsenensprache" üblichen Mustern, Kinder streben in der Wortbildung nach Transparenz, d. h. nach Motivation (wenn das Verb *stehlen* bekannt ist, ist die Bildung eher motiviert als das usuelle, aber noch nicht bekannte *Dieb*); Vorhandensein einer usuellen Benennung verhindert im Allgemeinen die Lexikalisierung

Kopflanger: analog-holistisch zu einem einzelnen WBP (*Handlanger*) gebildet, expressiv, hebt besonders die geistige Mittäterschaft hervor; anschaulich und verständlich; Lexikalisierung zumindest vorstellbar

offenhörlich: analog-holistisch zu *offensichtlich* gebildet, analog ist auch die Bedeutung 'so, dass es jeder hören kann', wirkt expressiv, betont den Höreindruck; Lexikalisierung wenig wahrscheinlich, da es daneben auch die Adjektive *offenbar, offenkundig* ('für alle erkennbar') gibt, die nicht an eine spezielle Art der Sinneswahrnehmung gebunden sind

Fußwerk: analog-holistisch zu *Handwerk* gebildet, okkasionelle Modifikation eines Phraseologismus wird im journalistischen Sprachgebrauch gern genutzt, bleibt aber meist auf gelegentliche Verwendung beschränkt

Likörell: analog-holistisch zu *Aquarell* gebildet, benennt die Tatsache, dass als Malstoff farbige Liköre und nicht Wasserfarben verwendet worden sind; die Bildung bleibt sicher okkasionell bzw. auf ein individuelles künstlerisches Produkt beschränkt

Rättin: nach FLEISCHER/BARZ 1995, 182 ist die Bildung eines als 'weiblich' (Sexus) markierten Substantivs auch mit femininem Genus möglich (z. B. *die Giraffe – die Giraffin*); dennoch wirkt die Movierung expressiv; dass *Rättin* bisher nicht als 'weibliches Tier' lexikalisiert ist, zeigt, dass dafür offenbar in der Allgemeinsprache kein Bedarf besteht.

Lösung 62.2

Intuitiv wurde folgende Zuordnung getroffen, die sich bei der Überprüfung im Wörterbuch bestätigt hat:

usuell: *Moralist, Ermittler, Hornhaut, Lagunenstadt, Krimi, Bildschirm, Geheimnis, Verfall, Bürokrat, Kungelei, Harmonie, Außenwelt, Stimmung, Spannung, Paradebeispiel, Auftritt, Täterin, Lösung* (alle im GWDS enthalten)

okkasionell: *Mädchenhändler-Fall, Sanftler, Sympathling, Vorzimmer-Schöne, Brunetti-Frust, Prachtpalazzo, Roman-Atmosphäre, Venedig-Postkarte, Prostituierten-Milieu, Italo-Politkrimi, Moralbotschaft, Snuff-Video* (szenesprachlich?) (im GWDS nicht enthalten)

nicht eindeutig zu beurteilen: *Zentralmotiv* (im GWDS nicht enthalten)

Das Verständnis ist durch die lexikalische Bedeutung der UK und ihre Beziehung zueinander sowie durch Kontext und Weltwissen gesichert; zum Verstehen tragen auch bereits lexikalisierte Wörter nach entsprechendem Wortbildungstyp bei, z. B. *Prachtbau, Italowestern*.

Sanftler: Suffixderivat eigentlich nicht systemgerecht, Suffix *-ler* nach FLEISCHER/BARZ 1995, 156ff. nur bei substantivischer und seltener verbaler Basis; begünstigend wirkt aber andererseits die pejorative Konnotation, die das Suffix haben kann; auch nicht systemgerechte Bildungen können bei entsprechendem pragmatischem Bedarf usuell werden (vgl. *unkaputtbar*).

Sympathling: Art der Basis (Konfix) wirkt hemmend; deadjektivische substantivische Suffixderivate auf *-ling* haben in der Regel einfache Adjektive als Basis: *Jüngling, Frischling, Feigling, Fremdling, Naivling, Schwächling*; insgesamt ist der Typ nur begrenzt produktiv; andererseits erfüllt das Muster ebenfalls das Ausdrucksbedürfnis nach einer pejorativ konnotierten Personenbezeichnung.

Lösung 63.1

Komposition (determinativ):
Einzelhandelskaufmann, Reinigungskraft, Außendienstmitarbeiter
Suffixderivation: *Techniker, Installateur, Friseur, Erzieher, Trockenbauer, Student*
Konversion: *der Angestellte, der Selbständige*
Doppelmotivation (Vorzugsinterpretation an erster Stelle): *Gebäudereiniger* (als Suffixderivat oder als Determinativkompositum), *Geschäftsführer* (als Suffixderivat oder als Determinativkompositum)

Lösung 63.2

Suffixderivation mit Movierungssuffix *-in* (am häufigsten genutzt): *Technikerin, Installateurin, Gebäudereinigerin, Friseurin, Erzieherin, Geschäftsführerin, Außendienstmitarbeiterin, Trockenbauerin, Studentin*
Ersatz des Morphems */mann/* durch */frau/*: *Einzelhandelskauffrau*
Ersatz des Fremdsuffixes *-eur* durch *-euse* (nicht in allen Bildungen üblich, vgl. **Installateuse*; auch Varianten möglich, vgl. *Friseurin*): *Friseuse* (im GWDS als ältere Form gegenüber *Friseurin* markiert)
Bei Konversionen mit flektiertem Adjektiv, Partizip I und Partizip II wird die feminine Form als Basis gewählt: *die Selbständige, die Studierende, die Angestellte* (dieser Wortbildungstyp erlaubt zugleich im Plural eine geschlechtsneutrale Benennung: *die Selbständigen* usw.).

Lösung 63.3

Die maskuline Form ist gebildet nach dem Typ der Suffixderivate mit syntaktischer Fügung als Basis (im ersten Beispiel liegt ein modifizierter Phraseologismus zugrunde). Der Effekt wird v. a. dadurch erzielt, dass es okkasionelle Bildungen nach dem gleichen für Berufs-/Tätigkeitsbezeichnungen häufig genutzten Typ sind (V bzw. Synt + *-er*), die in der Anzeige auch parallel angeordnet sind. Ein zusätzlicher Effekt ergibt sich durch die Basiselemente *das Brett an der dünnsten Stelle bohren* und *durchboxen*, die eher in der gesprochenen Sprache verwendet werden, wodurch ebenfalls ein Kontrast zum Muster offizieller Stellenanzeigen entsteht.

Lösung 63.4

Unübliche Paraphrasierungen (vgl. das in ULRICH 1995, 149ff. vollständig abgedruckte Gedicht): <jmd., der Zitronen faltet>, <jmd., der Wolken kratzt>, <jmd., der (mit einer spitzen Rute) im Feld herumsticht>, <jmd., der seine Ärmel schont> (indem er die Arme so hält, dass er nirgendwo anstößt), <jmd., der das Brot (mit dem Meterstab) misst>, <jmd., der aus Teppichen und Ritzen den Staub saugt>, <jmd., der seine Uhr zeigt>, <jmd., der das Stricken leitet>, <jmd., der immer seine Sachen verlegt>, <jmd., der Vögel baut>, <jmd., der mit (Geld)scheinen um sich wirft>

Außer bei *Verleger* wird in allen Fällen *-er* nicht mehr in der Wortbildungsbedeutung 'Nomen instrumenti' interpretiert, sondern als 'Nomen agentis'. Synchron lassen sich nicht bei allen Wörtern mit *-er* auch deverbale Suffixderivate nachweisen, die Uminterpretationen folgen alle dem Wortbildungstyp Synt + *-er* bzw. V + *-er* 'Nomen agentis'. Bei *Verleger* wird der Uminterpretation ein anderes Semem des Basisverbs zugrunde gelegt.

Lösung 64.1

Bei der Wortwahl wird ein WBP aus dem Lexikon aktualisiert/abgerufen; bei der Wortbildung wird ein neues Wort produziert. Die neu produzierten Wörter können lexikalisiert/demotiviert werden. „Dieses Neuwort ist insofern kategoriell geprägt (D), als es sich um ein zur Sachverhaltsdarstellung passendes Verb, Adjektiv oder Substantiv der benötigten Zeichenklasse handelt." (ERBEN 2000, 152)

Lösung 64.2

aktualisiert: *visionär, Zeichner, berühmt, ausstatten, sagenhaft, Sprache, erkennen, ermöglichen, Schritt, Verwirklichung, Vision, Techniker, entwickeln, Millimeter, aufbauen, Komponente, konstruieren, Forscher, winzig, elektronisch, Spielzeug*
produziert (nicht im GWDS): *Mini-Mikro, Comic-Detektiv, Video-Kommunikation, Winz-Mikrofon, Silizium-Technologie, Mikrochip-Schaltkreis*
Die substantivischen Wortneubildungen repräsentieren die neu zu vermittelnden Begriffe (Modifikation) und sind textkonstitutiv.

Lösung 64.3

mini-: Mini-Mikro, miniaturisieren; mikro-: Mini-Mikro, Winz-Mikrofon, Mikrochip-Schaltkreis; vid-/vis-: visionär, Video-Kommunikation, Vision; techn-: Techniker, Silizium-Technologie; winz-: Winz-Mikrofon, winzig
Textfunktion: Textverflechtung. WBP wie *Mini-Mikro* sind Isotopieknoten mit abzweigenden Verflechtungen zu *miniaturisieren, Winz-Mikrofon, winzig, Mikrochip-Schaltkreis.*

Lösung 65.1

Webpen: Webpen-Software, Webpen-Technik, Webpen-Entwickler; Web-Shop
Einscannen: Mini-Scanner
Strichcode-Leser: Barcode
Daten: Datenstift, Daten-Kuli
Katalog: Katalogseite, Papierkatalog
verschicken: schicken (über)
PC: Computer
Online-Bestellung: Online-Shopping, Online-Shop
Web-Shop: Online-Shop

Lösung 65.2

Webpen – Daten-Stift – Daten-Kuli
Strichcode-Leser – Info-Sauger
Katalog – Papierkatalog
PC – Rechner – Computer

Die Motivationsbedeutung (z. B. *Daten* + *Stift* 'Zweck') deutet bei morphosemantisch-motivierten WBP die lexikalische Bedeutung an.

Lösung 65.3

Papierkatalog: vgl. Lösung 16.1

Lösung 66.1

untergär/ig	Synt + *-ig*	'Qualität'	Suffixderivation	Transposition
auch: *unter/gärig*	A + A	'lokal'	Komposition	Modifikation
obergär/ig	Synt + *-ig*	'Qualität'	Suffixderivation	Transposition
auch: *ober/gärig*	A + A	'lokal'	Komposition	Modifikation
Bier/gärung	S + S	'Agens' (Rektionskompositum)	Komposition	Modifikation
Gärungs/prozess	S + S	'Thema'	Komposition	Modifikation
Gär/zeit	V + S	'Zweck'	Komposition	Modifikation
Gärtank/boden	S + S	'Teil von'	Komposition	Modifikation
Vergär/ung	V + *-ung*	'Nomen actionis'	Suffixderivation	Transposition

WBP mit *-gär-* sind als fachlich konnotierte Wörter stilbildende Mittel. Ihre Wiederaufnahme ist in einem Fachtext für dessen Klarheit und Eindeutigkeit unerlässlich und folglich stilistisch angemessen.

Lösung 66.2

(a) Die ausgewählten Textpassagen bilden die Grundlage für erweiterte Paraphrasen, die die Motivationsbedeutungen enthalten:
untergärig <Eigenschaft (*-ig*) der Hefe (des Bieres), die sich ge*gär*t (nach *unten*/in den *unteren* Bereich) absetzt>
obergärig <Eigenschaft (*-ig*) der Hefe (des Bieres), die sich ge*gär*t an der *Ober*fläche sammelt>
Altbier <*Bier*, das auf *alt*hergebrachte Art hergestellt ist>

(b) *untergärig* '(von Hefe) bei niedriger Temperatur gärend und sich nach unten absetzend'
obergärig '(von Hefe) bei geringer Temperatur gärend und nach oben steigend'
Altbier 'obergäriges, meist dunkles, bitterwürziges Bier' (DUW)

(c) Die Motivationsbedeutungen repräsentieren die lexikalischen Bedeutungen anteilig.
Vgl. Aufgabe 44

Lösung 67.1

Alle Kurzwörter sind Initialkurzwörter: *MDR, SPD, CDU, OBM, LVZ*: drei Initialen, buchstabiert, multisegmental/diskontinuierlich. Die Angaben *Eig.*, *Ber.* sind keine (Kurz-) Wörter, da sie nur als Vollformen gesprochen werden.

Lösung 67.2

Verkürzung in Überschriften und Kurzmeldungen: *MDR*
Sprachregelung für Parteiennamen: *SPD*
Anspruch an Allgemeinwissen: *OBM*
Komprimierung in Kurzwort-Wortbildung: *MDR-Zentrum*

Lösung 67.3

MDR: Mitteldeutscher, Rundfunk, (MDR), Rundfunk, MDR-Intendant, MDR -Zentrum, MDR-Fernsehen

HGP: HGP-Projekt, Human-Genom-Projekt, (HGP), Projekt, Human-Genom-Organisation, HUGO

Lösung 67.4

Die Komposition *MDR-Fernsehen* zeigt die Verselbständigung von *MDR* als Eigenname, wodurch der Kombination MD*R(undfunk)-Fernsehen* nichts im Wege steht.

Die Doppelung von *P* als Initiale und von *Projekt* als 2. UK ermöglicht das teilweise Verstehen des Kurzwortes *HGP* in der Überschrift; *Projekt* verdeutlicht das Hyperonym, sichert das Genus und wirkt für den Gesamttext textverflechtend.

Lösung 67.5

Kurzwörter wie *HUGO*, *ERASMUS*, *BUND* beruhen auf einer Bildung in Anlehnung an homonyme onymische bzw. appellativische Benennungen, deren Bedeutung erwünschte Nebenassoziationen auslöst und auch Merkeffekte einschließt.

Lösung 68.1

In Text 1 deverbale WBP:

Tragen, Springen, Benutzen, Rauchen, Mitnehmen: V > S 'Nomina actionis'; Konversion ohne Basisveränderung, Transposition

Rasur: V + *-ur* 'Nomen actionis'; Suffixderivation, Transposition

In Text 2 verbale WBP: *anheben, abheben, ablegen, auflegen*: *an-* + V, *ab-* + V, *ab-* + V, *auf-* + V 'Richtung'; Präfixderivation, Modifikation

anwinkeln: *an-* + S > V 'handeln'; Präfixkonversion <zu einem Winkel beugen>, Transposition

Die substantivischen Konversionsprodukte betonen den resultativen Charakter der Vorgänge und entsprechen eher dem VERBIETEN; sie konstituieren zugleich die Stilzüge 'unpersönlich' und 'verallgemeinernd'. Die verbalen Präfixderivate betonen den prozessualen Charakter des Übens. Vgl. FIX 1992

Lösung 68.2

In Text 3: *Fasten, Abnehmen, Entschlacken, Auftanken, Entgiften, Zu-sich-selbst-Kommen, Luxushungern* passen in die Reihung von Substantiven; einige sind nicht durch andere substantivierte Transpositionsprodukte ersetzbar: *Fasten, Auftanken, Zu-sich-selbst-Kommen, Luxushungern*; im GWDS lemmatisiert sind *Entschlackung, Entgiftung.*

In Text 4: *letztes Knistern, feines Flüstern, schwaches Züngeln, dünnes Ringeln.* J. Krüss nutzt die Wortbildung, um die beiden Strophen stilbildend zu differenzieren: Die deverbalen Konversionsprodukte in der letzten Strophe können als Substantive attribuiert werden.

Lösung 69.1

Okkasionelle WBP durch unübliche Kombinationen usueller UK: *zerliebt, Standstuhl, Gigantenstadl*, analog-holistisch zu *verliebt, Fahrstuhl, Musikantenstadl.* Wiederaufnahme derselben UK bei veränderter Wortbildungs- (*spar*) und unterschiedlicher lexikalischer (*wirk*) Bedeutung, in unmittelbarer Aufeinanderfolge und unterschiedlicher syntaktischer Funktion der WBP. Vermutlich steigt die Gunst des Verbrauchers gegenüber dem Produkt, wenn er Wortspiele erfolgreich zu erkennen vermag.

Lösung 69.2

Nicht-lose erfüllt die Bedingungen für ein Wort, da es eine graphische, phonetische, semantische und grammatische Einheit darstellt. Es ist ein Textwort, gebildet und verstehbar in Analogie zu den Personenbezeichnungen *Arbeits-lose* u. a. Die morphosemantische Struktur seines potentiellen Ausgangswortes **nicht-los* (Adv + *-los*) ist nicht regelhaft. Als Konversionsprodukt wird es nicht über dieses Ausgangswort verständlich, sondern eher aus dem Textzusammenhang. Vielleicht ist auch an eine außertextuelle Assoziation mit *Nieten* als 'nicht(gewinnbringende) Lose' zu denken.

Lösung 69.3

Wiederholung des Präfixes *ver-* mit unterschiedlicher Wortbildungsbedeutung, Wiederholung der Wörter *Erfolg, Aktion* in unterschiedlicher Position, Ausnutzung des Gleichklangs in *-reaktion, -aktion*, Remotivation von *Re-aktion*. Absicht: Rezeptionsanreiz schaffen, Merkeffekt erhöhen

Lösung 69.4

ver/rechnen	Präfixderivation	'fehlerhaft'
ver/ändern	Präfixderivation	'resultativ'
ver/lieben	Präfixderivation	'inchoativ'

Verlust, Verdacht: synchron nicht mehr motiviert, diachron erklärbar als Suffixderivate, abgeleitet von *verlieren* bzw. *verdenken*

Verbund: Konversion mit Veränderung *verbind(en)*, motiviert

präpositionale Attribute: *Verlust an/von Aufträgen, Verdacht auf Fahrlässigkeit, Verbund mit Hansestädten*

Lösung 70.1

(a) Das tapfere Schneiderlein, Hans im Glück, Dornröschen, Schneewittchen, Froschkönig, Die Gänsemagd, Rumpelstilzchen, Aschenputtel, Hänsel und Gretel, Der Findevogel, Tischlein deck dich, Frau Holle

(b) *Rosendörnchen* (Dornröschen): Vertauschen der UK
Regenswattchen (Schneewittchen): Ersatz der 1. UK
Krötenkaiser (Froschkönig): Ersatz beider UK
Entenknecht (Gänsemagd): Ersatz beider UK
Feuerstilzchen/Rumpenputtel (Rumpelstilzchen/Aschenputtel): Verkreuzen der UK mit Ersatz einer UK
Suchfisch (Findevogel): Ersatz beider UK

Der Ersatz von UK erfolgt jeweils innerhalb eines lexikalischen Paradigmas, z. B. des Wortfeldes oder der Antonymie.

Überschrift: adverbiales Suffixderivat *niemal-s* anstelle von adverbialem Kompositum *(es war) ein-mal* durch Austausch von *nie-/ein*

bevorzugte Wortbildungsart: Komposition

Lösung 70.2

minnig: Derivation zu inaktiver Basis *Minn(e)-*, analog zu *grimmig*
grimmig: scheinbare Homonymie zwischen *grimmig* 'böse', aber unüblicher Derivation von Eigenname *Grimm* als Basis (*grimmsche*)
Hänsel: textuelle Homographie zwischen desubstantivischem Verb *Hänsel(n)*, groß geschrieben am Satzanfang, und diminuiertem Vornamen *Häns-el*
(das Decklein) tischen: Vertauschen der gebundenen Morpheme *-en* und *-lein* in Anlehnung an *Tischlein deck dich*
Unholle: Präfigierung des unikalen Namens *Holle*, maskuline Personenbezeichnung (*Herr*) assoziiert *Unhold*

Lösung 70.3

Diminutiva mit der Wortbildungsbedeutung 'verkleinernd', hier gekoppelt mit 'kindlich', 'verniedlichend'
Schuster-lein, Rosendörn-chen, Regenswatt-chen, Feuerstilz-chen, Rumpenputt-el, (Häns-el), Gret-el, Deck-lein, Säck-lein

Lösung 71

Textwörter: *Regenduft, Flüstergrün, eisengrau, Silberflug, Kranichheer, Schaumsaat, stahlgrün.*
Vertraut ist die morphematische Wortbildungsstruktur aus S + S: *Regenduft, Kranichheer, Schaumsaat*; A + S: *Silberflug*; S + A: *eisengrau, stahlgrün.*
Verbreitet ist die Wortbildungsbedeutung 'Vergleich' bei adjektivischen Komposita: *eisengrau, stahlgrün*, möglicherweise in Analogie zu dem lexikalisierten *stahlblau*, gestützt durch die im Text vorausgehende syntaktische Fügung *Granit blank*; eher ungewöhnlich *Flüstergrün*: interpretierbar als Konversionsprodukt zu dem Adjektiv *flüstergrün.* (Zu Besonderheiten eines Kompositums aus Verbstamm und absolutem Farbadjektiv wie *glührot* vgl. FLEISCHER/BARZ 1995, 236.)
Als neuartig empfunden werden die Komposita *Kranich-heer*, *Schaum-saat* aufgrund ihrer abgestuft semantischen (In)kongruenz zwischen ihren Konstituenten. Die beiden Konstituenten *-heer* und *-saat* sind von dem inhaltlich vorgegebenem Frame 'Vogelwelt' und 'Meer' weit entfernt und müssen als "frameextern" eingestuft werden (BARZ 1996, 308).

Lösung 72.1

Remotivation: *Stützpunkt*; *Vogelhirn* – die Motivationsbedeutung *Vogel* + *Hirn* 'zugehörig' gilt für alle Vögel (die eher zu den kleinen Tieren gerechnet werden), auch für den Adler; die abwertende Konnotation 'klein' kann aktualisiert werden, sobald *Vogelhirn* in Verbindung mit größeren Vögeln (und anderen Lebewesen) gebraucht wird; vgl. auch *Spatzenhirn.*
Wortspiele: Formale Gemeinsamkeit durch das lautgleiche Grundmorphem, aber Unterschiede in der Bedeutung: *organisch – organisiert, Öffentlichkeit – öffentlich, Atlantis – Atlanten*
gleiches Grundmorphem, aber Unterschiede in der Wortbildungsumgebung: *Gleichberechtigung – Rechtlosigkeit, messen – Maß, Gedanken – Denken, gerecht – Gerichtsbarkeit*; gegensätzliche Bedeutung, ausgedrückt durch Präfigierung mit *un-*: *Mensch – unmenschlich*

Analogiebildung: *Viertelintelligenter – Halbintelligenter*, gestützt durch *Monolog – Dialog;* Transposition der Basen *frei*, *gleich*, *Bruder*, begleitet von semantisch mehr oder weniger ausgeprägten Differenzierungen: *Freiheit – befreien, Gleichheit – gleichen, Brüderlichkeit – verbrüdern*
betonte semantische Differenziertheit von bedeutungsähnlichen Basen bei demselben Wortbildungstyp innerhalb derselben Wortbildungsgruppe 'Nomina agentis': *Zuhörer – Lauscher*
Augmentation durch Wortbildung – im Textbezug ironisiert: *Wachtmeister – Hauptwachtmeister*

Lösung 72.2

ROHDE: Nonsens-Okkasionalismen, gewonnen aus Textsorte Märchen, gebildet in Analogie zu üblichen WBP in Märchentiteln
DAUTHENDEY: poetische Komposition alltäglicher Wörter zur individuellen Interpretation
LEC: textgebundene Umdeutung von Wortbildungs-, Motivations- und UK-Bedeutungen

Lösung 73

(a) Figura etymologica, Spezialfall der Paronomasie/Annominatio (Wortspiel): Wiederholung des gleichen Wortstammes in Verb und Substantiv; beide Wörter gehören zu einem Wortbildungsnest bzw. einer Wortfamilie
(b) Wortspiel, beruhend auf Wiederholung des Grundmorphems, Wortbildungsnest; zugleich Oxymoron (*denken* impliziert als Objekt das Denkbare und nicht dessen Gegenteil)
(c) Antithese, realisiert durch die antonymisch zueinander stehenden Morpheme */rück/* und */fort/* (Wortbildungsantonymie der Basisverben *(zu)rückschreiten* und *fortschreiten* überträgt sich auf die jeweiligen Konversionen)
(d) Antimetabole: parallele Wortstrukturen (Determinativkomposita) und chiastische (gekreuzte) lexikalische Füllung (Vertauschung der Konstituenten zweier Determinativkomposita)
(e) jede Wortgruppe für sich stellt zunächst ein Oxymoron dar: paradoxe, scheinbar unsinnige Verknüpfung zweier gegensätzlicher Begriffe (adjektivisches Attribut und Basis des Suffixderivates); beide zusammen bilden eine Antimetabole (parallele Wortgruppenstruktur und chiastische Füllung)
(f) Kontamination: Verschränkung zweier lexikalischer Einheiten mit einem gemeinsamen Wortbestandteil (*Kompromiss + Missgeburt*); die sich überlagernden Teile können morphologisch und semantisch unterschiedlichen Status haben
(g) der syntaktische Parallelismus wird durch die parallelen Kompositionsstrukturen unterstützt; Antithese: lexikalisch durch Antonyme, in gewisser Weise auch durch die Erstglieder der beiden Komposita, die zwar in Kohyponymiebeziehung stehen, hier aber antithetisch gebraucht sind; gleichzeitig Wortspiel mit der Formähnlichkeit eines heimischen WBP und einer Entlehnung
(h) Antimetabole
(i) Litotes: Hervorhebung eines Faktums durch die Verneinung seines Gegenteils; hier: Negationspräfix *un-*

(j) Ironie: Austausch des in dieser Verbindung üblichen Wortes *Haus* durch dessen Diminutivform, wobei der ironische Effekt durch die Kombination der Diminutivform mit etwas Großem, Erhabenem entsteht
(k) Klimax: steigernde Aufzählung; die Erstglieder der parallel angeordneten Komposita bilden bereits durch die Zahlbegriffe eine deutliche Steigerung
(l) Wortspiel; Wiederholung von Homonymen, die sich aus der Bildung eines adjektivischen und eines substantivischen Kompositums ergeben, wobei das Erstglied jeweils identisch ist (*Wiese* mit Fugenelement), als Zweitglieder die Homonyme *fest* und *Fest* verwendet werden
(m) Wortspiel, beruhend auf dem Austausch durch ein homophones Morphem, das zugleich in inhaltlicher Beziehung zum Attribut steht
(n) Metapher; Typ der so genannten komparativ-endozentrischen Komposita, bei denen der Bildempfänger explizit als Erstglied eines Kompositums erscheint, das Zweitglied ist der Bildspender (Fleischer/Barz 1995, 99)

In allen Fällen kann durch Wortbildungselemente die Wirkung der rhetorischen Figur ausdrucksseitig noch verstärkt werden.

Lösung 74

Insgesamt ist Wissen über Wortbildungsarten, Wortbildungsstrukturen (strukturell und morphologisch), Wortbildungsmittel, Wortbildungsbedeutungen nötig.

Lösung 75

entfernen: Präfix *ent-*; morphologisches Prinzip
endlos: Basis *end-* als Morphemvariante von *Ende*; morphologisches Prinzip
hoffentlich: *-t-* als Fugenelement bei bestimmten adjektivischen Derivationstypen (*wesentlich, gelegentlich* u. a.); *-end* bei *hoffend* als Flexionsmorphem zur Bildung des Partizips I (mitunter auch als Derivationssuffix gewertet, vgl. Motsch 1999, 186); Partizipien I können durch departizipiale Konversion zu Adjektiven werden (*reizend, spannend*), dann ist v. a. beim Superlativ auf Schemakonstanz zu achten (*reizendste, spannendste*); morphologisches Prinzip
todmüde: Substantiv *Tod* als Erstglied (eigentlich <bis zum Tod>); morphologisches Prinzip
totschießen: Adjektiv *tot* als Erstglied im verbalen Kompositum, entspricht einem prädikativen Attribut zum Objekt des Satzes (vgl. Fleischer/Barz 1995, 299) 'Resultat des Vorgangs'; morphologisches Prinzip
der/die Jugendliche: Großschreibung des substantivierten Adjektivs; grammatisch-lexikalisches Prinzip
die Bläue: von *blau* abgeleitetes Suffixderivat auf *-e*; umlautfähiger Vokal der Basis wird dabei in der Regel umgelautet (*die Röte, die Schwärze, die Blässe* usw.); morphologisches Prinzip
das Befahren: Großschreibung des substantivierten Verbs; grammatisch-lexikalisches Prinzip

Lösung 76

Komposition: *Altbau, Altpapier, Altbundeskanzler, altgedient, altbekannt, steinalt, Altenheim, Altenpflege*
Suffixderivation: *ältlich, Alterchen*

Präfixderivation: *uralt*
Präfixkonversion: *veralten*
Konversion (ohne Basisveränderung): *der/die/das Alte, der/die Ältere, der/die Älteste, altern*
Synchron nur bedingt analysierbar: *das Alter*
Umlautschreibung durch morphologisches Prinzip geregelt; Großschreibung der substantivierten Adjektive durch grammatisch-lexikalisches Prinzip;
bei *Eltern* (eigentlich <die Älteren>) semantischer Zusammenhang verdunkelt, daher morphologisches Prinzip nicht wirksam (Wortfamilie erfasst im Unterschied zum Wortbildungsnest unter diachronem Aspekt alle etymologisch verwandten Wörter, auch formal und semantisch inzwischen entfernte; vgl. aber im Abschnitt 2.5 AUGST 1998 mit einem synchronen Wortfamilienbegriff).

Lösung 77.1

In der Regel erfolgt Umlautschreibung, wenn die Basis einen umlautfähigen Stammvokal (*a, o, u, au*) aufweist, es entstehen Allomorphe: *Häuschen, Bächlein, Ärztin, höfisch, häuslich, wässrig, Sämling, Röte.*
Beim Strukturtyp A + *-e* signalisiert der Umlaut gleichzeitig die Suffixderivation (*blau – die Bläue, sanft – die Sänfte)* im Gegensatz zur Konversion (*der/die/das Blaue, Sanfte).*
Über die semantische Identität und die phonemisch-graphemische Ähnlichkeit ist die Zugehörigkeit zu einem Wortbildungsnest auch graphisch signalisiert. Der Schreibende kann die Schreibung aus der Basis ableiten, der Lesende erkennt den semantischen Zusammenhang.

Lösung 77.2

Entsprechend dem morphologischen Prinzip sind jetzt auch Schreibvarianten möglich:
neben *aufwendig* (als deverbales Suffixderivat von *aufwenden*) auch *aufwändig* (als desubstantivisches Suffixderivat von *Aufwand*); neben *Schenke* (herzuleiten von *ausschenken*) auch *Schänke* (herzuleiten von *Ausschank*); neben *potentiell* (Graphemalternation der Basis bei Fremdsuffix) auch *potenziell* (mit unveränderter Schreibung der substantivischen Basis *Potenz*); so auch bei *Justitiar/Justiziar*;
Änderung der Schreibung bei: *Stängel* (synchron als Suffixderivation von *Stange* zu empfinden); *platzieren* (synchron als Suffixderivation von *Platz*); *nummerieren* (synchron als Suffixderivation von *Nummer*); *Stammmorphem* (Kompositum aus *Stamm* + *Morphem*)

Lösung 77.3

Referent, Rehabilitand, Diplomand, Promovend, Informand ('der zu Informierende'), *Informant* ('jmd., der informiert'), *Summand, Subtrahend*
-ant/-ent: bei aktivischer Bedeutung ('Nomen agentis')
-and/-end: bei passivischer Bedeutung ('Nomen patientis')

Lösung 77.4

nach morphologischem Prinzip (Schemakonstanz) Erhalt aller Buchstaben: *Schifffahrt, Teeernte, schneeerhellt, seeerfahren, fetttriefend*
als alternative Möglichkeit Bindestrichschreibung, um das Zusammentreffen gleicher Buchstaben zu vermeiden; bei Adjektiven bleibt dabei in der Regel die Großschreibung des

substantivischen Erstgliedes erhalten: *Schiff-Fahrt, Tee-Ernte, Schnee-erhellt, See-erfahren, Fett-triefend*

Lösung 78

(a) Konfixe; *der Graph, das Phot* fachsprachlich auch als selbständige Wörter; Allographie nur bei *graph/graf, phot/fot* (ausgenommen sind fachsprachliche Bildungen wie *Graph, Graphem, Phot, Photon*)

(b) *graphisch, Graphik, Graphiker, Graphem, Photograph, Biograph, Graphologie, Graphologe*; Suffixderivation, Komposition

Lösung 79.1

Bei substantivischen Komposita gibt es deutliche formale Unterschiede gegenüber der syntaktischen Fügung (andere Reihenfolge bei substantivischen Erstgliedern: *ein Topf für Blumen/Blumentopf*; fehlende Flexion bei adjektivischen Erstgliedern: *hohes Haus/Hochhaus*; Verbstamm bei verbalen Erstgliedern: *ein Tisch zum Schreiben/Schreibtisch*; Einsparung von Teilen der syntaktischen Fügung), vgl. dazu auch Aufgabe 10. Bei Verben (im Infinitiv) und Adjektiven ist die Reihenfolge der Bestandteile in der syntaktischen Fügung und im WBP identisch, vgl. dazu auch Aufgabe 33: *getrennt schreiben/großschreiben, Staub saugen/ staubsaugen; halb geöffnet/ halbamtlich*; formale und grammatische Kriterien für Getrennt- oder Zusammenschreibung unterliegen subjektiven Urteilen, darüber hinaus sind auch formal-grammatische Merkmale meist semantisch bedingt, bei semantischen Prozessen ist immer mit fließenden Übergängen, unscharfen Grenzen zu rechnen.

Entsprechend wurden auch in die 22. Auflage des Dudens (DUDEN 2000) Zweifelsfälle eingearbeitet, die sich besonders im Bereich der Getrennt- und Zusammenschreibung ergeben: Variantenschreibungen sind z. B. jetzt zugelassen bei *besorgniserregend/Besorgnis erregend, blutbildend/Blut bildend, blutsaugend/Blut saugend, blutstillend/Blut stillend* u. a., das LWB, 177 dagegen führt hervorgehoben in einem Kasten nur die Schreibung *Blut bildend* an und betrachtet die gesamte syntaktische Fügung als Adjektiv.

Lösung 79.2

Fleisch fressend, Metall verarbeitend, computergesteuert, umweltschädigend, geschäftsschädigend, berufsbedingt, gebrauchsfertig, besitzanzeigend, reihenbildend

Nur in den ersten beiden Beispielen wird getrennt geschrieben (syntaktische Fügung), weil die zugrunde liegende Verbindung mit dem Verb getrennt geschrieben wird (K 58): *Fleisch fressen, Metall verarbeiten*; Zusammenschreibung in „Zusammensetzungen, bei denen der erste Bestandteil für eine Wortgruppe steht" (vgl. § 36 (1)), gegenüber der gebräuchlichen Wortgruppe wird z. B. eine Präposition oder ein Artikel eingespart (vgl. R 40); Fugenelement signalisiert immer Zusammenschreibung. Als Ausnahmen sind *besitzanzeigend* und *reihenbildend* zu betrachten, die nach der Regel eigentlich getrennt geschrieben werden müssten (*Besitz anzeigen* und *Reihen bilden*), bei denen aber wegen des terminologischen Gebrauchs an der bisherigen Schreibung festgehalten wird.

Lösung 79.3

erfolgreich, durststillend, fiebersenkend, Bakterien tötend, entzündungshemmend, wohltuend (laut Duden so, trotz der Wortgruppe *wohl tun*; unter R 40 als Zweifelsfall auch mit der Variante *wohl tuend* angeführt), *hormonbildend,* DUDEN 1996: nur *blutreinigend* (aber: *Blut saugend*), DUDEN 2000: *blutreinigend*, auch *Blut reinigend*; Begründung der Schreibung adjektivischer Komposita mit Partizip I als Zweitglied vgl. Lösung 79.2

Lösung 79.4

Der Wortbildungstyp S + Pt I 'S entspricht einem valenzabhängigen Akkusativ' (Rektionskompositum) ist jetzt geringer vertreten; bestimmte substantivische Subklassen kommen bei strenger Anwendung der Rechtschreibregel als Erstglied gar nicht mehr in Frage: Stoffbezeichnungen wie *Erdöl, Eisen* und Abstrakta wie *Erfolg* können ohne Artikel stehen, daher würde bei Zusammenschreibung keine Einsparung gegenüber der Wortgruppe erfolgen (vgl. R 40): *Erdöl fördernde Länder, die Eisen verarbeitende Industrie, Erfolg versprechend* usw. Nach EISENBERG 1998a, 320 bedeutet diese orthographische Entscheidung einen klaren Systemverstoß, weil damit Rektionskomposita ausgeschlossen werden; bestimmte Wörter, wie *Erdöl, Eisen, Metall ...*, haben also keine Chance, als Erstglieder von Komposita mit Partizip I aufzutreten (vgl. auch EISENBERG 1997, 49).

Lösung 79.5

Nach alter Rechtschreibung stellten Wörter wie *wildwachsend, hartgekocht* zusammenzuschreibende Adjektivkomposita mit adjektivischem Erstglied dar (A + Pt I/Pt II), sind also WBP. Nach neuer Rechtschreibung handelt es sich um getrennt zu schreibende Wortgruppen entsprechend den zugrunde liegenden verbalen Fügungen (*wild wachsend*, weil *wild wachsen; hart gekocht, frisch gebacken*).

In bestimmten Fällen erfolgt die Entscheidung nicht nach einem grammatischen, sondern nach einem formalen Kriterium: Ist der erste Bestandteil einer syntaktischen Fügung eine Ableitung auf *-ig, -isch* oder *-lich*, wird getrennt geschrieben (*eine richtig gehende Uhr, riesig groß, verführerisch leicht, grünlich gelb*), es sind also keine WBP.

Lösung 79.6

Vgl. § 36 (5): Zusammenschreibung von „Zusammensetzungen mit bedeutungsverstärkenden oder bedeutungsmindernden ersten Bestandteilen, die zum Teil lange Reihen bilden"; entspricht den Wortbildungsbedeutungen 'augmentativ' und 'taxierend' (hier nach dem Grad der Vollständigkeit) bei reihenbildenden Kompositionsgliedern:

bitterkalt, bitterböse, bitterernst; halbamtlich, halbgebildet, halboffiziell, halbtrocken; ganzledern, ganzleinen, ganzseiden; dunkelrot, dunkelblau; superschlau, superklug, superschnell, superfein

Lösung 80.1

Der Bindestrich ist obligatorisch bei Komposita mit „Einzelbuchstaben, Abkürzungen oder Ziffern" als UK (Erst-, seltener Zweitglied): *S-Kurve, UNO-Sicherheitsrat, Fußball-WM, 17-jährig* (§ 40) sowie in Komposita mit syntaktischen Fügungen als UK: *Arzt-Patienten-Verhältnis, Eduard-von-Hartmann-Straße, das In-der-Sonne-Liegen* (vgl. v. a. § 43, 44).

Lösung 80.2

Berg-und-Tal-Bahn, 5-Jahres-Vertrag (auch: *Fünfjahresvertrag*), *Max-Klinger-Foyer, Hals-Nasen-Ohren-Arzt, Mund-zu-Mund-Beatmung*; jeweils syntaktische Fügung als Erstglied des Kompositums, Schreibung mit Durchkopplungsbindestrich (vgl. R 28; § 44)

Lösung 80.3

Bei Bindestrichschreibung ist auf eine sinnvolle Segmentierung zu achten, d. h. der Bindestrich steht in der Hauptfuge zwischen den beiden UK: *Leichtathletik-Länderkampf, Haushalt-Freiarmnähmaschine, Kinderspielzeug-Artikel, Welt-Frauenkonferenz, Lohnsteuer-ermäßigungs-Antrag, Flüssigwasserstoff-Tank* (vgl. Empfehlung unter K 22).

Lösung 80.4

Be- und Entladung (eingespart ist die sich wiederholende Folge aus Grund- und Wortbildungsmorphem, *-ladung* stellt aber keine UK dar, UK sind *Belad-* und *Entlad-*); *Aus- und Einfuhr* (eingespart ist das sich wiederholende Grundmorphem *fuhr*, das ebenfalls keine UK darstellt, *Einfuhr* und *Ausfuhr* sind Konversionen, d. h. WBP ohne UK-Struktur); *saft- und kraftlos* (eingespart ist das Wortbildungsmorphem *-los* als zweite UK des Suffixderivats); *Lederherstellung und -vertrieb* (eingespart ist ein Grundmorphem als Erstglied des Determinativkompositums); *Feld- und Gartenfrüchte* (eingespart ist das flektierte Grundmorphem als Zweitglied des Determinativkompositums); *Kreuzung Kant-/Karl-Liebknecht-Straße* (eingespart ist ein Grundmorphem als Zweitglied des Determinativkompositums); *Ecke Karl-Heine-/Weißenfelser Straße* (eingespart ist das Grundmorphem als Zweitglied des Kompositums, Ergänzungs- und Erläuterungsbindestrich fallen hier zusammen).

Lösung 80.5

DFB-Alterchen, EM-Champion, DFB-Kicker: Determinativkomposita mit Initialkurzwort als Erstglied, Bindestrich obligatorisch; *Fußball-Nation*: Determinativkompositum, Hervorhebung der UK durch fakultativen Bindestrich; *sang- und klanglos*: adjektivische Suffixderivationen, Ergänzungsbindestrich bei Einsparung des gemeinsamen Bestandteils; *Vorrunden-Aus*: Determinativkompositum mit Konversion von Präposition als Zweitglied, fakultativer Bindestrich zur besseren Übersichtlichkeit; *In- und Ausland*: Determinativkomposita mit Präposition als Erstglied, Ergänzungsbindestrich bei Einsparung des gemeinsamen Bestandteils; *0:3-Pleite, B-Auswahl*: Determinativkomposita mit Ziffern bzw. Einzelbuchstaben als Erstglied, Bindestrich obligatorisch;

bei obligatorischen Bindestrichschreibungen strukturelle Gründe (v. a. Initialkurzwörter, syntaktische Fügungen, Ziffern als UK), bei fakultativen Bindestrichschreibungen strukturelle und funktionale/semantische Gründe: beim Zusammentreffen von drei gleichen Buchstaben, zur besseren Übersichtlichkeit bei mehrgliedrigen Komposita, zur Hervorhebung oder besseren Abgrenzung der einzelnen Bestandteile, v. a. bei Fremdwörtern, Pronomen, Eigennamen (*Crash-Kids*, *Pop-Entertainment*, *Wir-Gefühl, Herzog-Nachfolge*), bei okkasionellen Bildungen (*Hollywood-Erfolgsprodukt, Sozialisten-Chef, Studenten-Ansturm, Geisel-Ehepaar*).

Lösung 80.6

Bindestrich signalisiert Remotivierung (Wiederbelebung der ursprünglichen Bedeutung *er-fahren* 'durch fahren etwas kennen lernen') oder macht die Motivationsbedeutung stärker bewusst, wie bei *pausen-los* als 'ohne Pause' gegenüber 'ununterbrochen'; Ummotivierung lexikalisierter WBP, Aktivierung einer anderen als der lexikalisierten Bedeutung: *Wörter-Buch,* hier: 'ein Buch über (ausgewählte, bestimmte) Wörter'; *Tat-Ort,* hier: 'Ort, in dem etwas für ökologisches Engagement getan wird'.

Lösung 81.1

Transposition mit Wortartwechsel durch Konversion und Suffixderivation hat orthographische Folgen: Kleinschreibung bei desubstantivischer Konversion (Substantive in anderer syntaktischer Funktion), Großschreibung beim Gebrauch von Wörtern anderer Wortarten als Substantive (Konversion). Grammatische Merkmale des Substantivs wie Artikelfähigkeit, Attribuierbarkeit, Flektierbarkeit (aber: substantivierte flektierte Adjektive folgen im Allgemeinen der adjektivischen Flexion!) signalisieren Großschreibung. Bei Suffixderivation signalisiert das Suffix die Wortart und damit die Groß- oder Kleinschreibung. Durch Univerbierung syntaktischer Fügungen entstehen WBP, zugleich mit Zusammenschreibung kann sich auch die Groß- oder Kleinschreibung von Konstituenten verändern.

Lösung 81.2

Substantivierung bedeutet in der „Amtlichen Regelung“ Konversion von Wörtern anderer Wortarten zu Substantiven; prinzipiell bei allen Wortarten möglich, im Text z. B. *das Leben* (V > S), *das Wesentliche, Gleichgültiges, Alltägliches* (A > S), *das Dauernde* (Pt I > S), das *Ja, das Nein* (Partikel > S), *das Zufrüh, das Zuspät* (Synt > S); nicht im Text: *der Angestellte* (Pt II > S), *das Ich* (Pron > S), *das Heute* (Adv > S), *das Entweder-oder* (Konj > S), *das Auf und Ab* (Präp > S), *das Ach* (Interj > S).
Desubstantivierung bedeutet Konversion von Substantiven zu Wörtern anderer Wortarten; dafür im Text keine Beispiele; besonders S > A (*angst, bange, gram, leid, pleite, schuld* in Verbindung mit *sein, bleiben, werden*; als Farbadjektive gebrauchte Substantive wie *kognac, malve* usw.; solche Adjektive unterliegen meist Einschränkungen hinsichtlich ihres syntaktischen Gebrauchs; vgl. Aufgabe 39.1); S > Präp (*kraft, dank, trotz, laut*).
Besonders produktiv: substantivische Konversionen von Infinitiven; substantivische Konversionen von Partizipien I und II (diese erlauben z. B. geschlechtsspezifische und geschlechtsneutrale Personenbezeichnungen wie *der/die Studierende, die Studierenden*).

Lösung 81.3

Suffixe als Segmente am rechten Wortrand markieren die Wortart; Präfixe als Segmente am linken Wortrand sind nicht wortartmarkierend (z. B. *unwahr, Unwahrheit*; auch ein verbspezifisches Präfix wie *be-* sagt nichts aus über die Wortart des WBP, in dem es enthalten ist: *besuchen, Besuch, besagt*).

Lösung 82.1

Im ersten Fall Trennung nach Morphemen (morphologisches Prinzip), wonach die Wörter noch als Komposita betrachtet werden; im zweiten Fall Trennung nach dem silbischen Prinzip, d. h. nach Sprechsilben (wenn ein Wort nicht mehr als Kompositum erkannt oder empfunden wird).

Lösung 82.2

Die alte Regelung verlangte bei Fremdwörtern häufig die Trennung nach Morphemen. Für den Durchschnittsschreiber sind aber vor allem Fremdwörter hinsichtlich ihrer Bildungsweise oft nicht durchschaubar. Erschwert wurde die Entscheidung nach der alten Rechtschreibung auch dadurch, dass Fremdwörter z. T. nach Sprechsilben, z. T. nach Morphemen zu trennen waren. Nach der neuen Regel kann der Schreibende bei Wörtern, die sprachhistorisch oder von der Herkunftssprache her gesehen Komposita sind, nach silbischem oder nach morphologischem Prinzip trennen (vgl. § 112).

Lösung 82.3

Worttrennungen sind lesehemmend, wenn damit eine andere UK-Struktur und damit eine andere (z. T. ebenfalls sinnvolle) semantische Interpretation nahegelegt wird, die dann korrigiert werden muss. Deshalb sollte in solchen Fällen eine Trennung vermieden werden, auch wenn sie silbenstrukturell möglich wäre. Um Mehrdeutigkeiten auszuschließen, kann man die Bindestrichschreibung wählen: *Drucker-Zeugnis* oder *Druck-Erzeugnis*, *Musik-Erleben* oder *Musiker-Leben*.

Lösung 83.1

ABM < *Arbeitsbeschaffungsmaßnahme*, Schreibung ohne Bindestrich
ADAC < *Allgemeiner Deutscher Automobil-Club*, Bindestrichschreibung des Kompositums, Großschreibung des Adjektivs auch innerhalb des Eigennamens
DIHT < *Deutscher Industrie- und Handelstag*, Schreibung mit Ergänzungsstrich, als Eigenname Großschreibung
IHK < *Industrie- und Handelskammer*, Schreibung mit Ergänzungsstrich
TÜV < *Technischer Überwachungs-Verein*, Bindestrichschreibung des Kompositums, als Eigenname Großschreibung
BAföG/*Bafög* < *Bundesausbildungsförderungsgesetz*, trotz Mehrgliedrigkeit Schreibung ohne Bindestrich; metonymische Bedeutungserweiterung zu 'Geldzahlungen nach diesem Gesetz', in der durchgehenden Kleinschreibung im Wortinnern gegenüber der amtlichen Kurzform kommt die Verselbständigung gegenüber der Vollform auch graphisch zum Ausdruck (vgl. auch Schreibungen wie *Laser, Radar, Aids*)

Lösung 83.2

Hier handelt es sich um fachsprachliche Kürzungen, die z. T. spezifischen Prinzipien folgen. Viele fachsprachliche Kürzungen werden z. B. ohne Punkt geschrieben (*LadschlG*). Normalerweise stehen in Abkürzungen wie *Abk.-Verz.* < *Abkürzungsverzeichnis, Dipl.-Ing.* < *Diplomingenieur* ein Punkt und ein Bindestrich. Im Wortinneren erscheinen Großbuchstaben im Allgemeinen nur durchgehend in Initialkurzwörtern (*FIFA*), Kleinbuchstaben durchgehend innerhalb von Silben- oder Mischkurzwörtern (*Adrema*), auch innerhalb einiger Initialkurzwörter (*Fifa* als graphische Variante zu *FIFA*); hier sind Groß- und Kleinschreibung im Inneren der verkürzten Form gemischt, bei *BStMdI* z. B. hat zudem das großgeschriebene *M* keine Entsprechung in der Vollform.

Lösung 83.3

Unisegmentale Kurzwörter verhalten sich orthographisch in der Regel wie Vollwörter, v. a. bei Verselbständigung gegenüber der Vollform: Zusammenschreibung in Komposita (*Busfahrt, Linienbus, Laborbefund, Versuchslabor, Fotoalbum, Erinnerungsfoto, Autofahrt, Lokführer, Urlaubsdia*); zur besseren Übersichtlichkeit wird in bestimmten Fällen Bindestrichschreibung bevorzugt (*Abo-Vertrag, Kühl-Akku, Abi-Zeugnis, Uni-Rektor*).
Multisegmentale Kurzwörter: Initialkurzwörter als Konstituente von Komposita obligatorisch mit Bindestrich (*Kfz-Papiere, UKW-Sender, Fußball-WM*); Suffixderivate ohne Bindestrich (*ÖTVler*); Initialkurzwörter gehen unverändert in Komposita ein, behalten also z. B. Groß-

schreibung auch in Adjektiven bzw. Kleinschreibung auch in Substantiven (vgl. Beispiele in Aufgabe 83.5).
Nach der amtlichen Regelung steht nur in „Zusammensetzungen mit Abkürzungen" ein Bindestrich. Die Frage ist hier, ob in der Rechtschreibung *-mäßig* als Suffix oder als selbständiges Wort betrachtet wird. Im ersten Fall müsste *EDVmäßig*, im zweiten *EDV-mäßig* geschrieben werden. FLEISCHER/BARZ 1995 betrachten *-mäßig* als adjektivisches Suffix.

Lösung 83.4

EDV-Anlage, EDV-gerecht, EDV-gestützt, EDVler; Profisportler, Fußballprofi, profihaft, profimäßig; Trafostation; Akkuschrauber, Kühlakku; ÖTV-Vorsitzender, ÖTVler; FKK-Strand, FKKler; U-Bahn-Fahrer, U-Bahn-Netz; aidskrank, Aidskranke, Aidstest; Radarfalle, Radarkontrolle (zur Begründung vgl. Lösung 83.3)

Lösung 83.5

Initialkurzwörter erscheinen unverändert in Komposita (vgl. Lösung 83.3): *Tbc-krank, EDV-gerecht, FCKW-frei, TÜV-geprüft*; *km-Pauschale, km-Zahl, cm-Einteilung*; ebenso einzelne Buchstaben und Formelzeichen: *i-Punkt, n-Eck, T-förmig, x-beliebig*

Lösung 84.1

Zur Schreibung von Straßennamen vgl. auch R 122 und 123 bzw. K 161-163:
Berliner Straße (syntaktische Fügung, Getrenntschreibung bei Derivation von Orts- oder Ländernamen auf *-er*); *Gabelsbergerstraße, Wikingerdamm* (Determinativkomposita, Zusammenschreibung bei Ortsnamen, Völker- und Familiennamen auf *-er* als Erstglied); *Johann-Sebastian-Bach-Straße, Eduard-von-Hartmann-Straße, E.-T.-A.-Hoffmann-Straße* (Determinativkomposita, Durchkopplungsbindestrich bei syntaktischer Fügung als Erstglied, gilt auch bei abgekürzten Vornamen); *Neumarkt* (Determinativkompositum, Zusammenschreibung bei unflektiertem Adjektiv als Erstglied); als Zweitglied zusammengesetzter Straßennamen treten typische Wörter wie *Straße, Platz, Markt, Gasse, Allee* auf.

Lösung 84.2

Nach der „Amtlichen Regelung" sind Komposita mit mehreren Bestimmungswörtern mit Durchkopplungsbindestrich zu schreiben; Komposita mit nur einem Bestimmungswort sind entweder zusammen- oder mit Bindestrich zu schreiben; im Deutschen gibt es mit Ausnahme einiger fachsprachlicher Abkürzungen keine Binnengroßschreibung. Hier liegen Eigennamen vor, die nur bedingt der „Amtlichen Regelung" unterliegen. Man schreibt sie so, wie sie von der betreffenden Institution gewählt und amtlich eingetragen sind (vgl. auch DUDEN 2000, 1127). Auch Titel von Veranstaltungen, Publikationsorganen, Produktnamen u. Ä. können als Eigennamen betrachtet werden.

Lösung 84.3

Man findet häufig Bindestrichschreibung zur Hervorhebung des Eigennamens und zur Markierung der okkasionellen Bildung: z. B. *Schröder-Besuch, Eichel-Sparkurs, Völler-Elf, Verheugen-Idee*; nach K 136 ist der Bindestrich auch möglich, wenn dem Namen ein zusammengesetztes Grundwort folgt (*Mozart-Konzertabend, Eichel-Sparkurs*).

Lösung 84.4

Dieselmotor (Zusammenschreibung bei usuellen Komposita mit Eigennamen); *Schiller-Dramen* (Bindestrichschreibung zur Hervorhebung des Namens)/ *schiller(i)sche Dramen* (Kleinschreibung bei Derivat auf *-(i)sch*)/*Schiller'sche Dramen* (Großschreibung und Apostroph bei Hervorhebung); *Goethejahr/Goethe-Jahr* (bei Hervorhebung des Namens); *moskaufreundlich* (im Allgemeinen Zusammenschreibung bei Komposita aus einteiligem Namen und Adjektiv)/*Moskau-freundlich* (bei Bindestrichschreibung zur Hervorhebung des Eigennamens Großschreibung); *Leipziger Sehenswürdigkeiten* (von geographischen Namen abgeleitete Wörter auf *-er* immer groß)/denkbar wäre auch *Leipzig-Sehenswürdigkeiten*; *italienische Urlaubsziele* (von geographischen Namen abgeleitete Adjektive auf *-isch* klein, wenn sie nicht Teil eines Eigennamens sind wie in *die Italienische Republik*), *Heinrich-Mann-Romane* (Durchkopplungsbindestrich bei mehrteiligen Namen als Erstglied)/*heinrich-mannsche Romane* (Derivate von mehrteiligen Namen mit Bindestrich, Kleinschreibung bei Derivation auf *-isch*)/*Heinrich-Mann'sche Romane* (mit Apostroph und Großschreibung bei Hervorhebung des Namens)

Lösung 85.1

schwer verletzt: nach neuer und alter Regelung nur Getrenntschreibung als syntaktische Fügung; Zusammenschreibung wäre in dieser syntaktischen Verwendung falsch

26-jährig: nach neuer Regelung; gilt in der Rechtschreibung als Zusammensetzung mit Ziffer, (morphologisch und semantisch plausibler bei der Wortbildungsanalyse ist aber Suffix-derivation auf *-ig* mit syntaktischer Fügung *26 Jahre* als Basis); Bindestrichschreibung (K 29); Kleinschreibung, weil Adjektiv; *26jährig* als überholte Schreibung;

Hinweis: nur Derivate von Ziffern werden auch nach der neuen Regelung ohne Bindestrich geschrieben: *15fach, der 68er, 32stel*

krankenhausreif: nach neuer und alter Regelung Zusammenschreibung als adjektivisches Kompositum mit reihenbildendem Zweitglied; gegenüber der syntaktischen Fügung (*für das Krankenhaus reif*) werden Teile eingespart

so genannt: nach neuer Regelung Getrenntschreibung als syntaktische Fügung; *sogenannt* als überholte Schreibung

Rollleine/Roll-Leine: nach neuer Regelung Erhalt aller Buchstaben beim Zusammentreffen von drei gleichen Konsonanten im Kompositum (morphologisches Prinzip), Bindestrich-schreibung als alternative Möglichkeit; *Rolleine* als überholte Schreibung: nach alter Regelung Wegfall eines Konsonanten, wenn ein Vokal folgt (betrifft nur Substantive)

der 24-Jährige: Großschreibung als Substantiv; Konversion des Adjektivs *24-jährig*; *der 24jährige* als überholte Schreibung (in diesem Fall bleibt die Kleinschreibung auch bei substantivischem Gebrauch erhalten)

Schuhverkäuferin: bei überschaubaren Determinativkomposita ist Zusammenschreibung üblicher; nach der neuen Regelung kann ein Bindestrich zur Hervorhebung einzelner Bestandteile gesetzt werden (*Schuh-Verkäuferin*)

Lösung 85.2

das *Infragestellen/das In-Frage-Stellen* (wegen Variantenschreibung der Basis), *das Zustandekommen/das Zu-Stande-Kommen* (ebenfalls Variantenschreibung der Basis), *das Sich-gehen-Lassen, das In-den-Tag-hinein-Leben, das In-Kraft-Treten, das Auf-die-lange-*

Bank-Schieben; vgl. Amtliche Regelung § 43 und § 43 E sowie K 27: Substantivisch gebrauchte Infinitive mit mehr als zwei Bestandteilen schreibt man mit Bindestrich: *zum Aus-der-Haut-Fahren, das Nicht-mehr-fertig-Werden*; bei nur zwei Bestandteilen gilt Zusammenschreibung: *das Motorradfahren.*

Lösung 85.3

(a) *arbeitsplatzbezogen, ursachenbezogen*: Zusammenschreibung, weil gegenüber der syntaktischen Fügung Präposition und Artikel eingespart werden (*auf den Arbeitsplatz/ auf die Ursachen bezogen*); adjektivische Determinativkomposita aus S + Pt II

(b) *Erfolg versprechend*: Getrenntschreibung, weil keine Einsparung gegenüber der zugrunde liegenden syntaktischen Fügung erfolgt (*Erfolg versprechen*); in 22. Auflage des DUDENs (2000) aber *erfolgversprechend* wieder als Schreibvariante aufgenommen

(c) *schallintensiv*: Zusammenschreibung; adjektivisches Determinativkompositum aus S + reihenbildendem adjektivischem Kompositionsglied

(d) *tabufrei*: Zusammenschreibung; adjektivisches Determinativkompositum aus S + reihenbildendem Kompositionsglied; im Kompositum erfolgt eine Einsparung gegenüber der entsprechenden syntaktischen Fügung (*von einem Tabu/von Tabus frei*)

(e) *29-jährig, 100-jährig*: Bindestrichschreibung bei Komposita mit Ziffern; bei der Wortbildungsanalyse ist aber eine andere UK-Struktur semantisch plausibler: *29 bzw. 100 Jahre* + Suffix *-ig*, d. h. Suffixderivation mit syntaktischer Fügung als Basis

(f) *der 60-Jährige*: Bindestrichschreibung vgl. (e); Großschreibung, weil deadjektivische substantivische Konversion; noch ungewohnt erscheint sicher die finite Verbform *designte*; das Verb *designen* als desubstantivische verbale Konversion war in der 21. Auflage des DUDENs (1996) noch nicht enthalten, in der 22. Auflage (2000) ist es aufgenommen mit der Angabe des Partizips II (*designt*)

(g) *das Zuhause*: Groß- und Zusammenschreibung; substantivische Konversion von einer syntaktischen Fügung

(h) *u-bahn-blau, s-bahn-grün*: Schreibung mit Bindestrich, da partielles Kurzwort mit Bindestrich als Erstglied eines Kompositums (so auch *S-Bahn-Wagen* und nicht *S-Bahnwagen*)

(i) *Kennenlernen*: Groß- und Zusammenschreibung; substantivische Konversion von einer syntaktischen Fügung (*kennen lernen*); Schreibung ohne Bindestrich, weil nur zwei Bestandteile

(j) *Aufwendung*: entsprechend dem morphologischen Prinzip nur so; Suffixderivat von *aufwenden*; aber: *aufwändig* als Suffixderivat von *Aufwand* oder *aufwendig* als Suffixderivat von *aufwenden*

(k) *halbseitig*: Zusammenschreibung; adjektivisches Suffixderivat aus Synt + *-ig*

Lösung 86

Großschreibung im Wortinnern (Binnengroßschreibung) oder fehlender Bindestrich im Spatium (Wortzwischenraum) entsprechen nicht der amtlichen Rechtschreibung; die Abweichung von der Norm v. a. in Texten der Produktwerbung, bei Produkt- und Firmennamen weckt Aufmerksamkeit; bei beiden Erscheinungsformen werden die einzelnen (onymischen und/oder appellativischen) Bestandteile der Benennung deutlicher voneinander abgegrenzt

und so hervorgehoben (stärker als bei Bindestrichschreibung als Grenzsignal), gleichzeitig wird die Schemakonstanz gewahrt (UK bleiben graphisch unverändert).
Bei beiden Erscheinungsformen liegen komplexe Benennungen (polylexikalische Benennungen) vor; für die getrennt geschriebenen Formen verwendet BARZ 1999 die Bezeichnung „diskontinuierliches Kompositum". Auch bei Getrenntschreibung werden die Fügungen aufgrund der internen strukturellen und semantischen Beziehungen der Bestandteile als Einheiten nach dem Wortbildungsmuster der substantivischen Determinativkomposita empfunden: binäre komplexe Wörter mit Determinans-Determinatum-Struktur; das Zweitglied repräsentiert grammatisch und semantisch das Ganze. Zu älteren Befunden mit Binnengroßschreibung vgl. Aufgabenkomplex 99.
Intercityexpress ist in dieser Schreibung im DUDEN 2000 als geschützter Markenname aufgenommen. In informierenden und werbenden Texten der Deutschen Bahn wird das inzwischen systematisch ausgebaute Muster der Binnengroßschreibung verwendet: *InterCity, EuroCity, RegionalExpress, RegionalBahn*; auch *ReiseService Deutsche Bahn, DB ReiseBüro im ReiseZentrum* (alle Beispiele aus: Die Bahn. Städteverbindungen. Leipzig).
Zur Binnengroßschreibung vgl. auch Hinweis unter „Groß- und Kleinschreibung" in DUDEN 2000, 49.

Lösung 87.2

In Wörterbüchern mit glattalphabetischer Anordnung lassen sich Wortbildungsparadigmen nur begrenzt darstellen (z. B. Wortbildungsnester nur teilweise, Wortbildungsgruppen gar nicht). Wortbildungsarten werden in der Regel nicht explizit angegeben, können aber meist aus der Mikrostruktur des Stichwortartikels erschlossen werden. Bildungsrestriktionen lassen sich nur recht allgemein angeben (z. T. sind sie aber auch nicht differenziert genug bekannt); v. a. morphologische Restriktionen, kaum semantisch-pragmatische. Nicht alle nach einem Typ gebildeten WBP sind auch akzeptabel (z. B. **Glauber, *Hoffer,* * Stehler*).

Lösung 88.1

-bar: diachroner Aspekt, morphologische Charakterisierung der Basis, Wortbildungsbedeutung (mit Subtypen), WBP als Belege, Hinweis auf Verneinung mit *un-*, aber ohne ausdrückliche Abgrenzung gegenüber dem Typ der Präfix-Suffix-Kombination *un- ... -bar*
-heit: diachroner Aspekt, morphologische Charakterisierung der Basis, Wortbildungsbedeutung, abhängig von der Wortart der Basis; WBP als Belege, z. T. Hinweis auf Wortart des entsprechenden WBP mit Angabe von Genus und Flexionsklasse
-er: Angaben zu Genus und Flexion lassen Wortart des WBP erkennen; morphologische und semantische Charakterisierung der Basis, Wortbildungsbedeutung (GWDS setzt 6 semantische Gruppen an), Hinweis auf konnotative Bedeutung eines Teils der Bildungen (ugs.), WBP als Belege
-ung fehlt als Strichlemma

Lösung 88.2

Ablehnung: Zur Bedeutungserklärung des Suffixderivats dient hier ein Konversionsprodukt mit gleicher Basis, d. h. ein Wortbildungssynonym: *das Ablehnen*.
Abdichtung: Zur Erklärung der beiden Lesarten des Suffixderivats dienen ein Konversionsprodukt mit gleicher Basis (*das Abdichten*) und eine Paraphrase <etw., was etw. abdichtet>, in

denen jeweils die Wortbildungsbedeutung 'Nomen actionis' und 'Nomen instrumenti' zu erkennen sind.
Ablocher, Ableser: Die lexikalische Bedeutung wird durch verschiedene Formen der Paraphrasierung angegeben, in der die Wortbildungsbedeutung 'Nomen agentis' zu erkennen ist: <jmd., der Ablochungen vornimmt>, <Person, die etw. abliest>.
Mürbheit: Zum Zweck der Bedeutungsbeschreibung wird eine sonst unübliche Konversion als Wortbildungssynonym gebildet: *das Mürbesein.*
Täterin: Angabe der movierenden Funktion des Suffixes *-in*
entblättern: Zur Bedeutungserklärung des ersten, morphosemantisch motivierten Semems dient eine Paraphrase, in der die Wortbildungsbedeutung 'modal-reversativ' zu erkennen ist: <von Blättern befreien> (vgl. auch die 2. Bedeutungsangabe zu *ent-*: 'drückt in Bildungen mit Substantiven und einer Endung aus, dass etw. entfernt wird').
missbehagen: In der Paraphrase <nicht behagen> ist die Wortbildungsbedeutung 'Negation' zu erkennen (vgl. die entsprechende Bedeutungsangabe zu *miss-*).

Lösung 89.1

heimische Präfixe: *ab-, an-, auf-, aus-, be-, durch-, ein-*
Fremdpräfixe: *a-, anti-/Anti-, bi-/Bi-, co-/Co-, de-/De-, des-/Des-, dis-/Dis-*
heimische Suffixe: *-bar, -bar/-lich, -bold, -chen, -ei*
Fremdsuffixe: *-abel, -ade, -al/-ell, -and, -ant, -ation/-ierung* (*-ierung* hybrid)
Konfix: *Bio-*
reihenbildende Kompositionsglieder als Erstglied: *Affen-, Alibi-, Allerwelts-, Amateur-, Amok-, außer-, Bilderbuch-, bitter-, blitz-/Blitz-, blut-, bomben-/Bomben-, brand-, Brot-, bullen-/Bullen-, Chef-, Dampf-, Drecks-, Durchschnitts-, Eck-, Edel-, Eintags-*
reihenbildende Kompositionsglieder als Zweitglied: *-abhängig, -anfällig, -arm, -aufkommen, -bedingt, -bedürftig, -bereit, -berg, -beständig, -betont, -bewegt, -bewußt, -bezogen, -blind, -bolzen, -bulle, -chinesisch, -denken, -dicht, -dick, -durstig, -ebene, -echt, -eigen*
Quasi-Kompositionsglied: *-artig*
Die Aufnahme zahlreicher fremder Wortbildungsmittel und reihenbildender Kompositionsglieder (besonders als Zweitglieder) ist Ausdruck ihrer häufigen Verwendung in teilweise spezifischer Bedeutung in WBP der deutschen Gegenwartssprache.

Lösung 89.2

Reihenbildende Kompositionsglieder werden in der Wortbildungsforschung auch als Affixoide oder Halbaffixe bezeichnet. Ihr Status zwischen selbständigen Wörtern und Wortbildungsmorphemen wird mit den für Affixe typischen Kriterien Reihenbildung und Entkonkretisierung der Bedeutung gegenüber dem freien Gebrauch begründet. FLEISCHER/BARZ 1995 verzichten mit dem Verweis auf Zentrum und Peripherie auf den Affixoidbegriff und sprechen von Reihenbildung v. a. kompositioneller Zweitglieder (zur ausführlicheren Argumentation vgl. 27f., 227ff.). Unabhängig von der wissenschaftlichen Diskussion um die Zweckmäßigkeit einer eigenen Kategorie „Affixoid" liegt es im Interesse praktischer Bedürfnisse von Wörterbuchbenutzern, dass gerade solche produktiven Wortbildungsmittel gesondert in einem Wörterbuch erfasst werden.

Lösung 89.3

Das jeweils erste Beispiel enthält das Wort in seiner wörtlichen Bedeutung als Kompositionsglied (nach DUDEN 10, 8 "echte" Komposita aus zwei selbständigen Wörtern), die Wortbildungsbedeutung entspricht der bei Determinativkomposita üblichen, ist aber kaum prädiktabel ('Thema' bei *Bilderbuchautor*; 'Zweck' bei *Hobbyraum*; 'Thema' bei *Problembewusstsein*; 'Zeitpunkt oder Ursache' bei *frühjahrsmüde*). In der Verwendung als reihenbildendes Kompositionsglied ist die Bedeutung stärker verallgemeinert und damit wird die Wortbildungsbedeutung der WBP prädiktabel (*Bilderbuch-* 'musterhaft, wie man es sich idealerweise vorstellt'; *Hobby-* 'nicht berufsmäßig'; *Problem-* 'schwierig, Probleme bereitend'; *-müde* 'einer Sache überdrüssig'). Zu unterschiedlichen Interpretationsspielräumen bei Komposition und Derivation vgl. auch EICHINGER 2000, 16.

Im DUDEN 10 sind alle genannten Wörter als Lemmata und als Strichlemmata verzeichnet, im LWB nur *Bilderbuch-* (als wenig produktiv) und *Hobby-* (als begrenzt produktiv); Komposita *Problemfall, -kind, -müll* erscheinen unter *Problem* in der Bedeutung ‚Ärger, Schwierigkeiten' als Belege für Komposita; *ehe-, pillenmüde* als Komposita unter *müde* in der Bedeutung 'j-s/etw. müde werden; j-n/etw. (allmählich) nicht mehr mögen'; im WDF keines der Wörter als Strichlemma aufgenommen (obwohl auf Tafel XV als Wortbildungsmittel solche Elemente wie *Lieblings-, Schlüssel-, -stark* verzeichnet sind). Unterschiedliche lexikographische Entscheidungen ergeben sich aus unterschiedlicher Bewertung semantischer Differenzierungen.

Lösung 89.4

-bar: Informationen über Wortbildungsstruktur und Wortbildungsbedeutung (d. h. über den Wortbildungstyp) sowie über konkurrierende Elemente; Beispiele belegen die Produktivität des Wortbildungstyps.

Lösung 90.1

Lerner erhält Informationen über strukturelle und morphologische Muster, Distribution, Wortbildungsbedeutungen, Produktivität, typische WBP. Er kann nicht verzeichnete WBP bis zu einem gewissen Grad semantisch erschließen, in bestimmtem Umfang auch nach dem entsprechenden Muster selbst bilden und damit seinen Wortschatz aktiv erweitern.

Grenzen: Beim produktiven Sprachgebrauch sind für den Lerner die Risiken größer: Nicht alle modellgerechten WBP sind auch sprachüblich; Normgerechtheit oder Akzeptabilität kann er aufgrund fehlender muttersprachlicher Kompetenz schwer beurteilen.

Lösung 90.2

Viele „transparente" Komposita erscheinen unter der entsprechenden Bedeutung des Stichworts ohne eigene Definition, mit Zeichen K-, wenn das Stichwort erster Bestandteil ist: *Kunden-, -beratung, -kartei* usw. bei *Kunde*[1] (mit Wiederholung des Stichworts, da oft Änderungen seiner Form zu beachten sind), mit Zeichen –K, wenn das Stichwort zweiter Bestandteil ist: *Stamm-, Privat-* usw. Komposita, deren Bedeutung nicht so einfach erschließbar ist, erscheinen als eigenes Stichwort: *Kundendienst,* auch *kundgeben, kundtun* (obwohl aus den „Hinweisen" nicht ersichtlich ist, ob hier auch verbale Komposita gemeint sind). Direkt ("ohne Bedeutungswandel") vom angegebenen Stichwort abgeleitete Wörter erscheinen ohne Bedeutungsangabe am Ende des Eintrags: *Kunde*[1] hierzu *Kundin*; *-kunde* hierzu *-kundlich*; *Kundschaft*[2] hierzu *Kundschafter, Kundschafterin.* Entsprechend erscheinen abgeleitete Wörter "mit Bedeutungswandel" als eigene Stichwörter: *künden, Kundgebung, kundig, kündigen, Kündigung, Kundschaft*[1], *Kundschaft*[2]. Zu den als eigene Stichwörter aufgenommenen Wortbildungselementen gehören neben Präfixen und Suffixen auch Adjektive und Substantive: *-kunde* in *Erdkunde, Heilkunde* usw. mit typische Bedeutungen, Funktionen und Verbindungen. Die Angabe über die Produktivität gibt Aufschluss über die Wahrscheinlichkeit weiterer Bildungen, in denen diese Wortbildungselemente vorkommen können, die aber im Wörterbuch selbst nicht angeführt werden: *-kunde* wenig produktiv. Zeichen verweist auf weitere Mitglieder derselben Wortfamilie und gibt einen Hinweis auf etymologische Zusammenhänge, die ohne historisches Wissen hergestellt werden können: *erkunden, bekunden* bei *Kunde*[2]; *auskundschaften* bei *Kundschaft*[2].

Lösung 90.3

Beispiel für Suffixe: *-mäßig* (zu *-mäßig* vgl. ausführlicher Aufgabe und Lösung 107.2)
Beispiele für Präfixe: *miss-*[1], *miss-*[2], *Miss-* (als Homonyme inventarisiert)
Beispiele für Konfixe: *makro-/Makro-*, *Mega-*, *Mikro-*, *Mini-*, *mono-*, *Mono-*; Konfixe aber nicht systematisch und offenbar nur bei Reihenbildung gesondert lemmatisiert, z. B. nicht *Method-*, *medio-*, *multi-*, *myst-*, *mytho-*; auch fachsprachliche nicht lemmatisiert.
Metasprachliche Kennzeichnungen betreffen Angaben zu unselbständigem Auftreten (Ergänzungsbedürftigkeit durch Ergänzungsstrich markiert, daher „Strichlemma"), Wortart der Basis bei Präfixen, Wortart des WBP bei Suffixen und Konfixen, Trennbarkeit und Betonung bei verbalen Präfixen, Wortbildungsbedeutung, Bedeutungsbeziehung zu anderen Elementen, Produktivitätsgrad. Die Reihenbildung wird durch Beispiele belegt, die z. T. auch als selbständige Stichwörter erscheinen, z. B. *planmäßig, rechtmäßig, vorschriftsmäßig; das Makroklima, der Makrokosmos, makrokosmisch, die Makroökonomie, die Makrostruktur.*

Lösung 90.4

Präfix: *Haupt-, miss-*[1]*/miss-*[2]*/Miss-*
Suffix: *-schaft, -wesen, -werk, -haft, -los, -mäßig, -bar*
Konfix: *bio-/Bio-, Öko-, Kriminal-, Thermo-*
Reihenbildendes Kompositionsglied: *-park, -zeug, -ähnlich, -bedingt, -fest, -frei, -reich, -spezifisch, -würdig, -anlage, -bank, Riesen-, Traum-*
Präfixe und Suffixe: nur gebunden vorkommend als Wortbildungsmorpheme (bzw. bei homonymen Morphemen in dieser Bedeutung nur gebunden); mit lexikalisch-begrifflicher Bedeutung, aber mit wesentlich höherem Allgemeinheitsgrad; reihenbildend; eingeschränkte Kombinationsmöglichkeiten; positionsfest in Bezug auf die Basis; Suffixe ordnen kategorial in Wortart ein; Präfixe sind „kategorial unmarkiert" und „relativ selektionsschwach"
Konfixe: allein nicht wortfähig, nur „gebundene Grundmorpheme"; als Derivationsbasis und /oder Kompositionsglied; entscheidendes Kriterium für die Abgrenzung gegenüber Affixen ist die konkrete lexikalisch-begriffliche Bedeutung; im Unterschied zu unikalen Morphemen sind Konfixe wortbildungsaktiv, auch miteinander kombinierbar
Zum reihenbildenden Kompositionsglied vgl. Lösung 89.2; zu *-park* vgl. ausführlicher HÄMMER 2001.

Lösung 90.5

Selbständige Lemmatisierung, wenn nicht mehr regelmäßig morphosemantisch motiviert und neue begriffliche Einheit, häufiger Gebrauch; auch bei zwar motivierten, aber aus Sicht des Rezipienten nicht mehr ohne Weiteres vollständig erschließbaren und lexikalisierten WBP (vgl. Aufgabe 5); viele „transparente" Komposita erscheinen als Untereinträge ohne eigene Definition.

Vorteile: selbständige Lemmatisierung erlaubt schnellen Zugriff auf das gesuchte Wort, das in seiner Bedeutung und ggf. mit Verwendungshinweisen erklärt ist; bei Untereinträgen erhält der Benutzer (= Lerner!) durch die Vielzahl typischer Komposita Einblick in die Kompositionsaktivität eines Wortes als Erst- u./o. Zweitglied, Wortbildungsmuster für den eigenen produktiven Umgang; Verdeutlichung semantischer Zusammenhänge, was bei alphabetischer Anordnung nicht möglich ist.

Nachteile: Benutzer muss u. U. an verschiedenen Stellen nachschlagen, um zum gesuchten Stichwort zu gelangen (in der Regel wird er zuerst nach einem eigenen Eintrag in der alphabetischen Anordnung suchen); bei Untereinträgen muss die Bedeutung aus den UK erschlossen werden; auch die nur als Untereinträge verzeichneten Komposita stellen häufig neue begriffliche Einheiten dar, deren Bedeutung sich nicht vollständig aus der UK-Bedeutung ergibt, z. B. *Blutblase, Blutkonserve;* Mischung aus glattalphabetischer und nestalphabetischer Anordnung lässt semantische Zusammenhänge nicht mehr explizit erkennen. Bei K- keine Angaben zum Genus und zur Flexion; auch bei selbständiger Lemmatisierung nicht immer Angaben zur Flexion (z. B. nicht bei *Blutbild, Blutegel, Bluterguss*). In beiden Fällen ist also ein zweites Nachschlagen erforderlich.

Lösung 90.6

Semantisch und strukturell plausibel: *Arbeitsbeschaffungs-maßnahme, Hochdruck-gebiet, Hundertmeter-lauf, Rechtsschutz-versicherung*; deckt sich mit Markierung der Hauptfuge im LWB

Doppelmotivation bei *Hochleistungssport* (LWB: *Hochleistungs/sport*); interpretierbar auch als Modifizierung von *Leistungssport*; *Holzschutzmittel* (LWB: *Holz/schutzmittel*); interpretierbar auch als <Mittel für den Holzschutz>; vgl. auch Lesart 2 von *Mittel*: ein M. für/zu etw. mit Kompositionsbeispielen *Frostschutz-, Rostschutz-*; *Umweltschützerin* (LWB: *Umwelt/schützerin*); interpretierbar auch als 'Movierung' von *Umweltschützer*, d. h. als Suffixderivat

Lösung 90.7

Haupteintrag vor allem, wenn eine neue begriffliche Einheit entstanden ist und sich die Bedeutung nicht allein aus der Definition für das Verb ergibt, z. B. bei *Abkürzung* 1 'ein kürzerer Weg', 2 'e-e zeitliche Verkürzung', 3 'ein abgekürztes Wort'; auch die Realisierung verschiedener Wortbildungsbedeutungen ('Nomen actionis', 'Nomen acti', 'Nomen instrumenti') spricht für eine Lemmatisierung als Haupteintrag.

Untereintrag, wenn direkte Ableitung von einem angegebenen Stichwort möglich ist, z. B. *Abdichtung* von *abdichten*, mit Verweis 'hierzu'. Nach LWB, X, signalisiert der Verweis, dass sich das Wort direkt (ohne Bedeutungswandel) aus dem Stichwort ableiten lässt und sich die Bedeutung des abgeleiteten Wortes in diesen Fällen aus der Definition ergibt, die für das

Stichwort angegeben ist. Mit 'zu 1, 2, 3' usw. wird angegeben, auf welches Semem des Basiswortes sich die Ableitung bezieht, z. B. *abstauben* ... zu 2 *Abstauber*.

Lösung 90.8

Eine gesonderte Lemmatisierung erfolgt, wenn Konversionsprodukte als usuelle lexikalische Einheiten mit bestimmten morphologischen Eigenschaften wie einem bestimmten Genus, adjektivischer oder substantivischer Flexion, eingeschränkter Pluralfähigkeit gelten können, z. B. *das Schwarz; -(es);* nur Sg; *der/die Schwarze*[1] mit dem NB: *ein Schwarzer; der Schwarze; den, dem, des Schwarzen*. Die denotative und/oder konnotative Bedeutung ist gegenüber der Basis mehr oder weniger verändert, z. B. *das Schwarz* 'die schwarze Farbe', 'schwarze Kleidung, die man trägt, weil man über j-s Tod trauert'; *der Schwarze*[1] gespr, 'j-d mit sehr konservativen politischen Ideen'. Einige Konversionsprodukte kommen auch oder nur in phraseologischen Verbindungen vor, z. B. *ins Schwarze treffen*, gespr 'genau das Richtige raten, sagen od. tun'. Als Basis des Konversionsproduktes kann das unflektierte und das flektierte Adjektiv in verschiedenen Genera dienen (*das Schwarz, der/die/das Schwarze*).

Lösung 90.9

ca. Abk; *Cabrio* Kurzw ↑ *Cabriolet*; *Camcorder* (im LWB ohne Markierung); *CB-Funk* (ohne Markierung); *CD* Abk für ...; *CD-ROM* (nur fachlich markiert); *CDU* Abk für ...; *Cello* (ohne Markierung); unter *Celsius* ... Abk *C* (*C* erscheint aber nicht als Lemma); *CH* (Abk für Confoederatio Helvetica); unter *Christus* ... Abk v. *Chr., n. Chr.*; unter *Chrom* ... *Chem Cr*; *Clip* 3 Kurzw *Videoclip*; *Comecon* (Abk für ...); *CSU* (Abk für ...)

LWB differenziert nur grob nach Kurzw und Abk, als Abk werden sowohl Initialkurzwörter als auch geläufige Gebrauchsabkürzungen gekennzeichnet, die im Allgemeinen nur in der geschriebenen Sprache verwendet werden; einige Kürzungen bleiben ohne Kennzeichnung; Benutzerinteressen sind nicht identisch mit Experteninteressen an einer wissenschaftlichen Typologie.

Lösung 90.10

(a) Semem 1: *zerlegbar, benutzbar, veränderbar* ...
    Semem 2: *brennbar, gerinnbar* ...

(b) Zur Lesart 1 lassen sich leicht Beispiele finden; das LWB führt zahlreiche Suffixderivate an und belegt damit überzeugend die Markierung "sehr produktiv"; zur Lesart 2 sind deutlich weniger Beispiele zu finden; das LWB gibt nur *(un)brennbar, streitbar, unentrinnbar, unsinkbar, unversiegbar, unwandelbar* an (das in der Ausgabe von 1993 noch angeführte *(un)gerinnbar* ist in der Neubearbeitung von 1998 nicht mehr enthalten); von den Beispielen dürfte *streitbar* schon idiomatisiert sein; die meisten angeführten WBP mit *un-* sind eher Präfix-Suffix-Derivate; d. h. für Lesart 2 gilt die Produktivitätsangabe so nicht, angemessen wäre wenig oder begrenzt produktiv; in solchen Fällen sollte die Angabe der Produktivität besser sememgebunden/ lesartspezifisch erfolgen.

Lösung 90.11

(a) A/Pt + *-heit* 'Nomen qualitatis'; S + *-los* 'Nichtvorhandensein/Fehlen des Basisinhalts'

(b) Bei *-heit* wird die Wortart der Basis explizit genannt; dass nur ein Partizip II als Basis in Frage kommt, kann aber lediglich aus den Beispielen erschlossen werden; bei *-los* wird die Wortart der Basis nicht angegeben, sie kann aus den Beispielen erschlossen werden;

Angabe der Wortbildungsbedeutung; Wortart des WBP; metasprachliche Angaben zur Produktivität; Beispiele.

Lösung 90.12

Maschinenbau-er (Suffixderivat; Doppelmotivation: Substantiv *Maschinenbau* oder syntaktische Fügung *Maschinen bauen* als Basis)

Pflanzenfress-er, Liedermach-er, Dreiteil-er, linkshänd-ig, viertür-ig als Suffixderivate mit syntaktischer Fügung als Basis

Hundertjahr-feier, Zehnmark-schein, Dreizimmer-wohnung (Determinativkomposita mit syntaktischer Fügung als Erstglied)

Bei den genannten Elementen handelt es sich um Teile von Suffixderivaten oder von Komposita (aber ursprünglich nicht um UK!), die sich infolge von Reihenbildung in gewisser Weise verselbständigt haben und im Bewusstsein der Sprecher als Einheit empfunden werden können, was ihre Lemmatisierung rechtfertigt. Der Lerner kann die lexikalische Variable einsetzen.

Lösung 91.2

Als Wortbildungsmittel sind u. a. folgende Elemente lemmatisiert:

ab-, an-, -arm, -bändig, -bank, Bio-/bio-, -farben, -freundlich, -gut (das), Haupt-, herein-, Lieblings-, -mäßig, Pseudo-, Schlüssel-, -weise, -wesen (das), -zeug (das). Die Liste enthält insgesamt nur 124 Strichlemmata, die entsprechende Liste in DUDEN 10 dagegen 419; im LWB sind ca. 600 Strichlemmata im Wörterverzeichnis enthalten, aber keine gesonderte Liste.

Im Wörterbuch wird nicht explizit mitgeteilt, welchen Status die Wortbildungsmittel im Einzelnen haben: Aufgenommen sind vor allem reihenbildende Kompositionsglieder, einschließlich der in der verbalen Wortbildung produktiven Adverbien mit *her-, hin-* u. a. sowie Quasi-Kompositionsglieder (vgl. Lösung 90.12) wie *-bändig, -haltig, -köpfig, -prozentig, -reihig, -seitig*; Affixe werden nur in wenigen Fällen aufgenommen (z. B. trennbare verbale Präfixe; das Adjektivsuffix *-mäßig*); ebenso kaum Konfixe (nur *Bio-/bio-, Pseudo-*); vgl. dazu ausführlicher BARZ [i. Druck].

Der Produktivitätsgrad ist aus dem Umfang der Wortbildungsreihe abzuleiten.

Lösung 91.3

Als Glieder der Wortfamilie sind u. a. angegeben: *Aufenthalt, Buchhalter, Haushalt, haushalten, nachhaltig, Stammhalter, Unterhalt, Vorbehalt, vorbehalten, vorbehaltlos, Zuhälter*, die sich semantisch z. T. recht weit vom Kernwort entfernt haben; bei synchroner Betrachtungsweise in der Gegenwartssprache ist die Wortfamilienzusammengehörigkeit nicht mehr für alle Glieder gegeben, nur noch bei diachroner Betrachtung.

Lösung 92

MUTHMANN: finalalphabetische Anordnung für alle Stichwörter (*-zeit*), Durchbrechung der finalalphabetischen Anordnung (hier) durch Prinzip der Wortart: *zeit, allezeit, derzeit...* (vorangestellt vor *Halbzeit*)

Nutzen: Auffinden der Wortbildungsmittel am Wortende, Aussage über Aktivität der Wortbildungsmittel

KANDLER/WINTER: initialalphabetische Anordnung der Wortbildungsmittel an unterschiedlichen Positionen im Wort (*Zeitabschnitt, Freizeitsport, Lebzeiten*), morphemanalytisches Prinzip, Durchbrechung der initialalphabetischen Anordnung durch Prinzip der Wortart (s. rechte Spalte)
Nutzen: Auffinden der einzelnen Wortbildungselemente (auch: Fugenelemente) in jeder vorkommenden Position, Aussage über Produktivität und Distribution
AUGST: Vorkommensweisen der Morpheme in ihren Kombinationen, geordnet nach Wortarten (Präp., Subst., Adj., Adv.), innerhalb einer Wortart nach Vorkommen in Wortbildungstypen (Derivation auf *-lich*), auch unmotivierte Wörter (*Hochzeit*)
Nutzen: Überblick über Distributionen (und Restriktionen) eines Morphems in unterschiedlichen Wortbildungstypen; Skizzierung des Wortbildungsnestes

Lösung 93.1

Das Wörterbuch ordnet Wörter einer Wortfamilie nach der synchronen relativen Motiviertheit für heutige Sprecher und bietet damit sowohl dem Muttersprachler als auch dem Deutschlernenden aus Wortbildungsperspektive einen systematischen Zugriff auf den deutschen Wortschatz.
In der Lexikologie wird der Begriff Wortfamilie meist diachron verstanden; er umfasst alle Wörter mit dem etymologisch gleichen Grundmorphem, also auch formal und semantisch synchron nicht mehr erkennbare. Der terminologischen Differenzierung in Wortfamilie und Wortbildungsnest bei FLEISCHER/BARZ (1995, 72) liegt das Bestreben zugrunde, zwischen der etymologischen Verwandtschaft von WBP und der morphosemantischen Motiviertheit auf gegenwartssprachlicher Ebene zu unterscheiden.

Lösung 93.2

Ausgehend vom Kernwort *fallen* hat sich die Wortfamilie über mehrere Wortbildungsschritte entfaltet und enthält WBP verschiedener Wortbildungsarten: Präfixderivation, Suffixderivation, Komposition, Konversion. Einen Eindruck vom vollen Umfang der Wortfamilie geben die einzelnen Stichwortartikel, aus der Tabelle ist z. B. die Kompositionsaktivität von *Fall* nicht ersichtlich.
Für das Kernwort *fallen* werden 5 Bedeutungsgruppen angesetzt (im Unterschied zu einer differenzierteren Sememaufgliederung im HDG und im GWDS); die Sememe bzw. Bedeutungsgruppen sind unterschiedlich wortbildungsaktiv und entfalten jeweils spezifische „Kleinfamilien" innerhalb der „Großfamilie": z. B. ist die deverbale substantivische Konversion *Fall* nur in den Bedeutungsgruppen 1 und 3 und das Suffixderivat *Falle* nur in den Gruppen 1 und 4 zu finden; auch bei den Präfixderivaten *abfallen, anfallen* usw., den Komposita mit *herein-, hinunter-* usw. sind nie alle Gruppen gleichermaßen vertreten.
Offen ist das Paradigma insofern, als es bei entsprechendem Benennungsbedarf erweiterbar ist, z. B. *Fallgruppe, Fallstudie, Belegfall, Verfallsdatum, fällbar* u. a.

Lösung 94.1

Juli 2001: Das Wortschatz-Lexikon bietet den Zugriff auf ca. sechs Millionen Einträge in der Wortliste und 15 Millionen Sätze.
Angaben in der Mikrostruktur: Häufigkeitsklasse, Grammatikangaben, Beispielsatz, Sachgebiets-, Pragmatik-, Morphologieangaben, Kollokationen (allerdings nicht bei allen Wörtern)

Lösung 94.3

ABM als Grundwort ist weit seltener gespeichert als *ABM* als Bestimmungswort, da *ABM* vor allem zur Modifikation/Subklassifizierung vorhandener Begriffe dient; für eine Subklassifikation von *ABM* besteht offensichtlich kein pragmatischer Bedarf.

Lösung 96

(a) kurzf: 170 Treffer; kurzwort: 183 Treffer; abk: 862 Treffer

(b) Unter kurzf stehen vor allem unisegmentale Kopfwörter wie *Abi, Abo, Assi, Cut, Repro*

(c) *ALGOL, APO, ASEAN, COMECON, DDT*

(d) In der Liste zu abk stehen vor allem Vollformen als Stichwörter, die unterschiedliche Kürzungsprodukte als Variante besitzen wie *Abbildung* > *Abb.*, *Aktualitätenkino* > *Aki.* Der Suchtext abk ist eher eine Verweisangabe von der Vollform auf ein Kürzungsprodukt und weniger eine metasprachliche Kennzeichnung für einen Kurzworttyp.

Lösung 97

Textkorpora können Auskunft geben über: Produktivität der Wortbildungstypen, Wortbildungsaktivität von Lexemen, Wortbildungsart, Wortbildungsbedeutung, distributive und strukturelle Eigenschaften (*Online-* bevorzugt als Erstglied in Komposita, Schreibung mit Bindestrich; aufgrund der starken Reihenbildung als „präfixartiges Element“ eingeordnet).

Lösung 98.1

J. GRIMM: am sprachlichen Zeichen orientiert; vom Kleineren zum Größeren

W. WILMANNS: Flexion vollzieht sich an WBP

H. PAUL: Wortbildung ist weniger systemhaft als andere Teilsysteme, Wortbildungslehre setzt Kategorien aus Morphologie und Syntax voraus.

Lösung 98.2

WEINRICH 1993, Kapitel 9.3.1 (Konstitution): Textgrammatik, Wortbildung als gesondertes Kapitel, Wortbildung des Verbs mit Voranstellung der trennbaren Verben mit ihrer Funktion für Textbildung; EISENBERG 1998a, Kapitel 6.1: Wortbildung als Teil der Morphologie; HELBIG/BUSCHA 1999: entsprechend fremdsprachendidaktischen Erwägungen ist Wortbildung in die Grammatik integriert; grammatisch relevante Wortbildungsmittel sind bei einzelnen Wortarten beschrieben, auch Kurzwort als grammatischer Sonderfall

Lösung 98.3

Theoretische Ansätze: wortstrukturell und nominationstheoretisch (1.1.), in Abgrenzung zur Flexionsmorphologie (1.2.1.); Verfahren: syntaktisch und morphologisch-strukturell (1.2.3.); Systemcharakter: Wortbildungstypen, in Relationen zueinander (1.3.3.); Darstellungsweise: Paraphrasierung, formalisierte Modelle (1.3.4.)

Lösung 99.1

fruchtbarer Baum für Aktivität, Produktivität, *saftreiche Wurtzelen* für aktive Simplizia, *taurhaft* für gespeichert, *sich selbst in die Natur einpfropfet* für modellhaft, *saftige Stammwörter, Kern und Mark aus der Vernunft gesogen* für Begriffsrepräsentationen, *Zweige und Reiserlein* für Kombinationen, Wortbildungsmittel und -produkte, *herauswachsen, unendlich* für Wortschatzausbau durch nahezu unendliche Kombinationsmöglichkeiten von Wortbildungsmitteln, *Geniessung dero süssesten Früchte* für wohlklingend, akzeptabel

Lösung 99.2

Stammwörter sind *einsilbig* für einfache Struktur/einmorphemisch/primäre Simplizia, *festes Grundes* für Grundbausteine für Komposition und Derivation, *reines Ursprungs* für heimische Herkunft, *eines lieblichen Geläutes* für lautsymbolisch, zuweilen auch onomatopoetisch, wohlklingend.
Beispiel *Treib*: einmorphemisch, aktiv in Komposita und Derivaten, heimisch...

Lösung 99.3

die zufälligen Endungen für Flexionsmorpheme, *die Hauptendungen* für Suffixe
gemeinsam: *nebenwachsen/nebenstehen* für gebunden, *einsilbig oder einlautend* für einmorphemisch, *absonderliche schöne Gestalt und Wirkung* verleihend für u. a. Wortbildungsbedeutung
unterschiedlich in der Funktion: Flexion oder Derivation

Lösung 99.4

idg. Wurzel **blhô*- 'blühen'
blühen: *erblühen, Frühlingsblüher*
Blatt: *blättern, Blattknospe, Kastanienblatt*
Blume: *blumig, geblümt, Blumenzwiebel, Zwiebelblume*
Blüte: *Vorjahresblüten*
Blust
vgl. auch noch *blasen, blähen, Blatter*

Lösung 99.5

Treib/ ab-treiben Verb, Präfixderivation/ *wieder-ab-treiben* Verb, Komposition/ *un wieder-ab treiblich* Adjektiv, Präfix-Suffix-Derivation.
Treffen/ hintreffen Verb, Komposition/ *überhintreffen* Verb, Komposition/ *dar über hintreffen* Verb, Komposition.
Setzen/ ersetzen Verb, Präfixderivation/ *wiederersetzen* Verb, Komposition/
un-wieder er-setzlich Adjektiv, Präfix-Suffix-Derivation.
Denken/ gedenken Verb, Präfixderivation/ *eingedenk* Präposition, Präfixkonversion/ *wiedereingedenk* Präposition, Komposition/ *un-wieder-ein-gedenk* Präposition, Präfixderivation.
Schuld/ verschulden Verb, Präfixkonversion/ *wiederverschulden* Verb, Komposition/ *unwiederverschuldet* Adjektiv, Präfixderivation zu *wiederverschuldet.*
Mund/ Vormund Substantiv, Komposition/ *bevormunden* Verb, Präfixkonversion/ *unbevormundet* Adjektiv, Präfixderivation.
Ding/ Geding Substantiv, Präfixderivation/ *Leibgeding* Substantiv, Komposition/ *beleibdingen* Verb, Präfixkonversion/ *unbeleibdinget* Adjektiv, Präfixderivation.
Lös/ Auflösen Verb, Präfixderivation/ *wiederauflösen* Verb, Komposition/
unwiederaufgelöset Adjektiv, Präfixderivation.
Teihl/ Vorteihl Substantiv, Komposition/ *vervorteihlen* Verb, Präfixkonversion/ *unvervorteihlet* Adjektiv, Präfixderivation.
Übergänge zwischen Partizip II bzw. Adjektiv und zwischen Präfixderivation und Präfixkonversion bei *unwiederverschuldet* u. a.

Lösung 100.1

die frîen < frî ; Äquivalente: *liber, lantsæzen, gebûren*
die mitterfrîen < mitterfrî; Äquivalent: *libertinus*
die gar frîen < gar frî; Äquivalente: *ingenuus, der hoehste frî, sentper frîen, fürsten*
semantische Grundklasse: Transposition; Wortbildungsart: Konversion

Lösung 100.2

fürst < ahd. *furisto* 'der erste, früheste'; Konversion der adjektivischen Superlativform germ. **furista-* (**pro* 'vorwärts, voran')
gebûre < ahd. *gibûro* 'einer, der im gleichen Wohnort (*bûr*) wohnt', Präfix-Suffix-Derivation (wie nhd. *Geselle)*

Lösung 100.3

Bergwerksleute	Wortbildungsbedeutung
Bergknecht	'lokal'
Schichtmeister	'temporal'
Bediente	'Nomen agentis'
Steiger	'Nomen agentis'
Bergwerksbeamte	
Ober=Bergamts=Director	'graduierend'
Cammer= und Berg=Rath	'zugehörig'
Berg=Rath	'zugehörig'
General=Berg=Commissarius	'graduierend'
Berg=und Hütten=Beamte	'zugehörig'

Die größere Komplexität der WBP als Beamtentitel entspricht der Hierarchie der Dienstränge. Bei den Bergwerksleuten sind die Wortbildungsbedeutungen 'lokal' und 'temporal' und das Tätigsein an die Arbeit vor Ort gebunden, bei den Bergwerksbeamten charakterisieren die Wortbildungsbedeutungen die Dienststellungen.

Lösung 101.1

Zeitungsanzeige: *Zahn, Mund, Zahnfleisch, Zahnschmerzen*
Beipackzettel: *Zahnbelag, Zahnfleischentzündung, Zahnbettentzündung, Zahnfleischprobleme, Zahnstein, Mund- und Zahnpflege, Zähneputzen, Mundspüllösung, Mundhöhle, Mundflora, Mundschleimhaut, Mundhygiene, Mundspülen*
Komplexität nimmt bei substantivischen WBP deutlich zu (Modifikation), beschränkt sich bei Adjektiven auf wenige Beispiele (*gebrauchsfertig, irreversibel, kieferorthopädisch*) und ist nach wie vor gering bei verbalen WBP.
Zeitungsanzeige: überlanger (mehr als 30 Wörter), mehrfach zusammengesetzter Satz mit Nebensätzen verschiedenen Grades
Beipackzettel: überwiegend einfache erweiterte Sätze, mittellang bis lang (10-30 Wörter)

Lösung 101.2

Komplexe WBP in Überschriften und in gegliederter Aufzählung machen den Text übersichtlicher, erleichtern Erfassung des Textinhalts, geben u. U. Merkhilfen.
Wort(bildungs)spiel: *Lösung* in Text-Unterschrift homonym zu *(Mundspül-)Lösung* in Überschrift, Lesart gestützt durch (*Zahnfleisch)probleme*

Lösung 102.1

(a) Die eigentlichen (auch: echten) Komposita sind die sog. Stammkomposita. Sie sind die älteren Formen der Komposition. Ihre Herausbildung reicht zurück in ahd. Zeit, wo Flexion noch nicht ausgebildet war, wo bloßes Nebeneinanderstellen (Juxtaposition) der Stämme als Form des syntaktischen Gefüges genügte:

taga(-)lieht (Notker), *beta(-)hûs* (*a*: Stammvokal der starken Femina) und auch *betô(-)hûs* (zu sw. Verb *betôn*): Nebeneinander *beta-/betô-* begünstigt Ausdehnung auf Verbstamm + Substantiv: *melc-faz*. Zusammenschreibung ist noch im 16. Jh. ungeregelt, z. B. *vatter lant, abent essen, ehe weyb* (Luther). Manchmal setzen Drucker einen doppelten Bindestrich *Groß=Siegel=Bewarer* oder eine Majuskel am Beginn des Zweitgliedes in *LandGraf*.

Die uneigentlichen (auch: unechten) Komposita sind die sog. Kasuskomposita. Sie entstehen aus einer syntaktischen Fügung, die schließlich als Ganzes lexikalisiert werden kann.

des gotes poto > *der gotes poto* > *Gottesbote*. Ganzheit wird begünstigt durch Verwendung des bestimmten Artikels: er ist seit dem Ahd. zum unentbehrlichen Kasuszeichen (hier: Genitiv) geworden: *der muoter rede;* doppelte Bezugsmöglichkeiten wie *in der Mutter Sprache, von der Herren Gunst* fördern die Verbreitung uneigentlicher Komposita; massenweise wohl erst in nachmhd. Zeit.

Vorangestellter attributiver Genitiv hat zwei Entwicklungsmöglichkeiten: Er wächst mit dem Bezugswort zum Kompositum zusammen *gottesbote*, *muttersprache* oder rückt aus der Voranstellung als attributiver Genitiv in die Nachstellung *die Sprache der Mutter, der Bote (des) Gottes*.

(b) Gegen eine Unterscheidung zwischen eigentlicher und uneigentlicher Komposition in der synchronen Wortbildungslehre sprechen nach FLEISCHER (1975, 122): Vermischung beider Kompositionstypen infolge der Reduktion der Mittelvokale, des Wechsels der Flexionstypen, der Ausbreitung der Fugenelemente auf 1. UK, wo sie als Flexionszeichen gar nicht hingehörten. Als mögliche Folge: Was nhd. wie flektiert erscheint (*Tag-es-licht*), kann historisch ein unflektierter Stamm (*taga-lieht*) sein.

Lösung 102.2

Ursprünglich gehörte das Fugenelement als Flexionsmorphem zur „uneigentlichen" Komposition. In dieser ersten Phase der Kompositabildung ist beispielsweise *-s-* ein Flexionsmorphem innerhalb der „uneigentlichen" Komposita, die sich aus nominalen Wortgruppen entwickelt haben (*des esels fullen* > *das Eselsfüllen, des biscofes heim* > *Bischofsheim*). In einer zweiten Phase hat das *-s-* innerhalb der Komposita mehr und mehr an Grammatikalität verloren. Es kommt zu einer Vermischung beider Kompositionstypen (ERBEN 2000, 124); die Flexionsendungen aus den syntaktischen Fügungen verlieren im Sprachbewusstsein an grammatischer Bedeutung. Vermischung beider Kompositionstypen und Verlust an Grammatikalität der Flexionsendungen im Innern der Komposita führen zur analogen Setzung von Zwischenelementen ohne Paradigmenzwang, den „Fugenelementen". Sie sind nicht mehr ausschließlich über Univerbierung einer syntaktischen Fügung erklärbar: *geburtsbrieff*; starke Ausbreitung, besonders von *-(e)s* nach den Suffixen *-heit, -keit, -schaft, -ung, -ion, -tät*; vereinzelt Tilgung: *Fabriquesherren*.

Lösung 103.1

(a) KLUGE 1999

Teil > *teilen, Fall* < *fallen, Buch* > *buchen* (mit Entlehnungsvorgang gekoppelt), *Siegel* > *siegeln* (nicht lemmatisiert), *Zahl* > *zahlen, Arbeit* (altes *ti*-Abstraktum zu Verb) > *arbeiten*

(b) GWDS

Teil	4 Sememe	<	*teilen*	6 Sememe
^{1}*Fall*	4 Sememe	<	*fallen*	13 Sememe
Arbeit	4 Sememe	<	*arbeiten*	9 Sememe
Buch	3 Sememe	>	^{1}*buchen*	2 Sememe
Siegel	2 Sememe	>	*siegeln*	monosem
Zahl	4 Sememe	>	*zahlen*	2 Sememe

(c) Keine Übereinstimmung der Ableitungsrichtung bei *Arbeit* und *Teil*

Lösung 103.2

Konversion ohne Basisänderung: *Unternehmen* < *unternehmen, Einarbeiten* < *einarbeiten, Arbeiten* < *arbeiten*

Konversion mit Basisänderung: Ablaut + Morphemstruktur: *Betrieb* < *betreiben, Begriff* < *begreifen, Einstieg* < *einsteigen,* Morphemstruktur: *Aufbau* < *aufbauen*

Bereich < mhd. *berîchen* 'walten, schalten': Konversion mit Basisveränderung

Lösung 104.1

ie. Wurzel **lng*^{u}*h*- 'leicht'

Grundbedeutung: 'leicht in Bewegung und Gewicht'

Wortgeschichte: Die Lunge ist der leichte Körperteil, der im Wasser oben schwimmt; uralte Erfahrung des Opferpriesters, Jägers und Metzgers hat ihren Namen geformt.

Verwandtschaft mit *leicht* und entsprechenden WBP (s. bei *leicht*)

Lösung 104.2

Hecke 'Wildzaun, Hecke' mit Verweis auf *Hag* zur Wurzel **kagh*- 'einfassen'

Hexe mit Bestimmungswort ahd. *hag* 'Zaun', vergleichbar mit ahd. *zûnrîta* 'Zaunreiterin, Hexe'; Grundwort germ **tusjo* 'unreiner Geist': *Hecke/Hexe* verwandt über *Hag*

Hacke 'Ferse', germ. **hak-/*hok-* 'Bug, Kniegelenk am Hinterbein'

Haxe/Hachse 'Achillessehne, Fersenbug', ? zusammengesetzt aus germ. **hanh*- 'hängen' (der geschlachteten Rinder an dieser Sehne) und ahd. *hahsa* '(Fersen)sehne': *Hacke/Hachse* nicht verwandt über Wurzel, später in Bedeutung angenähert

hocken mit Nebenform *hucken*; germ. Wurzel **hauk* 'hocken'; verwandt: *Hocke* 'Turnübung', *huckepack*

*Hocke (*bei *Hucke)* zu **keug*- 'biegen' > 'Hügel, Bodenerhebung, Heuhaufe'; Verweis auf mengl. *hocke* 'Haufe' und anord. *hûka* 'hocken': *hocken/Hucke* nicht verwandt

humpeln lautsymbolische Bildung, mit Beziehung zum Stamm **kumb-b-* oder ? **(s)kamb-* 'krumm gehen': keine Verwandtschaft zu im Beispieltext vorausgehenden *h*-anlautenden Wörtern

Die Anhäufung etymologisch verwandter Wörter hat stilbildende Funktion; sie unterstreicht lautsymbolisch den Erzählton dieser poetischen Geschichte.

Lösung 104.3

(a) Die Wortfamilie umfasst alle WBP mit den Kernwörtern *Bier, brauen, brausen, brodeln,* ^{2}*Braut, Brot, brühen, Brunnen.*

(b) Es ist unwahrscheinlich, dass diese WBP in ein und demselben Text vorkommen. Sollte es doch der Fall sein, ist eine kohäsionsbildende Wirkung auszuschließen. Das Wortbildungsnest dagegen umfasst nur die WBP, die der heutige Sprecher als zum Kernwort morphosemantisch motiviert erkennt. Die kohäsionsbildende Potenz beruht auf den erkennbaren Beziehungen zwischen morphosemantisch motivierten Wörtern.

Lösung 105.2

AUGST (1998): Die Wörter *Friedhof, Sündflut, Seehund* sind als 'neu motiviert' gekennzeichnet (dazu vgl. AUGST 1998, XXXIII); zurückgeführt werden sie auf: *eingefriedeter Raum, Sintflut, Seelhund.*

Lösung 106

Maskulinum, 'Nomen instrumenti': *Henkel, Sessel, Zügel*

Neutrum, 'Diminutivum': *Bündel, Büschel, Mädel*; sowohl desubstantivisch als auch deverbal heute unproduktiv

Henkel, Mädel, Sessel: etymologische Angaben zur Motiviertheit bei *henken, Magd, sitzen*

Lösung 107.2

(a) Nach FLEISCHER/BARZ 1995, 265: Substantivische Basis dominiert. Suffixderivate mit *-mäßig* komplementär zu Relativadjektiven mit *-lich* und *-isch* mit nur geringen Strukturbeschränkungen gegenüber der substantivischen Basis; Adjektive mit *-mäßig* fixieren substantivisch gefasste Begriffe in komplementärem Verhältnis zu Adjektiven mit *-bar* für verbal gefasste Begriffe; syntaktisch stark komprimierend und leicht verfügbar.

(b) Nach LWB: *-mäßig* (1) 'der im ersten Wortteil genannten Sache entsprechend' *planmäßig*, (2) 'in Bezug auf die genannte Sache' *mengenmäßig*, (3) 'so wie die genannte Person/Sache' *lehrbuchmäßig*, (4) 'was die im ersten Wortteil genannte Sache betrifft' *schulmäßig*
mäßig (1) 'maßvoll', (2) 'auf ein relativ geringes Maß beschränkt', (3) 'mittelmäßig'

Lösung 108.1

(Grammatischer) Wechsel zwischen stimmlosen und stimmhaften Reibelauten infolge von freiem/wechselndem Akzent auf frühgermanischer Sprachstufe (Vernersches Gesetz); noch gegenwärtig im Wechsel zwischen *h/g (ziehen/Zug), d/t (schneiden/Schnitte), f/b (dürfen/darben).*

Mhd. Doppelformen *heven* neben *heben* (aber stets *huop, huoben*), dazu *heve/hebe* 'Hefe'.

AUGST ordnet *heben* und *Hefe* nicht einer gemeinsamen Wortfamilie zu, weil zwischen beiden Wörtern „kein erkennbarer inhaltlicher Zusammenhang" mehr besteht (AUGST 1998, XXXII), der aber nach seiner Auffassung das Wesen der Wortfamilie ausmacht (XIX).

Lösung 108.2

schneiden, schnitt, geschnitten

grammatischer Wechsel (*d/t*) s. in Lösung 108.1

Ablaut: ursprünglich akzentbedingter Wechsel bestimmter Vokale in etymologisch verwandten Wörtern der ide. Sprachen; eine ursprünglich phonetisch-phonologische Erscheinung wird besonders im Germanischen morphologisiert, beispielsweise in der Flexion starker Verben zur Stammformenbildung (*trinken, trank, getrunken*), als Allomorphe konventionalisiert in deverbalen WBP: *Trinker/Trank/Trunk.*
mhd. *snîden* zu Ablautreihe Ia */î/ – /ei/ – /i/ – /i/*
mhd. *snitzen > schnitzen* 'iterativ' + 'intensiv', Konsonantenverstärkung (nach HENZEN 1965, 213; 216) gegenüber *snîden > schneiden*

Lösung 108.3

i-Umlaut: Unter dem Einfluss eines palatalen Lautes (*i, j*) der (unbetonten) Folgesilbe wurden – wahrscheinlich schon in vorliteraler Zeit – die Vokale der Hauptsilbe, soweit das phonetisch möglich war, artikulatorisch angeglichen, d. h. ihrerseits palatalisiert/umgelautet; [a, o, u, au] wurden auf diese Weise zu [e oder ä, ö, ü, äu, eu] (nach: LERCHNER 2001, 9.3.3.1.1.). Später ist der Umlaut Kennzeichen für Allomorphie in grammatischen Paradigmen, u. a. für Pluralbildung (*Mütter*), Komparation (*ärmer*); in der Wortbildung bei ehemaligen oder noch vorhandenen *i*-haltigen Suffixen für die Bildung von Abstrakta (*Höhe*), Diminutiva (*Vöglein, Häschen*), Movierungen (*Ärztin*), faktitiven Verben (*tränken*) und relativen Adjektiven (*häuslich*).
-e < ahd. *-î (guotî), -lein* < mhd. *-lîn (vrouwelîn), -chen* < nd. *-kîn (gebûrekîn), -er* < *-ære (burgære)* < lat. *-arius, -lich* < ahd. *-lîh (naturlîh), -en* < *-jan (*got. *gahardjan)*
Gegenwärtig sind *i* oder *j* in den meisten Folgesilben geschwunden oder zu *e* abgeschwächt. Viele abgeleitete WBP mit i-Umlaut erklären sich heute als Analogiebildungen, denen zur Zeit ihrer Entstehung keine entsprechende Folgesilbe mit *i/j* zugrunde gelegen hat.
Neue Schreibweise: gegenwärtig noch motiviert durch *Gams, (Aus)Schank, blau*, die aber bei *bläuen* nicht mit der etymologischen Motivation (*bliuwan > bleuen*) übereinstimmt. *Eltern* bleibt trotz diachronen Bezugs auf *die Älteren* unverändert.

Lösung 108.4

Erd(e)	*irdisch* < ahd. *ird-isc*	'Zugehörigkeit' (Relativadjektiv)
Berg	*Gebirge* < ahd. *gi-birg-i*	'Kollektivum'
Feld	*Gefilde* < ahd. *ge-fild-i*	'Kollektivum'
Wetter	*Gewitter* < ahd. *ge-witr-i*	'Kollektivum'
helf(en)	*Hilfe* < ahd. *helfa/hilfa*	'Nomen actionis' (st. Verb *helfan*: *hilfu*)

Hebung (auch: Vokalharmonie): ältester kombinatorischer Lautwandel von idg. */e/* > germ. */i/* im Stamm vor Nebensilben mit *i, j, u* oder vor Nasal + Konsonant: ahd. *reht /girihti*

LITERATURVERZEICHNIS

Wörterbücher und elektronische Korpora

AUGST, Gerhard 1975: Lexikon zur Wortbildung. Morpheminventar. Band 1-3. Tübingen (= IdS 24.1.3)

AUGST, Gerhard 1998: Wortfamilienwörterbuch der deutschen Gegenwartssprache. In Zusammenarbeit mit Karin Müller, Heidemarie Langner, Anja Reichmann. Tübingen.

COSMAS. http://www.ids-mannheim.de

DUDEN 1996 = Duden. Rechtschreibung der deutschen Sprache. 21., völlig neu bearbeitete und erweiterte Auflage. Herausgegeben von der Dudenredaktion. Auf der Grundlage der neuen amtlichen Rechtschreibregeln (= Duden. Band 1). Mannheim [usw.].

DUDEN 2000 = Duden. Die deutsche Rechtschreibung. 22., völlig neu bearbeitete und erweiterte Auflage. Herausgegeben von der Dudenredaktion. Auf der Grundlage der neuen amtlichen Rechtschreibregeln (= Duden. Band 1). Mannheim [usw.].

DUDEN 9 = Duden. Richtiges und gutes Deutsch. Wörterbuch der sprachlichen Zweifelsfälle. 4., auf der Grundlage der amtlichen Neuregelung der deutschen Rechtschreibung neu bearbeitete und erweiterte Auflage. Herausgegeben und bearbeitet vom Wissenschaftlichen Rat der Dudenredaktion (= Duden. Band 9). Mannheim [usw.] 1997.

DUDEN 10 = Duden. Bedeutungswörterbuch. 2., völlig neu bearbeitete und erweiterte Auflage. Hrsg. u. bearbeitet von Wolfgang Müller u. a. (= Duden. Band 10). Mannheim [usw.] 1985.

DUDEN 11 = Duden. Redewendungen und sprichwörtliche Redensarten. Wörterbuch der deutschen Idiomatik. Bearbeitet von Günther Drosdowski und Werner Scholze-Stubenrecht. Nach den Regeln der neuen deutschen Rechtschreibung überarbeiteter Neudruck der 1. Auflage (= Duden. Band 11). Mannheim [usw.] 1998.

DUW = Duden. Deutsches Universalwörterbuch. Herausgegeben von der Dudenredaktion. 4., neu bearbeitete und erweiterte Auflage. Mannheim [usw.] 2001.

EHMANN, Hermann 1996: oberaffengeil. Neues Lexikon der Jugendsprache. München.

ETYMOLOGISCHES WÖRTERBUCH DES DEUTSCHEN 1993. 2. Auflage, durchgesehen und ergänzt von Wolfgang Pfeifer. 2 Bände. Berlin.

GRAMMIS. http://www.ids-mannheim.de

GWDS = Duden. Das große Wörterbuch der deutschen Sprache in zehn Bänden. 3., völlig neu bearbeitete u. erweiterte Auflage. Herausgegeben vom Wiss. Rat der Dudenredaktion. Mannheim [usw.] 1999. Dazu CD-Rom-Version 2000.

HERBERG, Dieter/STEFFENS, Doris/TELLENBACH, Elke 1997: Schlüsselwörter der Wendezeit. Wörter-Buch zum öffentlichen Sprachgebrauch 1989/90. Berlin, New York.

HDG = Handwörterbuch der deutschen Gegenwartssprache. In zwei Bänden. Von einem Autorenkollektiv unter der Leitung von Günter Kempcke. Berlin 1984.

HEINEMANN, Margot 1990: Kleines Wörterbuch der Jugendsprache. Leipzig.

KANDLER, Günther/WINTER, Stefan 1992-1995: Wortanalytisches Wörterbuch. Deutscher Wortschatz nach Sinn-Elementen in 10 Bänden. München.

KLUGE, Friedrich 1999: Etymologisches Wörterbuch der deutschen Sprache. 23., erweiterte Auflage, bearbeitet von Elmar Seebold. Berlin, New York.

LOSKANT, Sebastian 1998: Das neue Trendwörter-Lexikon. Das Buch der neuen Wörter. Gütersloh.

LWB = Langenscheidts Großwörterbuch Deutsch als Fremdsprache. Hrsg. von Dieter Götz/Günther Haensch/Hans Wellmann. Berlin, München [usw.] 1993, Neubearbeitung 1998. Dazu CD-Rom-Version 1999.

MÜLLER, Wolfgang 1998: Das Gegenwort-Wörterbuch. Ein Kontrastwörterbuch mit Gebrauchshinweisen. Berlin, New York.

MUTHMANN, Gustav 1991: Rückläufiges deutsches Wörterbuch. Handbuch der Wortausgänge im Deutschen, mit Beachtung der Wort- und Lautstruktur. Tübingen.

PAUL, Hermann 1992: Deutsches Wörterbuch. 9., vollständig neu bearbeitete Auflage von Helmut Henne und Georg Objartel unter Mitarbeit von Heidrun Kämper-Jensen. Tübingen.

PROJEKT DEUTSCHER WORTSCHATZ. http://www.wortschatz.uni-leipzig.de

WDF = Wörterbuch Deutsch als Fremdsprache. Von Günter Kempcke unter Mitarbeit von Barbara Seelig, Birgit Wolf, Elke Tellenbach und Edelgard Dückert, Margot Richter, Vera de Ruiter, Renate Schmidt, Karl Wunsch. Berlin, New York 2000.

WDG = Wörterbuch der deutschen Gegenwartssprache. 6 Bände. Hrsg. von Ruth Klappenbach und Wolfgang Steinitz. 9. bearbeitete Auflage. Berlin 1978.

Wissenschaftliche Literatur

Abkürzungen von Periodika

DaF	Deutsch als Fremdsprache
HSK	Handbücher zur Sprach- und Kommunikationsforschung
LASK	Leipziger Arbeiten zur Sprach- und Kommunikationsgeschichte
RGL	Reihe Germanistische Linguistik
SLG	Sprache – Literatur und Geschichte
ZGL	Zeitschrift für Germanistische Linguistik
ZPSK	Zeitschrift für Phonetik, Sprachwissenschaft und Kommunikationsforschung

ADAMZIK, Kirsten 2001: Sprache: Wege zum Verstehen. Tübingen, Basel.

AUGST, Gerhard 1992: Die orthographische Integration von zusammengesetzten Anglizismen. In: Sprachwissenschaft, Band 17, H. 1, Heidelberg, 45-61.

BARZ, Irmhild 1993: Graphische Varianten bei der Substantivkomposition. In: DaF 30, H. 3, 167-172.

BARZ, Irmhild 1996: Die Neuheit von Wörtern im Urteil der Sprecher. In: Hertel, Volker/Barz, Irmhild/Metzler, Regine/Uhlig, Brigitte (Hrsg.): Sprache und Kommunikation im Kulturkontext. Beiträge zum Ehrenkolloquium aus Anlaß des 60. Geburtstages von G. Lerchner (= LASK 4). Frankfurt/M. [usw.], 299-313.

BARZ, Irmhild 1998: Zur Lexikalisierungspotenz nominalisierter Infinitive. In: Barz, Irmhild/ Öhlschläger, Günther (Hrsg.): Zwischen Grammatik und Lexikon. Tübingen, 57-68.

BARZ, Irmhild 1999: Kompositionsstrukturen. In: Skibitzki, Bernd/Wotjak, Barbara (Hrsg.): Linguistik und Deutsch als Fremdsprache. Festschrift für Gerhard Helbig zum 70. Geburtstag. Tübingen, 15-28.

BARZ, Irmhild [i. Druck]: Die Wortbildungsmittel im de Gruyter-Wörterbuch Deutsch als Fremdsprache.

X BARZ, Irmhild/SCHRÖDER, Marianne 2001: Grundzüge der Wortbildung. In: Kleine Enzyklopädie Deutsche Sprache, Kap. 4.

BARZ, Irmhild/SCHRÖDER, Marianne/FIX, Ulla (Hrsg.) 2000: Praxis- und Integrationsfelder der Wortbildungsforschung (= SLG 18). Heidelberg.

BERGMANN, Rolf 1980: Verregnete Feriengefahr und Deutsche Sprachwissenschaft. Zum Verhältnis von Substantivkompositum und Adjektivattribut. In: Sprachwissenschaft, Band 5, H. 3, Heidelberg, 234-265.

BLÜML, Karl 1997: Warum und mit welchem Ziel überhaupt eine Rechtschreibreform. In: Eroms, Hans-Werner/Munske, Horst Haider (Hrsg.): Die Rechtschreibreform. Pro und Kontra. Berlin, 11-20.

BUßMANN, Hadumod 1990: Lexikon der Sprachwissenschaft. 2., völlig neu bearbeitete Auflage. Stuttgart.

DEUTSCHE WORTBILDUNG 1973, 1991 = Deutsche Wortbildung. Typen und Tendenzen in der Gegenwartssprache. Eine Bestandsaufnahme des Instituts für Deutsche Sprache. Forschungsstelle Innsbruck. Erster Hauptteil: Kühnhold, Ingeburg/Wellmann, Hans: Das Verb. Mit einer Einführung von Johannes Erben. Düsseldorf 1973. Vierter Hauptteil: Ortner, Lorelies/Müller-Bollhagen, Elgin/ Ortner, Hanspeter/Wellmann, Hans/Pümpel-Mader, Maria/Gärtner, Hildegard: Substantivkomposita. Berlin, New York 1991.

DONALIES, Elke 1996: *Da keuchgrinste sie süßsäuerlich.* Über kopulative Verb- und Adjektivkomposita. In: ZGL 24.3, 273-286.

DONALIES, Elke 2000: Wortbildungspflege. Folge 1: Gut gefringst ist halb gewonnen. In: Sprachreport 2, 23-25.

DUDEN. GRAMMATIK DER DEUTSCHEN GEGENWARTSSPRACHE 1998. 6., neu bearbeitete Auflage (= Duden. Band 4). Mannheim [usw.].

EICHINGER, Ludwig M. 1982: Syntaktische Transposition und semantische Derivation. Die Adjektive auf -isch im heutigen Deutsch. Tübingen.

EICHINGER, Ludwig M. 1995: Wegweiser durch Textwelten. Wozu komplexe Substantive gut sind. In: Métrich, René/Vuillaume, Marcel (Hrsg.): Rand und Band. Abgrenzung und Verknüpfung als Grundtendenzen des Deutschen. Festschrift für Eugène Faucher zum 60. Geburtstag. Tübingen, 169-182.

X EICHINGER, Ludwig M. 2000: Deutsche Wortbildung. Eine Einführung. Tübingen.

EISENBERG, Peter 1994: Grundriß der deutschen Grammatik. Stuttgart, Weimar.

EISENBERG, Peter 1997: Das Versagen orthographischer Regeln. Über den Umgang mit dem Kuckucksei. In: Eroms, Hans-Werner/Munske, Horst Haider (Hrsg.): Die Rechtschreibreform. Pro und Kontra. Berlin.

X EISENBERG, Peter 1998a: Grundriß der deutschen Grammatik. Band 1: Das Wort. Stuttgart, Weimar.

Donalies, Elke 2002, Die Wb des Deutschen

EISENBERG, Peter 1998b: Der Buchstabe und die Schriftstruktur des Wortes. In: Duden. Grammatik der deutschen Gegenwartssprache, 54-84.

EISENBERG, Peter 1999: Grundriß der deutschen Grammatik. Band 2: Der Satz. Stuttgart, Weimar.

ERBEN, Johannes 2000: Einführung in die deutsche Wortbildungslehre. 4., aktualisierte und ergänzte Auflage. Berlin.

EWALD, Petra 1997: Is' wat? SparGeld! – Graphostilistika als sekundäre und primäre Stilelemente. In: Kessler, Christine/Sommerfeldt, Karl-Ernst (Hrsg.): Sprachsystem – Text – Stil. Festschrift für Georg Michel und Günter Starke zum 70. Geburtstag. Frankfurt a. M. [usw.], 49-60.

FABRICIUS-HANSEN, Cathrine 1993: Nominalphrasen mit Kompositum als Kern. In: Beiträge zur Geschichte der deutschen Sprache und Literatur. 115. Band, Heft 2, Tübingen, 193-243.

FANDRYCH, Christian/THURMAIR, Maria 1994: Ein Interpretationsmodell für Nominalkomposita: linguistische und didaktische Überlegungen. In: DaF 31, H. 1, 34-44.

FIX, Ulla 1992: Stilanalyse – ein Mittel der Erziehung zum Widerspruch? Pragmastilistische Analyse eines Anweisungstextes. In: Deutschunterricht, H. 3, 128-136.

FIX, Ulla 2001: Grundzüge der Textlinguistik. In: Kleine Enzyklopädie Deutsche Sprache, Kap. 8.

FIX, Ulla/POETHE, Hannelore/YOS, Gabriele 2001: Textlinguistik und Stilistik für Einsteiger. Ein Lehr- und Arbeitsbuch. Unter Mitarbeit von Ruth Geier. Frankfurt/M. [usw.].

FLEISCHER, Wolfgang 1975: Wortbildung der deutschen Gegenwartssprache. 4., durchgesehene Auflage. Tübingen.

FLEISCHER, Wolfgang/BARZ, Irmhild 1995: Wortbildung der deutschen Gegenwartssprache. Unter Mitarbeit von Marianne Schröder. 2., durchgesehene u. ergänzte Auflage. Tübingen.

FLEISCHER, Wolfgang/MICHEL, Georg/STARKE, Günter 1993: Stilistik der deutschen Gegenwartssprache. Frankfurt/M. [usw.].

GRIMM, Jakob 1878, 1890: Deutsche Grammatik. Bd. II, III. Neuer vermehrter Abdruck. Gütersloh.

GÜNTHER, Hartmut 1974: Das System der Verben mit BE- in der deutschen Sprache der Gegenwart. Ein Beitrag zur Struktur des Lexikons der deutschen Grammatik. Tübingen.

HÄMMER, Karin 2001: Das Zweitglied *-park* in deutschen Komposita. Eine semantische Beschreibung. In: Barz, Irmhild/Fix, Ulla/Lerchner, Gotthard (Hrsg.): Das Wort in Text und Wörterbuch (= Abhandlungen der Sächsischen Akademie der Wissenschaften zu Leipzig, Philosophisch-linguistische Klasse, Bd. 76, H. 4). Stuttgart, Leipzig, 63-73.

HANDLER, Peter 1993: Wortbildung und Literatur. Panorama einer Stilistik des komplexen Wortes. Frankfurt/M. [usw.].

HAẞ-ZUMKEHR, Ulrike 2000: Wortschatz ist mehr als „viele Wörter". Die Aufgaben der Abteilung Lexik des IDS. In: Sprachreport 2, 2-7.

HELBIG, Gerhard/Buscha, Joachim 1999: Deutsche Grammatik. Ein Handbuch für den Ausländerunterricht. 19. Auflage. Leipzig, Berlin [usw.].

HENZEN, Walter 1965: Deutsche Wortbildung. 3., durchgesehene und ergänzte Auflage. Tübingen.

HYVÄRINEN, Irma 2000: Zur Wortbildung in einem deutsch-finnischen Großwörterbuch im Werden – Probleme der Lemmatisierung von Wortbildungselementen. In: Barz/Schröder/Fix (Hrsg.), 31-54.

JANICH, Nina 1999: Werbesprache. Ein Arbeitsbuch. Tübingen.

KLEINE ENZYKLOPÄDIE DEUTSCHE SPRACHE 1983. Hrsg. von Wolfgang Fleischer, Wolfdietrich Hartung, Joachim Schildt, Peter Suchsland. Leipzig.

KLEINE ENZYKLOPÄDIE DEUTSCHE SPRACHE 2001. Hrsg. von Wolfgang Fleischer, Gerhard Helbig, Gotthard Lerchner. Frankfurt/M. [usw.] [i. Druck].

KOBLER-TRILL, Dorothea 1994: Das Kurzwort im Deutschen. Eine Untersuchung zu Definition, Typologie und Entwicklung (= RGL 149). Tübingen.

LEHMANN, Christian 1996: Linguistische Terminologie als relationales Netz. In: Knobloch, Clemens/Schaeder, Burkhard (Hrsg.): Nomination – fachsprachlich und gemeinsprachlich. Opladen, 215-268.

LERCHNER, Gotthard 2001: Geschichte der deutschen Sprache. In: Kleine Enzyklopädie Deutsche Sprache, Kap. 9.

LINDQVIST, Christer 1996: Gradualität als Organisationsprinzip der Lexik und ihre Verschriftung. In: Beiträge zur Dialogforschung. Lexical Structures and Language Use. Proceedings of the International Conference on Lexicology and Lexical Semantics. Münster, September 13-15, 1994, Tübingen, 243-253.

LINKE, Angelika/NUSSBAUMER, Markus/PORTMANN, Paul R. 1994: Studienbuch Linguistik (= RGL 121). 2. Auflage. Tübingen.

MEIBAUER, Jörg 1995: Neugebildete *-er*-Derivate im Spracherwerb. Ergebnisse einer Langzeitstudie. In: Sprache und Kognition 14, H. 3, 138-160.

MENZEL, Hans-Bernd 1990: Das Abkürzungswörterbuch. In: Wörterbücher. Ein internationales Handbuch zur Lexikographie. Hrsg. von Franz Josef Hausmann, Oskar Reichmann, Herbert Ernst Wiegand, Ladislav Zgusta. Zweiter Teilband (= HSK 5.2.). Berlin, New York, 1261-1266.

METZLER LEXIKON SPRACHE 1993. Herausgegeben von Helmut Glück. Stuttgart, Weimar.

MOTSCH, Wolfgang 1999: Deutsche Wortbildung in Grundzügen. Berlin, New York.

NAUMANN, Bernd 2000: Einführung in die Wortbildungslehre des Deutschen. 3., neubearbeitete Auflage. Tübingen.

NERIUS, Dieter (Hg.) 1989: Deutsche Orthographie. Leipzig.

OLSEN, Susan 1986: Wortbildung im Deutschen. Eine Einführung in die Theorie der Wortstruktur. Stuttgart.

OLSEN, Susan 1992: Zur Grammatik des Wortes. Argumente zur Argumentvererbung. In: Linguistische Berichte 137, Opladen, 3-32.

ORTNER, Lorelies 1997: Die Benennung von Pflanzen: Deutsche Büchernamen zwischen wissenschaftlicher Nomenklatur und Volksnamen. In: Barz, Irmhild/Schröder,

Marianne (Hrsg.): Nominationsforschung im Deutschen. Festschrift für Wolfgang Fleischer zum 75. Geburtstag. Frankfurt/M. [usw.], 305-324.

PAUL, Hermann 1920: Deutsche Grammatik, Bd.5, Teil IV: Wortbildungslehre. Halle (Saale).

PAUL, Hermann 1998: Mittelhochdeutsche Grammatik. 24. Auflage, überarbeitet von Peter Wiehl und Siegfried Grosse (= Paul/Schröbler/Wiehl/Grosse). Tübingen.

PLANK, Frans 1981: Morphologische (Ir-)Regularitäten. Aspekte der Wortstrukturtheorie. Tübingen.

POETHE, Hannelore 1996: Wortbildung im Großwörterbuch Deutsch als Fremdsprache. In: Barz, Irmhild/Schröder, Marianne (Hrsg.): Das Lernerwörterbuch Deutsch als Fremdsprache in der Diskussion (= SLG 12). Heidelberg, 189-207.

POETHE, Hannelore 1997: Kurzwörter – Bestand und Gebrauch vor und nach 1989. In: Barz, Irmhild/Fix, Ulla, unter Mitarbeit von Marianne Schröder (Hrsg.): Deutsch-deutsche Kommunikationserfahrungen im arbeitsweltlichen Alltag (= SLG 16). Heidelberg, 195-211.

POETHE, Hannelore 2000a: Fachsprachliche Aspekte der Wortbildung. Die Leistung der Wortbildung für Fachsprache und Fachtext. In: Barz/Schröder/Fix (Hrsg.), 199-218.

POETHE, Hannelore 2000b: Wortbildung und Orthographie. In: Muttersprache 110, H. 1, 37-51.

POETHE, Hannelore 2001: Wort(bildungs)spiele. In: Barz, Irmhild/Fix, Ulla/Lerchner, Gotthard (Hrsg.): Das Wort in Text und Wörterbuch (= Abhandlungen der Sächsischen Akademie der Wissenschaften zu Leipzig, Philosophisch-linguistische Klasse, Bd. 76, H. 4). Stuttgart, Leipzig, 23-40.

POLENZ, Peter von 1991, 1994, 1999: Deutsche Sprachgeschichte vom Spätmittelalter bis zur Gegenwart. Bd. I, II, III. Berlin, New York.

REICHMANN, Oskar 2001: Lexikographie. In: Kleine Enzyklopädie Deutsche Sprache, Kap. 3.3.

SANDIG, Barbara 1978: Stilistik. Sprachpragmatische Grundlegung der Stilbeschreibung. Berlin, New York.

SCHAEDER, Burkhard 1997: Wortbildung und Orthographie: Getrennt- und Zusammenschreibung. In: Barz, Irmhild/Schröder, Marianne (Hrsg.): Nominationsforschung im Deutschen. Festschrift für Wolfgang Fleischer zum 75. Geburtstag. Frankfurt/M. [usw.], 285-296.

SCHIPPAN, Thea 1992: Lexikologie der deutschen Gegenwartssprache. Tübingen.

SCHLOBINSKI, Peter/KOHL, Gabi/LUDEWIGT, Irmgard 1993: Jugendsprache. Fiktion und Wirklichkeit. Opladen.

SCHOTTELIUS, Justus Georg 1663: Ausführliche Arbeit von der Teutschen HaubtSprache. Tübingen 1967.

SCHRÖDER, Marianne 2000a: Kurzwörter im Wörterbuch. Lexikographische Aspekte der Kurzwortbildung. In: Barz/Schröder/Fix (Hrsg.), 91-105.

SCHRÖDER, Marianne 2000b: Wortbildung in Textkomplexen. In: Barz, Irmhild/ Fix, Ulla/Schröder, Marianne/Schuppener, Georg (Hrsg.): Sprachgeschichte als Textsortengeschichte. Festschrift zum 65. Geburtstag von Gotthard Lerchner. Frankfurt/M. [usw.], 385-405.

SEEBOLD, Elmar 1984: Etymologie. In: Sprachgeschichte. Ein Handbuch zur Geschichte der deutschen Sprache und ihrer Erforschung. Hrsg. von Werner Besch, Oskar Reichmann, Stefan Sonderegger (= HSK 2.1.). Berlin, New York, 823-833.

SOLMS, Hans Joachim 1998: Historische Wortbildung. In: Sprachgeschichte. Ein Handbuch zur Geschichte der deutschen Sprache und ihrer Erforschung. 2., vollständig neu bearbeitete und erweiterte Auflage. Hrsg. von Werner Besch, Anne Betten, Oskar Reichmann, Stefan Sonderegger. 1. Teilband (= HSK 2.1.). Berlin, New York, 596-610.

SOMMERFELDT, Karl-Ernst (Hrsg.) 1988: Entwicklungstendenzen in der deutschen Gegenwartssprache. Leipzig.

SOWINSKI, Bernhard 1978: Deutsche Stilistik. Beobachtungen zur Sprachverwendung und Sprachgestaltung im Deutschen. Frankfurt/M. [usw.].

STEIN, Stephan 1999: Majuskeln im WortInnern. Ein neuer graphostilistischer Trend für die Schreibung von Komposita in der Werbesprache. In: Muttersprache 109, H. 3, 261-278.

STEINHAUER, Anja 2000: Sprachökonomie durch Kurzwörter. Bildung und Verwendung in der Fachkommunikation. Tübingen.

STEPANOWA, M. D./FLEISCHER, Wolfgang 1985: Grundzüge der deutschen Wortbildung. Leipzig.

STERN, Clara/STERN, William 1987: Die Kindersprache. Eine psychologische und sprachtheoretische Untersuchung. Darmstadt (= unveränd. Reprograf. Nachdruck der 4., neubearb. Aufl. Leipzig 1928).

ULRICH, Winfried 1995: Linguistik für den Deutschunterricht. Aachen-Hahn.

VOGEL, Petra 1996: Wortarten und Wortartenwechsel. Zu Konversion und verwandten Erscheinungen im Deutschen und in anderen Sprachen. Berlin, New York.

WEINRICH, Harald 1993: Textgrammatik der deutschen Sprache. Mannheim [usw.], 913-1079.

WEIST, Martina 1995: Analyse von Adjektiv- und Partizipialkomposita in Warenkatalogen bezüglich ihrer Bildungsweise und ihrer Verwendung für die Beschreibung von Waren. Unveröff. Magisterarbeit an der FU Berlin.

WELLMANN, Hans 1995: Die Wortbildung. In: Duden. Grammatik der deutschen Gegenwartssprache. 5., völlig neu bearbeitete und erweiterte Auflage. Mannheim [usw.], 399-539.

WELLMANN, Hans 1998: Die Wortbildung. In: Duden. Grammatik der deutschen Gegenwartssprache, 408-557.

WIESE, Ingrid 1984: Fachsprache der Medizin. Eine linguistische Analyse. Leipzig.

WILMANNS, Wilhelm 1899: Deutsche Grammatik, 2. Abt., Wortbildung. Strassburg.

WILSS, Wolfram 1993: Adjektiv- und Partizip-Substantivierungen. In: ZGL 21.2, 184-204.

WURZEL, Wolfgang Ulrich 1988: Derivation, Flexion und Blockierung. In: ZPSK 41, 179-198.

ZÖFGEN, Ekkehard 1985: Lernerwörterbücher auf dem Prüfstand oder was ist ein Lernerwörterbuch? In: Wörterbücher und ihre Didaktik. Bielefelder Beiträge zur Sprachlehrforschung 14, H. 1-2. Bad Honef, 10-89.

QUELLEN

Beipackzettel meridol. Mundspül-Lösung. GABA GmbH. Lörrach 2000.

Bild der Wissenschaft 9/2000.

Bruyn, Günter de 1996: Vierzig Jahre. Ein Lebensbericht. Frankfurt/M.

Dauthendey, Max 1930: Regenduft. In: Gesammelte Gedichte. München.

Der Spiegel deutscher Leute (um 1230). 1. Von den frîen. In: E. H. Ritter 1963: Geschichte der deutschen Sprache. Textanalysen und Übungen. Leningrad.

Der Spiegel 14/2000, 27/2000, 30/2000.

Deutsch als Fremdsprache 30/1993.

Die Bahn. Städteverbindungen. Leipzig. Gültig vom 28.05.2000 bis 09.06.2001.

Focus 9/2000.

Fühmann, Franz 1978: Die Dampfenden Hälse der Pferde im Turm von Babel. Berlin.

Geo 8/1999, 4/2000.

Gymnastikübungen zur Stärkung der Rücken- und Bauchmuskulatur (mit Übungsskizzen). Leipzig 1989.

Krüss, James 1965: Das Feuer. In: Der kleine Leierkasten. Gütersloh.

Lec, Stanislaw Jerzy 1968: Neue unfrisierte Gedanken. Herausgegeben und übertragen von Karl Dedecius. München.

Leipziger Zeitung 1777.

LVZ (Leipziger Volkszeitung) 2000, 2001.

Mann, Thomas 1974: Der Zauberberg. Berlin, Weimar.

Mann, Thomas 1975: Romane und Erzählungen. Erzählungen II. Lyrik und Drama. Berlin, Weimar.

Nachrichten von Radio SAW. Unsere Themen. 1999

Neue Versuche nützlicher Sammlungen zu der Natur=und Kunst=Geschichte, sonderlich in Ober=Sachsen. Gesammelt, abgefaßt und mitgetheilet, von einem Liebhaber der Wunder und Werke GOttes. Schneeberg, zu finden bei Carl Wilhelm Fulden, Buchhändlern. 1750ff.

Prisma. Wochenmagazin zur Zeitung 24/99.

Rohde, Hedwig 1968: Es wird niemals sein. In: Die Meisengeige: Zeitgenössische Nonsenseverse. Günter Bruno Fuchs (Hg.). Frankfurt/M.

Saunaordnung. Städtische Bäder Leipzig 1989.

Schottelius, Justus Georg 1663: Ausführliche Arbeit von der Teutschen HaubtSprache. Tübingen 1967.

TV-Movie 13/99.

Uni 6/1992.

Universität Leipzig 3/2000.

Werbeprospekt der Firma Ernsting's family. 2000.

Werfel, Franz 1970: Cella oder Die Überwinder. Berlin, Weimar.

Zweig, Stefan 1981: Triumph und Tragik des Erasmus von Rotterdam. Frankfurt/M.

Zweig, Stefan 1984: Sternstunden der Menschheit. Zwölf historische Miniaturen. Berlin, Weimar.

KLEINES GLOSSAR

Das Kleine Glossar erklärt Termini der Wortbildungslehre, wie sie in diesem Arbeitsbuch verwendet werden (nach FLEISCHER/BARZ 1995 und BARZ/SCHRÖDER 2001). Die Erklärungen sind nicht als erschöpfende Definitionen anzusehen.

Affix: gebundenes, nicht basisfähiges Morphem (Wortbildungsmorphem), das zusammen mit der Basis die Wortbildungsbedeutung des Wortbildungsprodukts ausprägt; → **Präfix**, →**Suffix**, →**Zirkumfix**

Akronym: verbreiteter Terminus für Initialkurzwort, aber auch als übergeordneter Terminus für Kürzungsprodukte verschiedener Art gebräuchlich

Aktivität: graduell abgestufte Fähigkeit von Lexemen, als Basis sowie als Kompositionsglied zu fungieren

Akzeptabilität: graduell abgestufte Einstellung der Sprecher, ein (neu) gebildetes Wort als richtig (d. h. in der Regel modellgerecht) gebildetes und in seinen Kontext passendes Wort des Deutschen anzuerkennen

Basis: Ausgangseinheit (Wort, syntaktische Fügung, Konfix) für ein Derivat oder ein Konversionsprodukt, z. B. *Glück* für *glücklich, Unglück, glücken; blaue Augen* für *blauäugig; fanat-* für *fanatisch*

Benennung: usuelles oder okkasionelles Wort (Substantiv, Verb, Adjektiv, Adverb) bzw. Phraseologismus, mit dem der Sprecher auf Begriffe (Konzepte) – und durch sie vermittelt – auf Gegenstände, Vorstellungen, Prozesse und deren Merkmale referieren kann

Benennungsmotiv: Merkmal eines Begriffs, das bei dessen Versprachlichung ausgedrückt ist, z. B. *Grünkohl*, benannt nach der Farbe; *Rosenkohl*, benannt nach der Form; entspricht der →**Wortbildungsbedeutung**

Demotivation (auch: Idiomatisierung): Verlust der Motivation durch Sprachwandel, z. B. *Beispiel, höflich, vergessen*

Derivat (auch: Ableitung): Produkt der Derivation

Derivat, kombinatorisches (auch: Präfix-Suffix-Derivat): D., bei dem eine UK aus einer diskontinuierlichen Affixkombination/einem Zirkumfix besteht, z. B. *Ge/sing/e, ver/unrein/ig(en)*

Präfixderivat: D. mit einem Präfix als erster UK, z. B. *Unglück, uralt, erblühen*

Suffixderivat: D. mit einem Suffix als zweiter UK, z. B. *Wahrheit, glücklich, reinigen*

Derivation (auch: Ableitung): Wortbildungsart; Bildung von Wörtern aus einer wortfähigen (selbständigen, freien) oder basisfähigen (Konfix) UK und aus einer nicht wortfähigen UK (Affix bzw. Präfix-Suffix-Kombination); dazu: Präfixderivation, Suffixderivation, kombinatorische Derivation

Doppelmotivation: Möglichkeit, ein Wortbildungsprodukt strukturell und/oder semantisch plausibel auf verschiedene Weise zu modellieren, z. B. *Filmvorführer* als Kompositum oder als Suffixderivat; *Holzschuppen* 'konstitutiv' oder 'final'

Erstbenennung: Benennung für eine neu aufgekommene, erstmals begrifflich gefasste Erscheinung, z. B. *Abgasuntersuchung, Antihaftbeschichtung, anklicken, spülmaschinenfest*

Fremdelement: Grund- oder Wortbildungsmorphem, das in Phonemstruktur, Aussprache und/oder Schreibung mehr oder weniger von den heimischen (indigenen) Gesetzmäßigkeiten abweicht, z. B. *Pseudo-/pseudo-* (in *Pseudonym, pseudowissenschaftlich*), *-age* (in *Massage, Passage*), *-thek* (in *Bibliothek, Spielothek*), *-ie* (in *Demokratie, Bürokratie*)

Fremdwortbildung (mitunter auch: Lehnwortbildung): Wortbildung mit Fremdelementen auf der Basis der Wortbildungsstrukturen des Deutschen, z. B. *Phonothek, Dressman, regional*

Fugenelement (auch: Interfix): semantisch weitgehend leeres Segment in der Kompositions- oder Derivationsfuge, z. B. *Arbeit/s/anzug, afrika/n/isch*

Grundmorphem (auch: Basis-, Kernmorphem): Morphem mit lexikalischer Bedeutung, meist frei wie *Haus, fein*, aber auch gebunden wie *sprech* in *Sprecher*, *Sprechzimmer*; *bio* in *Bioanbau*; →**Konfix**

Hybridbildung (auch: Mischbildung): Wortbildungsprodukt, das durch Kombination heimischer und fremder Elemente entstanden ist, z. B. *recycelbar, Müllcontainer, einscannen*; der Vorgang wird auch als Hybridisierung bezeichnet

Initialkurzwort (auch: Buchstabenkurzwort): multisegmentales Kurzwort, gebildet aus Anfangsbuchstaben (Initialen) von Segmenten eines Wortbildungsprodukts oder einer syntaktischen Fügung, z. B. *LKW* aus *Lastkraftwagen*, *TÜV* aus *Technischer Überwachungsverein*

Kombinem: nicht wortfähiges Wortbildungsmittel (Affix, Konfix)

Komposition: Wortbildungsart; Bildung von Wörtern aus zwei wortfähigen (selbständigen, freien) UK, auch mit Konfixen

Kompositionsglied: eine UK eines Kompositums; Erstglied (Wort, Konfix, syntaktische Fügung) oder Zweitglied (Wort, Konfix); stark reihenbildende Kompositionsglieder (*Riesen-* in *Riesenkrach*, *-freundlich* in *umweltfreundlich*) werden auch als Affixoide oder Halbaffixe bezeichnet

Kompositum (auch: Zusammensetzung): Produkt der Komposition

Determinativkompositum: K., in dem die erste UK (das Determinans) der zweiten (dem Determinatum) morphologisch und semantisch untergeordnet ist, z. B. *Hochhaus, steingrau, Fünftagewoche;* d. h., die erste UK spezifiziert die Bedeutung der zweiten

Kopulativkompositum: K., dessen UK der gleichen Wortart angehören und semantisch nebengeordnet sind, z. B. *süßsauer*

Konfix: gebundenes Grundmorphem, tritt als Prä- oder Postkonfix auf, selten in beiden Positionen, z. B. *schwieger-, -thek, -phon/phon-*

Konstituenten, unmittelbare: die zwei Bestandteile eines Wortbildungsprodukts, aus denen es unmittelbar gebildet ist und in die es sich bei der Modellierung auf der nächstniedrigeren Ebene morphologisch und semantisch plausibel zerlegen lässt, z. B. *Handwerk/er, umwelt/freundlich*

Kontamination (auch: Wortkreuzung): Wortbildungsart; verkürzende Verschränkung zweier lexikalischer Einheiten zu einem Wort, z. B. *jein, verschlimmbessern, Mechatroniker*

Konversion: Wortbildungsart, bei der eine unflektierte (*Leben*) oder flektierte (*Ist, der Fremde/ein Fremder*) Basis die Wortart oder ihren Status als syntaktische Fügung (*In-der-Sonne-Liegen*) ohne Affigierung wechselt

Konversion mit Basisveränderung: *Griff, Lauf, grünen*

Konversion ohne Basisveränderung: *das Laufen, das Grün, der Fremde/ein Fremder, der Reisende/ein Reisender*

Konversionsprodukt: Produkt der Konversion, ohne UK-Struktur

Kurzwort: Produkt der Reduktion von meist lexikalisierten Wortbildungsprodukten oder syntaktischen Fügungen auf unterschiedliche (meist Anfangs-)Segmente (Buchstaben, Silben, Silbenteile, Morpheme) ihrer komplexen Ausgangs- oder Vollformen, z. B. *BLZ, UNO, Bafög, Bus, Trafo*

Kurzwort, multisegmentales: K., das aus mehreren, meist diskontinuierlichen Segmenten der Vollform besteht, z. B. aus Initialen im Initialkurzwort *LKW*, aus Silben im Silbenkurzwort *Kripo*, aus Initialen und einem silbenähnlichen Segment in *Bafög*

Kurzwort, unisegmentales: K., das aus einem kontinuierlichen Anfangs-, Mittel- oder Endsegment der Vollform besteht, z. B. *Abi* als Kopfwort, *Lisa* als Rumpfwort, *Bus* als Schwanzwort

Kurzwort-Wortbildung: Wortbildung mit einem Kurzwort als UK, z. B. *UKW-Sender, Fußball-WM, Abiball, FKKler*

Lexikalisierung: Prozess der Usualisierung neuer lexikalischer Einheiten

Modifikation: Verfahren, das ein vorhandenes Wort semantisch subklassifiziert, ohne dass sich die Wortart ändert *(Haustür, Häuschen, kränklich, erblühen)*; semantische Grundklasse (wie auch Transposition)

Motivation/Motiviertheit, morphosemantische: Erschließbarkeit der lexikalischen Bedeutung eines komplexen Wortes aus der Bedeutung seiner UK und deren Beziehung zueinander (*Mathematik/lehrer* <Lehrer für Mathematik>, *Un/glück* <kein Glück>, *fehler/los* <ohne Fehler>) bzw. bei Konversionsprodukten aus der Beziehung zur jeweiligen Basis (*Wurf* <einmaliger Vorgang des Werfens>)

Motivationsbedeutung: Bedeutung eines Wortbildungsprodukts, die sich aus der Bedeutung der UK und deren Beziehung zueinander bzw. bei Konversionsprodukten aus der Beziehung zur Basis und deren Bedeutung ergibt (*Taschenbuch* <Buch für die Tasche>, *der Jugendliche* <jmd., der jugendlich ist>); die Motivationsbedeutung ist in der Regel nicht identisch mit der lexikalischen Bedeutung (*Taschenbuch* 'ein relativ billiges Buch in einem kleinen Format u. ohne festen Einband', *der Jugendliche* 'jmd., der kein Kind mehr, aber noch kein Erwachsener ist')

Okkasionalismus (auch Textwort/Augenblicksbildung): im Unterschied zu usuellen, im Wortschatz gespeicherten (lexikalisierten) Benennungen ein für den Text ad hoc gebildetes und semantisch weitgehend an den Text gebundenes Wortbildungsprodukt

Präfix: gebundene UK eines Derivats, die die Derivationsbasis semantisch modifiziert (bei Verben oft auch grammatisch), positionsfest links von der Basis

Präfixkonversion: Wortbildungsart; kombinatorische Wortbildung durch gleichzeitige Präfixderivation und Konversion, z. B. *Geschrei, verstaatlichen, bezuschussen*

Produktivität: graduell abgestufte Wahrscheinlichkeit, mit der in der Gegenwart Wortbildungstypen als Muster für neue Wörter genutzt werden; wird den Wortbildungstypen (in verkürzter Ausdrucksweise auch den Affixen) als Eigenschaft zugeschrieben; z. B. hochproduktiv: deverbale Derivation auf *-bar* und *-ung*, wenig produktiv: deverbale Derivation auf *-nis*

Reduktion: Wortbildungsart; Bildung eines Wortes durch Kürzung einer längeren Vollform (Wort oder syntaktische Fügung); →**Kurzwort**

Reduplikation: Wortbildungsart; Bildung von Wörtern durch Wiederholung einer Konstituente, z. B. *Wauwau*, auch durch variierte Wiederholung, z. B. *Zickzack*

Rektionskompositum: Kompositum mit substantivischem oder adjektivischem Zweitglied, dessen Erstglied wortintern eine Argumentstelle des Zweitgliedes besetzt, z. B. *Urlaubsplanung, nikotinarm*

Rückbildung: Wortbildungsart; Bildung von Infinitiven aus komplexen Substantiven durch Suffixtilgung *(Zwangsräumung > zwangsräumen)* oder ohne Veränderung der Basis (*Kopfrechnen > kopfrechnen*) oder aus komplexen Partizipien *(ferngelenkt > fernlenken)*

Simplex: einmorphemisches Wort

Simplex, primäres: einmorphemisches unmotiviertes Wort, z. B. *Tisch, sauer, Elefant*

Simplex, sekundäres: einmorphemisches morphosemantisch motiviertes Konversionsprodukt, z. B. *Band, Lauf*

Strichlemma: in der lexikographischen Praxis Terminus für die als Stichwörter (Lemmata) aufgenommenen Wortbildungselemente (Affixe, Konfixe, reihenbildende Kompositionsglieder, Quasi-Kompositionsglieder), deren Ergänzungsbedürftigkeit und Reihenbildung durch einen Bindestrich angezeigt werden, z. B. *-bar, be-, -thek, -fähig, -intensiv, Riesen-, -seitig*

Suffix: gebundene UK eines Derivats, die die Basis transponiert oder modifiziert und die Wortart des Wortbildungsprodukts festlegt; bei Substantiven genusdeterminierend; positionsfest rechts von der Derivationsbasis

Transposition: Verfahren, das ein vorhandenes Wort in eine neue semantische Klasse überführt, wobei sich die Wortart verändert *(Stadt > städtisch)* oder erhalten bleibt *(Stadt > Städter)*; semantische Grundklasse (wie auch Modifikation)

Univerbierung: Verdichtung von syntaktischen Fügungen zu Wörtern

Verbpartikel: zusammenfassende Bezeichnung für die trennbare UK eines komplexen Verbs

Wortbildung: Bildung von Wörtern aus vorhandenen sprachlichen Elementen durch Komposition, Derivation, Konversion und Reduktion (selten durch Kontamination und Reduplikation)

Wortbildung, analog-holistisch: Bilden eines Wortes nach dem Vorbild eines einzelnen Wortbildungsprodukts als Ganzes, z. B. *offenhörlich* (für den Höreindruck) nach *offensichtlich, Zweisamkeit* nach *Einsamkeit*; (im Unterschied zur „kompositionell-regulären" Bildung)

Wortbildung, deonymische: Wortbildung mit einem Eigennamen (einer onymischen Benennung) als Kompositionsglied oder als Basis, z. B. *Diesel-Motor, röntgen*

Wortbildung, dephraseologische: Wortbildung mit einem Phraseologismus als Kompositionsglied oder als Basis, z. B. *Pantoffelheld, Dünnbrettbohrer, (das) Auswendiglernen*

Wortbildung, onymische: die Bildung von Eigennamen, z. B. mit onymischen Suffixen wie *-hagen, -hausen, -reuth, -stedt, -a, -ungen*

Wortbildungsantonymie: Relation des Bedeutungsgegensatzes, ausgedrückt durch Suffixe (*fehlerlos/fehlerhaft*), Präfixe (*erblühen/verblühen, Glück/Unglück*) oder Kompositionsglieder (*Direktstudium/Fernstudium, umweltfreundlich/umweltfeindlich*) in Kombination mit jeweils identischer freier UK

Wortbildungsart: Klasse von Wortbildungstypen mit gleichen strukturellen und morphologischen Eigenschaften; mit UK-Struktur (binär; auch: Wortbildungskonstruktion): Komposition, Derivation; ohne UK-Struktur (nicht binär): Konversion, Reduktion; seltene Arten: Kontamination, Reduplikation

Wortbildungsbedeutung: verallgemeinerbare semantische Beziehung zwischen den UK eines Wortbildungsprodukts bzw. zwischen Basis und Wortbildungsprodukt, z. B. *Trinkgefäß* 'Zweck', *Glasgefäß* 'Material', *Reiter* 'Nomen agentis', *Ritt* 'Nomen actionis'; bildet zusammen mit der lexikalischen Bedeutung der UK bzw. der Basis die Motivationsbedeutung

Wortbildungsgruppe: Menge strukturell unterschiedlicher Wortbildungsprodukte mit identischer Wortbildungsbedeutung, z. B. 'Nomina actionis' (deverbale Derivate auf *-ung*, *-e* wie *Besprechung, Lehre*; deverbale Konversionsprodukte wie *der Lauf, das Laufen*)

Wortbildungshyperonymie/-hyponymie/-kohyponymie: Relationen der semantischen Über-, Unter-, Nebenordnung, ausgedrückt z. B. durch Erstglieder in Determinativkomposita mit identischem Zweitglied (*Drucker – Nadeldrucker, Laserdrucker, Tintenstrahldrucker*)

Wortbildungsmittel: zusammenfassende Bezeichnung für alle Ausgangselemente in Wortbildungsprodukten: Affixe, Konfixe, Wörter, syntaktische Fügungen; häufig auch nur für Kombineme

Wortbildungsnest: Gesamtheit der Wortbildungsprodukte, die in ihrer Struktur über ein formal und semantisch weitgehend gleiches Grundmorphem verfügen, das das Kernwort des Nestes darstellt (*Haus – hausen, häuslich, Haustür, Ferienhaus*); in diachronischer (etymologischer) Sicht als Wortfamilie bezeichnet, zu der auch z. B. *Hütte* gehört

Wortbildungsparadigma: Menge von unterschiedlichen Wortbildungsprodukten, die aufgrund eines invarianten strukturellen und semantischen oder nur semantischen Merkmals zusammengefasst werden; paradigmenbildend in der Wortbildung sind der Wortbildungstyp (**→Wortbildungsreihe**), die Wortbildungsbedeutung (**→Wortbildungsgruppe**) und ein identisches Grundmorphem/Kernwort in verschiedenen Wortbildungsprodukten (**→Wortbildungsnest**)

Wortbildungsprodukt: ein durch Wortbildung entstandenes morphosemantisch motiviertes Wort

Wortbildungsreihe: Gesamtheit der Wortbildungsprodukte, die ein und demselben Wortbildungstyp entsprechen, z. B. *Leser, Lehrer, Läufer*: V + *-er* 'Nomen agentis'

Wort(bildungs)spiel: wortspielerischer Umgang mit den Möglichkeiten der Wortbildung, z. B. *wiesenfest zum Wiesenfest, Weltbilder – Bilderwelten*

Wortbildungssynonymie: Relation der Bedeutungsgleichheit oder -ähnlichkeit, durch Suffixe (*fehlerlos/fehlerfrei)*, Präfixe (*verschließen/zuschließen*), Kompositionsglieder (*Fernsehapparat/Fernsehgerät)* in Kombination mit jeweils identischer freier UK; in synonymischen Relationen können Wortbildungsprodukte der gleichen Wortbildungsart oder auch unterschiedlicher Wortbildungsarten stehen (*Fernsehapparat/ Fernsehgerät/Fernseher*)

Wortbildungstyp: strukturell, morphologisch und lexikalisch-semantisch bestimmtes Schema, nach dem Wortbildungsprodukte mit unterschiedlichem lexikalischem Material gebildet sind, beispielsweise: V + *-bar* 'modal-passivisch'; nur produktive Typen werden als Wortbildungsmodelle bezeichnet

Wortneubildung (auch: Neuprägung): Wortbildungsprodukt, das in der Sprachgemeinschaft neu aufkommt und von der Mehrheit der Sprecher über eine bestimmte Zeit hinweg als neu empfunden wird

Wortstamm: Morphem (oder Morphemkombination), an das die Flexionsendungen treten können

Zirkumfix: Affixkombination aus Präfix und Suffix; fungiert in der kombinatorischen Derivation als eine diskontinuierliche UK, z. B. *Ge- ... -e* bei *Gerede*, *un- ... -lich* bei *unwiederbringlich*

Zweitbenennung (auch: Wortersatz): aus einem bestimmten Ausdrucksbedürfnis entstandene Benennung; wird meist dann gebildet, wenn die zur Verfügung stehende Benennung für die betreffende Erscheinung den Sprecherintentionen nur unzureichend oder gar nicht (mehr) gerecht wird; z. B. zur Wertungskorrektur *Gästeführer* für *Fremdenführer*, zur Euphemisierung *Waldzustandsbericht* für *Waldschadensbericht*

SACHREGISTER

Die Zahlen beziehen sich auf die Nummern der Aufgaben.

Leipziger Skripten
Einführungs- und Übungsbücher aus dem Institut für Germanistik

Herausgegeben von Irmhild Barz, Ulla Fix
und Marianne Schröder

Band 1 Ulla Fix / Hannelore Poethe / Gabriele Yos: Textlinguistik und Stilistik für Einsteiger. Ein Lehr- und Arbeitsbuch. Unter Mitarbeit von Ruth Geier. 2001.

Band 2 Irmhild Barz / Marianne Schröder / Karin Hämmer / Hannelore Poethe: Wortbildung – praktisch und integrativ. Ein Arbeitsbuch. 2002.